학술연구총서 4

조선후기 강화학파 팔광의 삶과 시세계

이승용 지음

학자원

학술연구총서 간행사

한국 고전문학 텍스트 연구소는 창조와 혁신이라는 인문학의 정신을 바탕으로 대중들의 관심에서 버려져 있는 우리 고전의 가치를 새롭게 밝혀, 현대를 살아가는 사람들에게 삶의 지표와 미래의 희망을 제시하기 위해 설립되었습니다.

현대 사회를 인문학의 종말기라고 할 만큼 우리 주변에서 고전에 대한 관심은 찾아보기 어렵고, 인문학에 대한 흥미는 점점 옅어져 가고 있습니다. 그러나 현대 사회에 팽배한 인문학에 대한 폄하나 고전에 대한 그릇된 인식은 그 연원이 오래되었습니다. 인류의 역사를 되돌아보면 고전이 그 자체로 가치와 의미를 인정받았던 시기를 찾기 어렵고, 인문학이 위기가 아니었던 시대가 없었습니다. 만약 그와 같은 인식이 진실한 것이라면 우리 사회에서 고전과 인문학은 이미 자취를 감추었어야 하지만 사회가 첨예해지고 기술 문명이 발달할수록 고전과 인문학에 대한 대중들의 갈망은 커지기만 합니다. 이와 같은 모습은 고전과 인문학이 우리 사회에서 결코 소외될 수 없는 본질적이고 중차대한 것임을 보여주는 것입니다.

한국 고전문학 텍스트 연구소는 고전에 대한 왜곡된 인식과 인문학에 대한 그릇된 편견을 교정하는 마중물이 되고자 설립된 연구소입니다. 우리 연구소에서는 인문학 고전을 다양한 사회의 변화에 부응할 수 있도록 새롭게 가공하여 현대인들에게 고전과 인문학의 가치를 일깨우고 흥미를 부여하고자 합니다. 이를 위해 우리 연구소에서는 자료의 정리와 번역 가공, 개인 학술 연구, 연구소 기획 연구라는 네 방향에서 우리 고전과 인문학에 접근하고자 합니다.

학술연구총서는 이와 같은 우리 연구소의 운영 방향에 의해 발간되는 책입니다. 한 사람의 연구자가 하나의 주제에 대해 긴 시간 동안 심도 깊은 관찰과 탐색을 진행한 결과로, 연구자의 오롯한 정성과 노력이 담긴 책입니다. 그런 점에서 학술연구총서는 다양한 가치에 대한 고려를 바탕으로 학계와 대중에게 그다지 알려지지 않은 인물을 선택하여 1년 동안 공동 연구와 기획 발표라는 엄밀하고 정치한 연구를 진행한 뒤 발간하는 우리 연구소의 기획연구총서와는 여러 지점에서 변별적 의미와 가치를 가지는 것입니다.

학술연구총서를 출간하기 위해 연구자는 기나긴 불면의 밤을 보내며 수 없는 고민과 갈등을 겪었을 것이고, 셀 수 없이 많은 글들을 썼다 지우면서 보이지 않는 길을 찾기 위해 헤매는 시간을 보냈을 것입니다. 책을 출간한 뒤에도 여전히 풀리지 않고 남아있는 의문이 머리에 맴돌고 가슴을 짓누르겠지만, 마음 한편에서는 그간 무겁게 이고 왔던 묵은 짐을 내려놓는 후련함도 느낄 것입니다.

우리 연구소의 학술연구총서는 학계와 일반 대중뿐만 아니라 연구자들을 위한 책이기도 합니다. 일반 대중에게는 한 분야의 전문가가 오랜 시간 고민해 온 결과물을 통해 지식의 범주를 확장 시킬 수 있도록 도울 것이고, 학계에는 오랜 시간 진행된 연구자의 진지하고 깊이 있는 고민을 통해 새로운 시각과 진전된 논의가 시작될 수 있는 계기를 제시할 것이며, 연구자에게는 혼자 짊어져 왔던 무겁고 큰 숙제를 세상에 풀어놓는 자유를 제공할 것입니다. 그런 점에서 우리 연구소의 학술연구총서는 다른 누구보다 연구자를 위한 것이라고도 할 수 있습니다. 연구자에게 나에서 우리로, 혼자에서 같이로, 다 함께 하는 논의와 논쟁의 장을 만들어 홀로 걸었던 외로움을 벗어버리고 자유로우면서도 깊이 있고 다양한 논의를 통해 더 깊은 시야를 제공할 수 있을 것이기 때문입니다.

우리 연구소의 학술연구총서 4권은 조선후기의 대표적인 학문 유파 중 하나인 강화학파江華學派를 대상으로 한 것으로, 조선후기 당대의 한시단漢詩壇에서 중요한 위상을 지니고 있었던 강화학파 팔광八匡의 삶과 한시漢詩 문학에 대해 살펴보고자 한 것입니다. 강화학파 팔광은 전주 이씨全州李氏 덕천군파德泉君派의 일원으로, 그들의 가문은 당대 소론少論계열의 명문가로 대표적인 경화세족京華世族이었습니다. 또 그랬던 만큼 육진六眞이나 팔광八匡으로 불리는 문학, 예술 분야의 명사들을 상당수 배출하였습니다. 그러나 을해옥사乙亥獄事에 연루되어 이 가문은 몰락에 가까운 피해를 입었고, 가문의 구성원 대부분이 제대로 된 문집조차 남기지 못해 실질적인 연구가 어려운 상황이었습니다. 하지만 이런 상황에서도 연구자는 전주이씨 덕천군파가 참혹한 당화黨禍에도 불구하고 수많은 명사들을 배출하였고 소론少論이라는 정치적 정체성을 기반으로 학맥學脈과 문맥文脈을 전승한 대표적인 가문이었으며, 이 가문의 대표적인 인물들이 팔광八匡이라는 사실을 확인하였습니다.

이 책에서 연구자는 팔광八匡이 시인으로 자처하지 않았고 전하는 작품 역시 많지 않지만 당대의 일반적인 시인들과 구별되는 뚜렷한 창작의식과 시적詩的 지향指向을 지니고 있었으며, 이로 인해 당대와 후대의 많은 문인들에게 높이 평가받았다는 사실을 밝혔습니다. 또 이들의 행적과 한시를 고찰하면서 팔광八匡 종항 간從行間에 있었던 시회詩

會와 함께 혼맥婚脈과 정맥政脈으로 연결된 다른 소론少論 계열 문인들과의 모임과 활발한 한시 창작 상황을 밝혔습니다. 특히 이 책을 통해 연구자는 팔광八匡 개개인의 문학적 성취와 가문의 문학적 성향 확인을 바탕으로 더 나아가 강화학파江華學派와 소론계少論系 문인들의 문학적 교유의 실체를 규명하고 조선후기 소론계少論系 문인들의 문학 활동이 보여주는 특징을 규명하여 18세기 한시사에서 소외된 소론계 문인들의 문학을 온전히 밝히고자 하였습니다.

이런 고민의 흔적들이 고스란히 묻어있는 이 책의 출간으로 연구자는 가슴 후련한 자유로움을 느끼겠지만 한편으로는 진한 아쉬움도 가질 것입니다. 어떤 것이 더 클지는 모르지만, 이 책의 출간으로 연구자는 그간의 고민을 정리하고 새롭게 출발하는 계기를 가지게 되었을 것입니다.

우리 연구소의 학술연구총서는 연구자가 학계와 일반 대중에게 소통과 공감을 구하는 것입니다. 그런 만큼 우리 연구소의 학술연구총서는 인문학 관련 전문 연구자뿐만 아니라 일반 대중들에게도 적지 않은 가치가 있을 것이라고 생각됩니다. 이후로도 이와 같은 학술연구총서의 발간이 충실하게 이루어지기를 기대하며, 학술연구총서의 집필을 위해 애써주신 연구자와 간행에 물심양면으로 도움을 주신 도서출판 학자원의 김병환 사장님께 깊은 감사의 마음을 전합니다.

2021년 12월

단국대학교 부설 한국 고전문학 텍스트 연구소장

책을 펴내면서

이 책은 조선후기 강화학파江華學派의 한시단漢詩壇에서 중요한 일파인 팔광八匡의 삶과 그들의 한시漢詩를 살핀 것이다. 팔광八匡이 속하는 전주 이씨全州李氏 덕천군파德泉君派 집안은 조선후기 대표적인 경화세족京華世族 소론少論 명문가로, 학문, 문학, 예술분야에서 육진六眞・팔광八匡이라 일컬어지는 많은 인물이 배출된 집안이다.

그러나 노론老論・소론少論의 당쟁으로 인한 을해옥사乙亥獄事에 연루되어 가문이 거의 몰락하는 지경에 이르면서 이광려李匡呂를 제외한 다른 인물들의 유집遺集은 제대로 정리되지 못하였고, 후손들에 의해 정리되었다. 정리된 자료들이라 해도 가장본家藏本의 필사 자료가 많아 접근성에 어려움이 있었다. 그 결과 이광명李匡明의 『증삼의공적소시가贈參議公謫所詩歌』와 이광찬李匡贊의 『중옹유고中翁遺稿』처럼 거의 알려지지 않은 자료도 있다.

조선후기에 문학과 학문으로 손꼽히는 몇몇 명문가名文家들이 존재하지만, 팔광八匡의 가문家門처럼 참혹한 당화黨禍를 입고서도 많은 인물을 배출하고 소론少論이라는 당맥黨脈을 기반으로 학맥學脈과 문맥文脈을 후대에 전승한 가문은 드물다.

문학적인 측면에서 보자면 팔광八匡은 전문 시인으로 자처하지 않았고 전하는 작품 역시 많은 편이 아니지만, 다른 시인들과 구별되는 뚜렷한 창작의식과 시 지향詩指向을 지니고 있었고, 당대와 후대의 많은 문인들이 팔광八匡의 한시를 높게 평가하였다. 그들의 행적과 한시를 고찰하면서 새롭게 발견한 사실은 을해옥사乙亥獄事 이전까지 한시 창작과 직접적으로 관련된 교유를 보면 서대문 인근에 거주하던 팔광八匡 종항 간從行間에 있었던 시회詩會와 혼맥婚脈과 정맥政脈으로 연결된 여타 소론과의 모임에서 활발한 한시 창작이 이루어졌다는 점이다.

팔광八匡을 개별 작가의 범주에서 연구하는 것도 18세기의 개성적 한시 작가를 발굴한다는 측면에서 의미가 있다. 그러나 팔광八匡에 속하는 인물들이 많은 작품을 남기지 않았고, 개인 문집이 전하지 않는 인물도 있어 개별적으로 연구하기에는 분명히 한계가 있다. 팔광八匡을 개별 작가가 아니라 시인 집단으로 범주화하여 연구할 필요성과 그 근거는 다음과 같다.

첫째, 팔광八匡이 동시대 다른 작가들과 달리 동일한 정맥政脈과 학맥學脈의 기반 위에서 학문적, 혈연적 유대를 지속해 나갔기에 이들의 창작의식과 시세계에는 일정 부분 공통적인 면이 확보된다는 점이다. 이들 모두 한시 창작에서는 형식적 측면보다 독창적인 시상詩想의 터득을 중시하여 주사鑄思와 조의造意를 강조하였고, 실제 시세계에서는 비애悲哀와 울분鬱憤의 정서情緖가 주된 심상을 형성한다는 점을 예로 들 수 있다. 팔광八匡이 조선후기 경종·영조 무렵 소론少論 중에서는 가장 극심한 당화黨禍를 입었기 때문에 정서적 측면에서 보이는 공통점은 어쩌면 당연한 결과일지도 모른다. 그러나 이는 한 개인과 집안 차원을 넘어 노론老論이 주도하던 정국 속에서 소론 및 남인南人 등 소외 계층 지식인들의 의식과 내면을 대표하는 집단 문학의 성격으로 의미를 확대하여 해석할 수 있다.

둘째, 서대문 인근에 거주하던 팔광八匡이 을해옥사가 일어나기 이

전까지는 서천매화사西泉梅花社를 결성하여 활발히 시문詩文을 창작하였고, 가문이 기울어갈 무렵에도 일가 간一家間의 친목을 위해 자주 모임을 가지며 활발히 시문 창작활동을 하였다는 점이다. 그뿐 아니라, 을해옥사 이후에도 이광사李匡師와 같은 이는 오히려 유배지에서 더 활발하게 한시를 창작하여 같은 처지에 있던 종형제從兄弟들에게 보내 문학적 소통을 하였으며, 이광찬은 한시를 창작하지는 않았지만 두보杜甫의 시에 침잠하여 이광사의 시에 『평두남評斗南』이라는 비평서를 남기기도 하는 등 서로 간에 지속적으로 문학 활동을 공유하였다.

셋째, 팔광八匡의 시세계에서 나타나는 지향점과 특징적인 면모가 팔광八匡 당대에 그치는 것이 아니라, 그 후손들에게 가학家學으로 계승되었던 강화학江華學과 함께 문학적 전통으로 대물림된다는 점이다. 그런 점에서 팔광八匡의 시는 이 집안이 지니고 있는 문학적 특징과 전통을 규명할 수 있는 출발점이 된다. 실제 이광려는 종형從兄들이 유배에 처해지고 난 뒤 자질子姪들을 훈도하여 자질들에게 학문적으로나 문학적으로나 많은 영향을 끼쳤으며, 팔광八匡의 유배지를 오가며 그들을 돌보던 자질들의 시에서도 팔광八匡의 시에서 드러나는 情緖와 형식적 특징을 엿볼 수 있다. 특히 이충익李忠翊의 시에서 이러한 측면이 뚜렷하며, 그 후손인 영재寧齋 이건창李建昌의 시에서도 이러한 측면을 확인할 수 있다.

이 책은 이러한 문제의식을 기반으로 지금까지 팔광八匡에 대한 연구가 주로 강화학의 사상적 측면에서 이루어졌지 문학적 측면에서는 그다지 많은 연구가 진행되지 않은 점에 착안하여 팔광八匡 중 문집이 남아있는 이광명李匡明, 이광사李匡師, 이광신李匡臣, 이광찬李匡贊, 이광덕李匡德, 이광려李匡呂의 한시漢詩를 구체적으로 살펴보고자 하는 의도에서 기획되었다. 크게 네 부분으로 구성되어 있는데, 첫 번째 부분에서는 팔광八匡의 가문家門이 조선후기 대표적인 소론계少論系 가문이라는 점에 주목하여 이들의 정맥政脈과 함께 당시 극심한 노론・소론의 당쟁黨爭 속에서 이들이 어떤 삶을 살았는지 그 생애와 활동에 대해 구체적으로 조명하였다. 또 문집에 남아 있는 기록과 작품을 바탕으로 팔광八匡 일가 간一家間의 교유 및 기타 소론 및 남인계南人系 인사人士와의 교유관계를 밝혔다.

두 번째 부분에서는 팔광八匡이 정제두鄭齊斗에게 받아들여 학문의 바탕으로 삼고 가학家學으로까지 전승했던 강화학江華學이 이들의 文學에는 어떤 양상으로 변용變容되었으며, 실제 한시의 창작에는 어떤 형태로 드러나는지 고찰해 보았다. 물론 작가의 독창적 창작의식과 개성이 뚜렷했던 18세기 한시 작가를 대상으로 그들의 시문詩文에 드러나는 양상과 특징을 학문學問과 연결하는 것은 쉬운 일이 아니다. 그러나 팔광八匡은 동시대 다른 작가들과 달리 동일한 학맥學脈의 기반 위에서 학문적, 혈연적 유대를 지속해 나갔기에 이들의 창작의식과 시세계에는 일정 부분 공통적인 면을 발견할 수 있었다.

세 번째 부분에서는 팔광八匡의 삶의 궤적과 그들의 한시가 당시 정치권에서 소외된 사대부계층의 삶과 의식을 여실히 보여준다는 점에 주목하여 그들의 행적과 한시의 창작배경을 세 범주로 나누어 살펴보았다. 이들 모두가 당시에 소외된 사대부의 삶을 살았던 것은 동일하지만, 인물마다 겪었던 고난의 층위가 달랐고 각자가 현실을 바라보는 시각에도 차이가 있었기에, 시로 형상화하여 표출하려 했던 요소 역시 시인의 개성에 따라 달리 나타나기 때문이다. 먼저 '유배流配의 슬픔과 공간의 형상화'라는 주제 아래 이광사李匡師와 이광명李匡明의 한시를, 다음으로 '시사詩社의 결성과 지식인의 갈등'라는 주제 아래 이광신李匡臣과 이광찬李匡贊의 한시를, 마지막으로 '사인士人의 삶과 일상의 정취'라는 주제 아래 이광덕李匡德과 이광려李匡呂의 한시를 살펴보았다. 네 번째 부분에서는 이 책에서 논의한 내용을 정리하고, 팔광八匡의 시세계詩世界가 조선후기 한시사에서 지니는 의미를 간략히 기술하였다.

이 책에서 팔광八匡이 창작했던 한시漢詩의 지향점과 그 특징을 구체적으로 조명하는 과정을 통해 좁게는 팔광八匡 개개인의 문학적 성취와 조선후기 강화학파의 대표적인 집안으로 자리매김했던 이 집안의 문학적 성향 및 그 성취에 대해 고찰할 수 있을 것이다. 이는 이들을 이어 가학으로 강화학江華學을 계승해 나갔던 이충익李忠翊을 비롯한 그 후손의 문학文學을 이해하는 기저基底가 될 수 있으리라 생각한다. 또 넓게는 팔광八匡과 강화학파江華學派나 소론계少論系 문인 사이에서 이루어졌던 문학적 교유의 실체를 확인하고, 지금까지 많은 연구가 이루어지지 않았던 조선후기 소론계 문인들의 문학 활동과 그 특징을 규명함으로써 18세기 한시사의 구도에서 소외된 소론계 문인들의 일부분을 채울 수 있으리라 생각한다. 이 책은 지금까지 개별 작가로 다루어졌던 혹은 알려지지 않았던 팔광八匡과 그들의 한시를 본격적으로 다루었다는 점에서, 또 그들의 한시와 창작 경향이 그 후손들에게 가학으로 계승되었던 강화학과 함께 문학적 전통으로 대물림된다는 사실을 추론할 수 있는 단서를 제공한다는 점에서는 의미를 지닌다고 할 수 있다. 그러나 팔광八匡의 한시에서 드러나는 특징을 초원椒園 이충익李忠翊과 같은 다음 세대 인물들의 시문학에서 구체적으로 확인하고 논의를 확대하는 데까지 나아가지는 못하였다. 이 부분은 앞으로 계속 보완해나갈 것이다.

이 책은 필자의 박사학위 논문인 「조선후기 강화학파江華學派 한시漢詩 연구研究 : 전주이씨全州李氏 덕천군파德泉君派 팔광八匡을 중심으로」를 수정・보완하고, 후속연구로 진행된 「『증참의공적소시가贈參議公謫

所詩歌』를 통해 본 이광명李匡明 한시漢詩의 일고찰」을 추가하여 수정・보완한 것이다. 수정・보완이라고 말은 했지만, 실제는 미진했던 부분을 보수한 데 불과하다. 그럼에도 불구하고 필자가 이 책을 출판하기로 한 것은 이 책이 조선후기 강화학파의 문학을 연구하는 연구자들에게 조금이나마 도움이 되기를 바라고, 필자가 지금까지 미루어두었던 '조선후기 가문문학家門文學의 범주 안에서 팔광八匡과 후속 세대 간의 문학적 교유와 한시 창작'이라는 주제를 연구하기 위한 단초를 마련하기 위해서이다.

필자에게는 감사드려야 할 많은 선생님들이 계신다. 이 책을 간행하면서 필자가 지금까지 한문 고전 연구자의 길을 갈 수 있도록 도와준 분들에게 지면으로나마 감사의 인사를 전하고자 한다. 대학원 과정 동안 지도와 편달을 아끼지 않으신 안대회 교수님과 성균관대 한문학과와 한문교육과의 여러 선생님들께 감사드린다. 특히 지도교수님이신 안대회 선생님은 영남대 학부 시절부터 필자가 길을 잃거나 헤매지 않도록 늘 방향을 잡아주셨다. 또 필자에게 한문 공부의 전통과 깊이를 느끼게 해주신 허호구 선생님, 이충구 선생님, 이상하 선생님, 학문의 길을 함께 하는 동지로서 늘 곁을 지켜주고 조언을 아끼지 않은 이황진, 맹영일, 권진옥 선생님을 비롯한 한국고전문학텍스트연구소 식구들에게도 감사의 인사를 전한다. 그리고 이 책의 기획 단계에서부터 간행이 끝날 때까지 제 일처럼 신경을 써주시고 도와주신 단국대학교 국어국문학과의 윤재환 선생님과 도서출판 학자원의 김병환 사장님에게도 감사한 마음을 전한다.

2021년 12월
저자

차례

제3부

시세계詩世界의 양상과 특징

제4부

서설序說

이 책은 조선후기 강화학파江華學派[1]의 한시단漢詩壇에서 중요한 일파인 팔광八匡과 그들의 한시漢詩를 살피는 것을 목적으로 한다. 여기에서 팔광八匡은 광덕匡德, 광사匡師, 광찬匡贊, 광명匡明, 광려匡呂, 광세匡世, 광보匡輔, 광신匡臣을 말한다.[2] 전주 이씨全州李氏 덕천군파德泉君派는 조선후기 대표적인 경화세족京華世族 소론少論 명문가로, 학문, 문학, 예술 분야에서 육진六眞·팔광八匡이라 일컬어질 정도로 많은 인물이 배출되었다. 육진六眞·팔광八匡은 조선의 2대 임금인 정종正宗의 열 번째 왕자 덕천군德泉君 이후생李厚生의 후손 중에 9대손 진자眞字

1 江華學이라는 용어는 閔泳珪 교수가 처음 사용하였고(민영규, 「위당 정인보 선생의 행장에 나타난 몇 가지 문제-實學原始」, 『동방학지』 13, 연세대학교 국학연구원, 1972), 이후 학계에서 江華學派라는 용어는 조선후기 少論을 중심으로 陽明學을 추구했던 집단을 가리키는 일반적인 용어로 통용되고 있다.

2 정양완에 의하면 八匡은 匡德, 匡誼, 匡師, 匡贊, 匡會, 匡世, 匡輔, 匡顯이며, 이용규에 의하면 八匡은 匡德, 匡誼, 匡師, 匡贊, 匡呂, 匡世, 匡輔, 匡臣이다. 정양완은 당시 인물들의 지명도를 중심으로 선별하여 영조와 老論이 득세한 이후에도 비교적 높은 관직에 올랐던 匡會, 匡輔를 八匡에 포함시킨 것으로 보이고, 이용규는 江華學派와 직접적인 관련이 있는 인물을 중심으로 선별하여 匡呂, 匡臣을 八匡에 포함시킨 것으로 보인다. 이에 대해서는 정양완, 『江華學派의 文學과 思想 2』, 정신문화연구원, 1995; 이용규, 『江華學派 學人들의 발자취』, 修書院, 2007 참조. 이 책에서 논의대상으로 삼는 八匡은 江華學派 내에서 중요한 위치를 차지하고 당시 詩壇에서 詩名이 있었던 인물이라는 두 요소를 기준으로 선별하였다. 현재 문집이 전하지 않는 匡世, 匡輔는 논의에서 제외하기로 한다.

항렬 6명과 10대손 광자匡字항렬 8명으로, 육진六眞은 진검眞儉, 진망眞望, 진순眞淳, 진유眞儒, 진급眞伋, 진경眞卿을 가리킨다. 이들이 활동했던 전후 시기를 통틀어 한 집안에서 이렇게 많은 인물이 배출된 사례는 많지 않다.[3] 이 집안은 숙종, 경종 시기와 영조 즉위 초기까지 전성기를 누렸으나, 1730년 이후 준소峻少계열이 정치권에서 밀려나면서 쇠퇴기를 걷다가 1755년 을해옥사乙亥獄事 이후로는 몰락의 길을 걸었다. 함경도 부령富寧의 적소謫所에서 "하늘은 무슨 생각으로, 준걸들 한 집안에 모아놓고선, 운명엔 어찌 그리도 인색하여 곤궁함과 이별의 근심 안겼나!"[4]라고 토로한 이광사李匡師의 말처럼 영조시기를 전후하여 가문의 전성기와 처참한 몰락을 눈앞에서 목도하고 비운을 감내해야 했던 이들이 바로 팔광八匡계열의 문인들이다.

팔광八匡이 주로 활동하던 시기는 경종・영조 무렵으로, 당시는 노론老論・소론少論 간의 당쟁黨爭이 극심하였다. 팔광八匡 중 이광덕李匡德을 비롯한 이경석李景奭 계열系列은 영조 초기 완론緩論 중심으로 탕평의 정국이 운영되던 정국에 참여하여 비교적 당화黨禍에서 멀어졌다.[5] 반면에 이광찬李匡贊을 비롯한 이경직李景稷 계열系列은 준소峻少

3 家系나 인물의 차례로 볼 때 八匡의 윗대 항렬인 六眞이 먼저 언급되어야 하지만, 현재 六眞 중 李眞望을 제외하고는 현전하는 자료가 거의 없어 八匡에 앞서 그들을 자세하게 논하기에는 한계가 있다. 六眞에 대해서는 八匡의 문집에 기록된 墓道文字 및 祭文을 근거로 하여 제 1부 2. 생애生涯와 교유交遊에서 그들의 생애를 간략히 다루기로 한다.

4 李匡師, 『斗南集』 2책, 「對月不寐, 歷想舊遊, 愴悒齎咨, 情不可聊, 曉起作五十韻詩致同竄諸兄弟」(『한국문집총간』 221, 455면). "天公以底意, 俊彦一家裒, 命道獨何嗇, 貧困仍離憂." 『한국문집총간』은 이하 『총간』으로 약칭한다.

5 李匡德은 1741년 이른바 僞詩事件이 일어났을 때 아우인 지평 李匡誼가 金福澤을 논죄하다가 鞫問을 받자, 李匡誼를 구하려고 변론을 하여 해남에 유배되었으며, 유배에서 금방 풀려났으나 관직에는 나아가지 않았다. 만년에는 急少계열로 정치적 노선을 바꾸었으나 쓰이지 못한 채 죽었다. 이에 대해서는 『英祖實錄』 17년, 5월

의 영수로 활동한 이진유李眞儒(1669~1730)에 연좌되어 종항 간從行間의 다수가 다시 돌아올 수 없는 유배형에 처해졌다.[6] 그와 같은 가문의 몰락으로 말미암아 팔광八匡의 문집은 제대로 정리되지 못하였기에 문집이 전하지 않는 경우도 있고,[7] 문집이 전한다 해도 후대에 정리되어 필사본의 형태로 전하는 경우가 많다.

지금까지 학계의 연구에서 이들을 주목해왔던 이유는 이 집안이 하곡霞谷 정제두鄭齊斗 이후로 양명학陽明學을 가학家學으로 삼아 학맥學脈을 이어왔기 때문이다. 정제두의 양명학을 주도한 인물들은 대부분 강화도에 거주하면서 강학하였거나 그에 연원을 두었는데, 소론 당색을 기반으로 하여 혈연관계를 맺고, 학문적 연대를 함께 이어 나갔다. 그 대표적인 가문이 바로 연일 정씨延日鄭氏 가계家系, 평산 신씨平山申氏 가계, 전주 이씨全州李氏 덕천군파德泉君派 가계이다. 특히 전주 이씨全州李氏 덕천군파德泉君派 가계는 팔광八匡에 속하는 이광명李匡明, 이광신李匡臣, 이광사李匡師가 모두 정제두에게 수학하였고, 이광명에서부터 이건창李建昌에 이르기까지 강화에 살며 200년간 정제두의 강화학江華學을 가학으로 계승하였기에, 정제두의 강화학 및 그와 관련한 이들의 학문세계에 대해서는 많은 연구가 진행되어 왔다.

덕천군파德泉君派를 비롯한 강화학파江華學派의 문학에 대한 자료 정리와 초기연구는 주로 정양완鄭良婉과 심경호沈慶昊에 의해 집중적으로 조명되어 역사적, 철학적, 문학적 성과를 거두었으며,[8] 이후로는 양

22일, 8월 2일 기사 참조.

6 이에 대해서는 제 1부 1. 가계家系와 정맥政脈에서 자세히 논하기로 한다.

7 匡誼, 匡世, 匡輔의 문집은 현전하지 않는다. 다만 匡誼의 일부 詩는 덕천군파 八匡항렬과 아랫대인 翊字항렬의 詩를 선집한 『篋中集』에 실려 있어 그 일면을 엿볼 수 있다.

8 정양완 · 심경호, 『江華學派의 文學과 思想 1』, 한국정신문화연구원, 1993; 정양완,

명학陽明學과 관련한 철학 분야를 중심으로 연구가 진행되었다.[9] 이 사실에서 알 수 있듯 기존 연구에서 이미 강화학파江華學派라 일컬어지는 일군의 집단적 성격과 학문의 전개 양상에 대해서는 많은 성과가 제출되었다. 그러나 문학文學 및 여타 분야에 관한 연구는 충분하다고 할 수 없는 실정이다. 특히 팔광八匡의 경우 문학 방면에서 당대에 이름난 문인들이 적지 않음에도 불구하고[10] 이광사李匡師와 같은 일부 인물을 제외하고는 지금까지 활발하게 연구되지 않았다.[11] 그들 가운데 조금이라도 연구의 대상이 된 인물은 관양冠陽 이광덕李匡德(1690~1748),[12]

『江華學派의 文學과 思想 2』, 한국정신문화연구원, 1995; 심경호, 『江華學派의 文學과 思想 3』, 한국정신문화연구원, 1995; 정양완・심경호, 『江華學派의 文學과 思想 4』, 한국정신문화연구원 1999.

9 江華學派의 陽明學은 강화양명학 연구팀에 의해 기존 연구사 정리와 연구 결과물이 『강화학파 연구 문헌 해제』와 『강화 양명학 연구사』로 출간되었기에 이 책에서는 일일이 언급하지 않기로 한다. 이에 대해서는 강화양명학 연구팀, 『강화 양명학 연구사』, 한국학술정보, 2008; 강화양명학 연구팀, 『강화 학파의 양명학』, 한국학술정보, 2008 참조.

10 姜浚欽이 『三溟詩話』에 소론계 시인들 중 강화학파인 이광사와 이광려의 시에 관심을 기울여 수록했음은 주목할 만한 사실이다. 그는 18세기 이후 활동한 南人系 시인들을 중심에 두고 17세기 말에서 18세기까지의 조선시대 한시사를 조망하였다. 특히 그는 이광사의 수준 높은 詩文이 서예에 가려져 주목받지 못하는 사실을 안타까워하였다. 『삼명시화』에는 당쟁을 풍자한 이광덕의 시도 실려 있다. 또 18세기 후반에 金宗直부터 李匡師까지 조선의 대표적인 시인 16명의 漢詩를 선발하여 엮은 편자 미상의 詩選集인 『掇英』(규장각 소장)에 이광덕과 이광사의 律詩가 포함되어 있다는 점도 이들이 창작한 詩의 수준이 높았음을 대변하는 자료이다.

11 李匡師에 대해서는 서예와 미학 분야에서 많은 연구가 있었으며, 문학 분야에서도 적지 않은 연구가 이루어졌다. 문학 관련 연구는 다음과 같다. 강석중, 「이광사의 문론 연구」, 서울대학교 석사학위논문, 1991; 박철승, 「이광사의 「동국악부」 연구」, 배재대학교 석사학위논문, 1996; 배병주, 「원교 이광사 시문학 연구」, 단국대학교 석사학위논문, 1998; 김동준, 「부녕 유배기 이광사 한시의 내면과 진정의 지평」, 『한국한시연구』 13, 한국한시학회, 2005; 김동준, 「李匡師의 문학과 陽明學의 흔적들」, 『한국양명학회 학술대회 논문집』, 한국양명학회, 2005; 이승용, 「李匡師 流配期 漢詩의 抒情性 硏究」, 성균관대학교 석사학위논문, 2010.

12 강혜선, 「冠陽 李匡德의 생애와 한시세계」, 『한국한시작가연구』 16, 한국한시학회,

항재恒齋 이광신李匡臣(1700~1744),[13] 중옹中翁 이광찬李匡贊(1702~1766),[14] 월암月巖 이광려李匡呂(1720~1783),[15] 해악장인海嶽丈人 이광명李匡明(1701~1778)[16]이다. 이광신李匡臣은 심경호가 생애와 교유관계를 다루면서 그가 참여한 "서천매화사西泉梅花社"를 논하였으나, 한시漢詩에는 본격적으로 관심을 기울이지 않았다. 이광찬은 박용만과 유정열이 『평두남評斗南』[17]을 실제 비평의 관점에서 연구하였으나, 역시 한시는 논하지 않았다. 최근에야 그의 시문집 『중옹유고中翁遺稿』를 중심으로 그의 생애와 한시가 처음으로 검토되었다.[18] 『중옹유고』에는

2012.

13 심경호, 「恒齋 李匡臣論」, 『진단학보』 84, 진단학회, 1997.

14 박용만, 「이광찬의 시문비평에 대한 고찰 -『評斗南』을 중심으로」, 『고전문학연구』 28, 2005; 유정열, 「李匡贊의 批評 硏究」, 서울대학교 석사학위논문, 2011; 이승용, 「中翁 李匡贊의 生涯와 詩世界에 관한 일고찰」, 『한국한시연구』 23, 한국한시학회, 2015.

15 김동하, 「이광려의 시문학 세계」, 『논문집』 14, 서강정보대학, 1995; 심경호, 「강화학파 관련 새 자료의 발굴과 강화학파 연구의 과제 : 이광려의 간찰 자료를 중심으로」, 『인천학연구』 13, 인천대학교 인천학연구원, 2010; 심경호, 「이광려의 서찰에 관한 일고찰」, 『어문논집』 63, 민족어문학회, 2011; 이용훈, 「月巖 李匡呂 漢詩 硏究」, 한국학중앙연구원 석사학위논문, 2013.

16 정기호, 「이광명의 적소시가에 대하여」, 『인문과학연구논문집』 3, 인하대 인문과학연구소, 1977; 윤병석, 「이광명의 생애와 '이쥬풍쇽통'에 대하여」, 『어문연구』 5, 한국어문교육연구회, 1979; 정명세, 「李匡明의 流配時調考」, 『어문학』 47, 한국어문학회, 1986; 곽충구, 「李匡明의 〈이쥬풍쇽통〉과 18세기 함남 甲山의 언어 문화」 『방언학』 12, 한국방언학회, 2010; 최홍원, 「공간을 중심으로 한 〈북찬가(北竄歌)〉의 새로운 이해와 접근」, 『국어국문학』 167, 국어국문학회, 2014.

17 이광사의 유배기 著作을 모은 『斗南集』에 대한 이광찬의 비평서이다. 지극히 간략하지만 正鵠을 찌른 평어가 적지 않게 실려 있다. 「評斗南訓家篇」, 「評斗南靜坐第二首」, 「評斗南寧山行」, 「評斗南南祭妹柳氏婦文」 등과 같이 『評斗南』에 실려 있는 49篇 모두 『斗南集』의 작품 앞에 評字를 덧붙였다.

18 『中翁遺稿』는 『古文書集成』 53 · 54(한국학중앙연구원, 2002.) 鎭安 程川 全州李氏家(李正英·李象淵系) 항목에 실려 있는데, 첨삭을 가한 흔적이 그대로 남아있어 초고본으로 추정된다. 또 『古文書集成』에는 李匡贊과 관련된 자료로 『中翁實蹟』, 『先

이광찬의 한시뿐만이 아니라, 서천매화사에 참여했던 인물에 대한 정보와 함께 서대문 인근에 모여 살았던 팔광八匡의 교유와 한시 창작에 관한 많은 기록이 담겨 있어 팔광八匡의 한시와 그 성격을 연구하는데 있어 빼놓을 수 없는 중요한 자료이다.[19] 이광명은 비교적 이른 시기부터 주목을 받았으나, 국문으로 기록된 유배가사인 「이쥬풍쇽통」과 「북찬가北竄歌」를 중심으로 연구가 이루어졌을 뿐, 그의 한시는 전혀 논의되지 않았다.[20] 이광사의 문학은 비교적 많은 연구가 이루어졌으나 여전히 새롭게 연구할 만한 여지가 있다. 이 가운데에서 이광덕과 이광려는 당대와 후대에 시명詩名이 높았던 인물인데도 그들의 한시에 대한 연구는 활발하게 이루어지지 않은 편이다.[21]

府君言行遺事』, 『先府君孝友遺事』, 『評斗南』, 『篋中集』이 실려 있어 이광찬의 생애와 문학을 연구하는데 중요한 자료가 된다. 이광찬의 생애와 한시에 대해서는 이승용, 「中翁 李匡贊의 生涯와 詩世界에 관한 일고찰」, 『한국한시연구』 23, 한국한시학회, 2015 참조.

19 西泉梅花社와 이광찬의 한시에 대해서는 제 3부의 詩社의 결성과 지식인의 갈등에서 자세히 다루기로 한다.

20 이광명이 함경도 甲山 謫所에서 남긴 『贈參議公謫所詩歌』에는 「이쥬풍쇽통」과 「北竄歌」 이외에도 200여 수의 漢詩가 실려 있다. 초고본으로 추정되며, 草書로 기록된 부분이 많아 해독에 어려움이 있지만, 이광명의 가사 문학과 아울러 그의 시세계를 엿볼 수 있는 중요한 자료이다. 국사편찬위원회에 소장되어 있는 李匡明의 갑산 유배기 詩稿를 확인한 결과 『贈參議公謫所詩歌』(MF0015592)와 『贈參議公謫中詩歌』(MF0005350) 두 본이 존재하였다. 내용을 검토한 결과 두 본은 題名만 다른 동일본이다. 『贈參議公謫所詩歌』는 이광명의 수필본으로 『贈參議公謫中詩歌』를 후대에 비단으로 改裝하는 과정에서 표지의 '謫中'을 '謫所'로 고친 것으로 보인다. 『贈參議公謫所詩歌』는 이광명이 갑산 유배지에서 직접 보고 들은 풍속을 읊은 歌辭 「北竄歌」 1편, 時調 3首, 200餘首의 漢詩, 「이쥬풍쇽통」으로 구성되어 있다.

21 이광덕에 대한 연구는 강혜선, 앞의 논문, 2012가 유일하다. 이 논문에서는 이광덕의 생애와 그의 시세계를 다루면서 과천 은거시기의 생활과 일상을 묘사한 시를 중심으로 논하였다. 물론 이광덕의 한시에서 은거 시기의 일상을 읊은 시들이 많은 비중을 차지하는 것이 사실이지만, 그의 전원시 중에서도 현실에 대한 냉철한 인식과 현실세태에 대한 풍자를 엿볼 수 있는 한시가 작품성이나 주제적 독창성이 부각된다. 이 책에서는 그 점에 주목하여 이광덕의 시세계에 대해 논하려 한다. 이광려는

이상에서 살펴본 것처럼 팔광八匡의 문학은 초기에 정양완과 심경호에 의해 연구가 이루어진 뒤로, 연구자들에 의해 간헐적으로 주목할 만한 성과가 나오기도 했지만, 연구가 매우 부진하다고 진단할 수 있다. 이광찬과 이광명처럼 전혀 연구가 수행되지 않은 인물도 존재한다. 게다가 기존 연구에서는 팔광八匡과 그들의 시문詩文을 개별적 차원에서 분리하여 다루었다. 강화학파라는 큰 범주 아래에서 그들의 문학 세계에 보이는 하나의 국면과 특정한 시 형식에 주목하기도 하였지만,[22] 팔광八匡과 그 시문을 종합하여 그들의 시 인식과 특징적인 면을 밝히려는 시도는 이루어지지 않았다.

또 이들이 친척 관계에 있다는 사실과 정제두의 강화학을 공유하여 학문적 유대관계를 맺고 있었다는 사실에는 관심을 두었으나, 문학 특히 한시 창작과 관련하여 이들이 집단적으로 어떤 활동을 하였는지에 관해서는 구체적이고 깊이 있는 고찰이 이루어지지 않았다. 이런 연구 상황을 반성하고 팔광八匡을 하나의 문학적 결사結社라는 분석의 틀을 활용하여 연구하고자 한다. 이 책에서는 현재 전하는 팔광八匡의 시문집詩文集을 바탕으로 한시 창작과 관련한 그들의 실제 교유 양상에 주목하여 그들의 한시와 창작활동에 대해 하나의 집단으로 고찰하고 그 특징적인 면을 중점적으로 논하고자 한다.

팔광八匡의 시세계를 논하기에 앞서 제 1부에서는 팔광八匡의 가문

김동하, 앞의 논문, 1995와 이용훈, 앞의 논문, 2003에서 그의 漢詩를 내용과 형식으로 나누어 개괄적으로 다루었으나, 그의 시 인식과 작시 경향 및 특징은 면밀히 연구되지 않았다. 이 책에서는 이광려의 유람시를 통해 그의 작시 경향 및 특징을 고찰하려 한다.

22 박준호, 「강화학파의 문학세계에 대한 일고찰」, 『대동한문학』 14, 대동한문학회, 2001; 박준호, 「강화학파 시세계의 한 국면」, 『한문학보』 9, 우리한문학회, 2003; 박용만, 「강화학파의 聯句詩에 관한 고찰」, 『한국한시연구』 12, 한국한시학회, 2004.

이 조선후기 대표적인 소론계少論系 가문이라는 점에 주목하여 이들의 정맥과 함께 당시 극심한 노론·소론 당쟁 속에서 이들이 어떤 삶을 살았는지 그 생애와 활동에 대해 구체적으로 조명하려 한다. 또 문집에 남아 있는 기록과 작품을 바탕으로 팔광八匡 가계 내의 교류 및 기타 소론 및 남인계 인사와의 교유관계를 밝히려 한다. 이를 위해 팔광八匡의 교유 관계를 강화학파 인물에 국한하지 않고 팔광八匡의 문집에 실린 인물의 정보에 근거하여 이들이 교유했던 소론 인물을 전체적으로 조망해보고, 팔광八匡과 깊은 교유를 맺고 문학적 교유를 했지만 지금까지 잘 알려지지 않았던 인물에 대해서도 살펴보고자 한다. 이러한 과정을 통해 팔광八匡이 교유했던 인물과 그들 사이에 있었던 문학적 교유의 실상을 좀 더 명확히 파악할 수 있으리라 생각한다. 기존에 주목하지 않았던 이광찬의 『중옹유고中翁遺稿』와 이광신의 『선고先藁』에 실린 한시를 통해 이들이 교유했던 소론 및 남인 인물을 살펴볼 수 있고, 1755년 을해옥사乙亥獄事 이전까지 팔광八匡 가계 내의 적지 않은 교류를 확인할 수 있으며, 또 이들이 친족을 위해 남긴 묘도문자墓道文字에서 가계 내의 교류를 확인할 수 있다.

제 2부에서는 팔광八匡이 정제두에게 받아들여 학문의 바탕으로 삼고 가학으로까지 전승했던 강화학이 이들의 문학에는 어떤 양상으로 변용되었으며, 실제 시문의 창작에는 어떤 형태로 드러나는지 고찰해 보려 한다. 이는 팔광八匡의 창작의식과 시세계에 드러나는 특징을 모두 강화학의 학문적 특성과 연결해 보겠다는 의미가 아니다. 팔광八匡이 추구했던 강화학은 분명히 당시 사회의 정치 이념이자 사유체계를 지배했던 주자학朱子學과는 그 노선과 성향이 차이를 보였고, 그 특성이 뚜렷했기에 어떤 방식으로든 그들의 문학에 영향을 미쳤음은 부정할 수 없는 사실이므로, 이에 주목하여 팔광八匡의 창작의식과 한시를

대상으로 강화학과 관련된 흔적을 찾아보려는 시도이다. 물론 작가의 독창적 창작의식과 개성이 뚜렷했던 18세기 한시 작가를 대상으로 그들의 시문에 드러나는 양상과 특징을 학문과 연결하는 것은 쉬운 일이 아니다. 그러나 팔광八匡은 동시대 다른 작가들과 달리 동일한 학맥의 기반 위에서 학문적, 혈연적 유대를 지속해 나갔기에 이들의 창작의식과 시세계에는 일정 부분 공통적인 면이 발견된다. 그 공통점은 시상詩想과 관련해서는 자득自得을 중시하여 심사深思에 의한 조의造意를 강조한 점, 시재詩材와 관련해서는 주로 일상 속의 소재를 취하여 시로 형상화한 점, 시체詩體와 관련해서는 고시古詩의 창작에 힘을 기울이고 일부의 시에서는 형식적 실험을 시도하였다는 점, 우리의 역사에 대해 재인식하고 사실史實을 시화詩化하였다는 점이다.

제 3부에서는 제 1부와 제 2부에서 논의한 내용을 바탕으로 팔광八匡의 삶의 궤적과 그들의 한시가 당시 정치권에서 소외된 사대부계층의 삶과 의식을 여실히 보여준다는 점에 주목하여 그들의 행적과 한시의 창작배경을 세 범주로 나누어 살펴보려 한다. 이들 모두가 당시에 소외된 사대부의 삶을 살았던 것은 동일하지만, 인물마다 겪었던 고난의 층위가 달랐고 각자가 현실을 바라보는 시각에도 차이가 있었기에, 시로 형상화하여 표출하려 했던 요소 역시 시인의 개성에 따라 달리 나타나기 때문이다. 이러한 팔광八匡의 공통점과 차이점을 인식하여 첫 번째로는 '유배流配의 슬픔과 공간의 형상화'라는 주제 아래 이광사와 이광명의 한시를, 두 번째로는 '시사詩社의 결성과 지식인의 갈등'라는 주제 아래 이광신과 이광찬의 한시를, 세 번째로는 '사인士人의 삶과 일상의 정취'라는 주제 아래 이광덕과 이광려의 한시를 살펴보겠다. 이를 통해 18세기 노론·소론의 당쟁 속에서 가장 치열한 삶을 살았던 팔광八匡의 삶의 흔적 및 그들이 한시에 담아내고자 했던 시정詩情과

시경詩境을 규명할 수 있을 것이며, 18세기 한시사에서 팔광八匡의 한시가 지니는 의미와 위상을 부여할 수 있으리라 생각한다.

제1부

팔광八匡의 구성과 교유

1. 가계家系와 정맥政脈

팔광八匡계열의 교유는 소론少論 계열 인물들이 그 중심에 있고, 그 중에서도 특히 혼맥婚脈으로 맺어진 인물들과의 교유가 깊었다. 이를 확인하기 위해서 먼저 팔광八匡의 가계家系와 정맥政脈을 고찰하고, 팔광八匡의 생애에 대해 상세히 확인해 보려 한다. 그리고 이들의 교유를 강화학파江華學派에 국한하지 않고 팔광八匡계열 인물의 문집에 실린 인물의 정보에 근거하여 팔광八匡이 교유했던 소론계少論系 인물을 전체적으로 살펴보고, 팔광八匡과 깊은 교유가 있었지만 잘 알려지지 않았던 인물도 살펴보고자 한다. 이를 통해 팔광八匡이 교유했던 인물과 그들 사이에 있었던 문학적 교유와 그 실상을 좀 더 명확히 파악할 수 있으리라 본다. 기존에 주목하지 않았던 이광찬의 『중옹유고中翁遺稿』와 이광신의 『선고先藁』에 실린 한시를 통해 이들이 교유했던 소론계 및 남인계南人系 인물을 살펴볼 수 있고, 1755년 을해옥사 이전까지 팔광八匡 가계 내의 활발한 교류를 확인할 수 있으며, 또 이들이 일가一家를 위해 남긴 묘도문자墓道文字에서 가계 내의 교류를 확인할 수 있다.

먼저 팔광八匡의 가계와 정맥에 대해 자세히 살펴보자. 팔광八匡이

속해 있는 전주 이씨全州李氏 덕천군파德泉君派는 조선 정종正宗의 열 번째 왕자인 덕천군德泉君 이후생李厚生(1397~1465)을 계파系派의 시조始祖로 한다. 이광사를 기준으로 말하자면 5대조는 청백리로 이름이 높았던 우곡遇谷 이유간李惟侃(1550~1634)인데, 이때부터 고위관직에 진출하기 시작하여 고조부 석문石門 이경직李景稷(1577~1640)은 백사白沙 이항복李恒福과 사계沙溪 김장생金長生의 문인으로 좌찬성 겸 호조판서를 지냈다. 석문의 아우 백헌白軒 이경석李景奭(1595~1671)은 대제학과 영의정을 역임하였고, 증조부 서곡西谷 이정영李正英(1616~1686)은 이조판서를 지냈다. 조부 이대성李大成(1651~1718)은 병조참판을 지냈다. 팔광八匡의 바로 윗 항렬에 팔광八匡처럼 이름이 났던 육진六眞이 있는데, 그 중 진유眞儒, 진검眞儉(광사匡師의 부父), 진급眞伋(광찬匡贊의 부父)은 이대성의 아들이고, 진순眞淳과 진수眞洙(광려匡呂의 부父)는 이정영의 형인 이덕성李德成(1655~1704)의 아들이며, 진망眞望은 이경석李景奭의 증손으로, 이우성李羽成의 아들이다. 요약하면 육진六眞 중에 진유, 진검, 진급, 진순, 진수는 모두 이경직 계열이고, 진망은 이경석 계열이다.[1] 이진휴李眞休(1674~1707)의 아들 광신匡臣이 팔광八匡에 포함되는 것을 제외하면 육진六眞의 항렬이 후대 항렬인 팔광八匡으로 그대로 이어진다.

팔광八匡 집안은 소론 문벌가로 손꼽힌다. 조선후기 여느 가문과 마찬가지로 이들은 사승師承 관계와 혼인婚姻을 통해 철저히 정맥政脈과 학맥學脈을 지켜나갔다.[2] 팔광八匡 가운데 먼저 이경석 계열에 속하며, 소론에서도 완소緩少에 속했던 이광덕李匡德을 살펴보자. 이광덕은 영

1 구체적인 가계도는 아래 《전주이씨全州李氏 덕천군파德泉君派 이경직계李景稷系와 이경석계李景奭系 계보系譜》에서 도표로 제시한다.

2 학맥으로 보자면 李匡德은 蕩平을 처음으로 주장했던 外曾祖父 朴世采의 학통을 이어받았고, 李匡師와 李匡臣은 鄭齊斗의 江華學을 전수 받았으며, 李匡贊은 趙泰億을 스승으로 섬겼다. 李匡呂는 李匡師에게 배웠다.

조 때 탕평 정국에 참여하여 정치적 부침을 겪기는 하지만 말년까지 비교적 안정된 관료 생활을 이어갔다. 실록에 실려 있는 이광덕의 졸기에 그의 행적이 다음과 같이 평가되었다.

> 이광덕은 李眞望의 아들로서, 文藝가 공교롭고 치밀하였고, 사무를 잘 해결하였다. 임인년(1722, 경종2)에 급제하여 趙顯命·宋寅明 등과 緩論을 창도하여 동료들이 기꺼이 추대했던 탓에 峻論을 주장하는 당여들의 극심한 미움을 받았다. 무신년(1728, 영조4) 이후 조현명·송인명 두 사람은 顯職에 등용되어 권위가 높아지고 혁혁해진 데 반하여, 자신은 도리어 그들의 아래가 되었으므로 드디어 뜻을 얻지 못한 것을 불만스럽게 여겨 물러나 果川에서 살았다. 농사에 힘써 致富하였으며, 仕宦을 즐기지 않다가 다시 峻論을 주장하는 당여로 귀의하였으나, 끝내 불행히 뜻이 합치되지 못한 채 세상을 떠났다.[3]

이광덕의 생평生平에 대한 비교적 짧은 기록이지만 그의 인물됨과 정치적 행보에 대한 핵심적인 사항을 담고 있다. 이광덕의 외증조부는 탕평론을 처음 제기하였던 박세채朴世采이고, 장인은 조경명趙景命이다. 영조 때에 탕평정국蕩平政局을 주도한 조문명趙文命과 조현명趙顯命은 조경명의 아우로, 이광덕에게는 처숙부가 된다. 이광명은 또 조현명과 절친한 벗이었다. 이광덕이 주로 활동하던 경종·영조 때에는 노론·소론 간의 당쟁이 극심하던 시기였다. 1727년(영조3) 7월 정미환국丁未換局으로 소론이 집권하여 조문명을 비롯한 탕평론자들이 정국을 주도하자 이광덕은 요직에 기용되어 본격적으로 관로에 진출하였다. 그 속에서 이광덕은 외가와 처가의 영향으로 영조의 탕평책을 지지하

3 『英祖實錄』 24年 7月 16日. "匡德, 眞望子也, 文藝工緻, 曉解事務. 壬寅中第, 與趙顯命宋寅明等倡緩論, 儕流翕然推服, 爲峻黨所甚惡. 及至戊申以後, 趙宋二人顯用權位隆赫, 而己反出其下, 遂怏怏不得志, 退居果川. 力田致富, 不樂仕宦, 復歸峻黨, 卒落拓不合以卒."

는 완소의 입장에 있었다. 그래서 졸기에서 언급한 것처럼 준론峻論을 주장하는 당여들의 극심한 미움을 받았는데, 1728년(영조4) 무신란戊申亂 이후 지속적으로 노론세력에 의해 무함誣陷을 당했으며, 대쪽 같고 말을 가려서 하지 못하는 성격 탓에 여러 차례 추고를 받고 파직을 당하기도 하였다.

다음으로는 이경직 계열에 속하는 이광신, 이광찬, 이광사를 살펴보자. 영조 대에 관로에 진출하여 직접적으로 노론·소론 간의 당쟁에 관여한 적이 없지만, 준소峻少의 입장을 고수했던 이 집안은 노론과 대립각을 세웠던 백부伯父 이진유李眞儒에 연좌되어 영원히 벼슬길이 막혀버렸고, 가문 전체가 몰락의 길을 걸었다. 이진유는 1716년에 권상하權尙夏와 정호鄭澔의 처벌을 주장하다가 삭출되었고, 1721년에는 세제世弟(영조)의 대리청정을 주장하는 노론老論 사대신四大臣을 탄핵하여 제거하는 데 앞장섰다. 1725년 을사처분乙巳處分으로 인해 이전 신임옥사辛壬獄事 때에 역적으로 몰려 죽었던 노론 사대신과 노론 인사들을 신원해 주면서 이진유는 추자도로 유배되었고, 그의 아우 각리角理 이진검李眞儉은 강진현으로 유배되었다. 이진검은 2년 후에 해배解配가 되었으나 유배지를 떠나기 전에 병에 걸려 유배지에서 세상을 떠났다. 1728년(영조3)에 이인좌李麟左의 난亂이 진압되면서 이진유는 이 일에 연루되어 유배지에서 서울로 압송되어 문초를 받았으며, 1730년에 김일경金一鏡의 소하疏下에 역적으로 지목되어 곤장을 맞다가 죽었다.

한편 이진유의 셋째 아우 이진급李眞伋은 1712년(숙종38)에 시권試券을 늦게 제출했다는 이유로 문과방목文科榜目에서 발거拔去되었으나[4]

4 1712년에 벌어진 壬辰科獄을 말한다. 이 일로 試官이었던 李墩은 유배되었고, 문과급제자 李眞伋·吳遂元·李獻章·李獻英은 방목에서 이름이 삭제되었다. 합격자 중 少論 출신이 많았기 때문에 老論의 시기 대상이 되어 결국 科獄으로 확대되었다. 이에 대해서는 『承政院日記』 숙종 38년 8월 2일(계축)기사 참조.

신임옥사 이후에 정권의 주도권을 잡은 소론 관료들이 임진과옥壬辰科獄에 연루되었던 이들의 복과復科를 추진하였다. 그리하여 이진급은 1723년(경종3)에 최석항崔錫恒의 건의로 문과 급제를 인정받아 정언에 제수되었으나 오히려 상소하여 과명科名을 삭제해 줄 것을 청하였고,[5] 그 후에 다시 헌납, 홍문관 부교리에 제수되었으나 시골에 있으면서 한 번도 소명召命에 응하지 않았다.[6] 이진급은 영조 즉위 후 을사처분乙巳處分으로 다시 삭과削科되었으며,[7] 이후로 관직에 나아가지 않았다. 이진급의 아들인 이광찬 역시 당쟁과 집안의 영향으로 인해 과거 급제와 관직 진출이 순탄치 않았다. 1728년(영조4)에 반시泮試에서 급제를 하였으나, 이때에 이인좌의 난이 일어나 응방應榜하지 못하였고, 백부 이진유가 죽임을 당한 뒤로는 10여 년 동안 여러 차례 전시殿試가 있었는데도 끝내 나아가지 못하였다. 1738년(영조14)이 되어서야 당시 영의정 이광좌李光佐(1674~1740)와 예조 판서 윤혜교尹惠教(1673~1736)의 주청에 의해 전시에 부거赴擧하여 문과에 급제하였으나, 관직 진출과는 인연이 없었다.

이경직의 맏아들 이장영李長英의 증손인 이광보李匡輔도 관직에 나가는 데 어려움을 겪었다. 1714년(숙종40) 이광보는 절제節製에서 장원하여 직부전시直赴殿試를 하사받았는데, 송시열宋時烈을 욕되게 하였다는 이유로 성균관 유생들이 그에게 유벌儒罰을 시행하였으며, 급제가 취소되는 지경에 이르렀다. 이광보는 결국 다시 과거를 보아 합격하였다.[8] 노론·소론의 당쟁이 격화되면서 이진유나 이진검처럼 실제 조정

5 『景宗實錄』 3年 10月 12日 기사.

6 이광찬의 아들 李良翊의 『中翁實蹟』에 의거하면 이진급은 1721년(경종1)년 이후로 門戶가 번성한 것을 염려하여 온 가족을 데리고 安東으로 내려가 있었다. 이 시기 이진급과 이광찬의 행적에 대해서는 이승용, 앞의 논문, 2015, 216면 참조.

7 『英祖實錄』 1년 3월 26일 기사.

에서 당쟁의 중심에 있었던 인물뿐 아니라, 이진급·이광보·이광찬처럼 아직 관직에 나아가지 않았던 인물들에게도 과옥이나 유벌과 같은 여러 형태로 그 피해가 미쳤다. 이는 당시 덕천군파 가문이 소론의 핵심 세력이었고, 노론에게 경계의 대상이었음을 방증한다.

소론이 완론緩論·준론峻論으로 나누어진 것은 경종이 주도한 신임역옥辛壬逆獄을 두고 견해가 달랐기 때문이고, 노론이 완론·준론으로 나누어진 것은 영조가 주도한 탕평책에 대해 견해가 달랐기 때문이다. 이진유가 속한 준소峻少는 신임옥사에서 노론 사대신과 친 영조 계열의 인물들을 모두 역적으로 보는 입장이어서, 영조의 탕평책이 노론 역신逆臣의 후계들을 받아들이게 될 것을 염려하여 탕평에 거부하였다. 1729년(영조5) 8월에 노론 사대신의 죄에 대한 분등설分等說을 기초로 기유처분己酉處分이 내려졌고 조문명趙文命, 이태좌李台佐 등 완소緩少 세력을 중심으로 한 탕평정국이 자리를 잡았으므로, 준소에 속한 이진유의 집안은 더욱 몰락할 수밖에 없었다. 이진유가 죽은 뒤인 1735년(영조11)에 영조는 신임옥사로 죽임을 당했던 이이명李頤命과 김창집金昌集에 대한 노론 측의 신원伸冤 요구를 거부하였으며, 반야하교半夜下敎를 내려 이들의 신원 요구를 거부함은 물론이고 앞으로 이와 관련한 논쟁을 하지 않겠다는 다짐을 받기도 하였다. 그러나 1740년(영조16)에는 신임옥사를 무옥誣獄으로 판정한다는 경신처분庚申處分이 내려졌다. 이어 1755년(영조31)에는 나주괘서사건羅州掛書事件이 일어나 이진유의 조카 항렬인 서대문에 거주하던 팔광八匡이 모두 그 사건에 연루되어 북변北邊 혹은 남변南邊으로 살아서는 다시 돌아올 수 없는 유배길에 올랐다.

8 이에 대해서는 원창애, 「조선 왕실 종친가문에서 사대부가로의 변모-덕천군파 이유간 가계를 중심으로-」, 『南冥學研究』 48, 경상대학교 남명학연구소, 2015에 언급된 바 있다. 이 논문에서는 전주이씨 덕천군파 가계의 전체적인 계보와 이경석, 이경직 이후 후손들의 관직 진출 현황 및 그에 따른 가문의 盛衰를 다루고 있어 참조가 된다.

《전주이씨全州李氏 덕천군파德泉君派 이경직계李景稷系와 이경석계李景奭系 계보系譜》[9]

【李景稷系】

- 景稷
  - 長英 — 集成 — 眞卿 — 匡祚
  - 後英
    - 翼成 — 聞道 — 匡運
    - 德成
      - 眞源 — [系]匡尹(后村)
      - 眞淳 — 匡說
      - 眞洙
        - 匡尹[出]
        - 匡呂(月巖)
  - 正英
    - 晩成 — [系]眞儒 — 匡翼 — [系]承孝 — 勉信
    - 大成
      - 眞儒[出]
      - 眞儉
        - 匡泰(無妄軒) — 世翊 — 勉中
        - 匡濟 — [出]承孝
        - 匡鼎
        - 匡師(圓嶠)
          - 肯翊(燃藜室)
          - 令翊(信齋)
      - 眞休 — 匡臣(恒齋)
        - 敬翊
          - 勉行
          - 勉衡
        - 春翊
      - 眞伋
        - 匡彦(尾泉) — 榮翊(念齋) — 勉訥 — 會遠
        - 匡贊(中翁) — 良翊 — 勉通
          - [系]勉季
        - 匡顯
          - 文翊
          - 忠翊(椒園)[出]
          - 弘翊
        - 匡敏 — 天翊
          - 勉始 — [系]眞遠
          - 勉治
        - 匡謹
          - 雲翊 — 勉履 — 章遠
          - 明翊
      - 眞偉 — 匡明(海嶽丈人) — [系]忠翊 — 勉伯
        - 是遠 — 象學
          - 建昌(寧齋)
          - 建昇(耕齋)
        - 止遠 — 象夔 — [系]建芳(蘭谷)
        - 喜遠 — 象曼 — 建芳[出]

```
【李景奭系】

景奭 ── 哲英 ── 羽成 ─┬─ 眞養 ── 匡會
          │            └─ 眞望 ─┬─ 匡德(冠陽) ─ 國亨 ─ 勉齋
          │                     ├─ 匡誼(鐵面子)
          │                     └─ 匡文
          │
          └── 厦成 ─ 眞鼎 ── 匡度
```

2. 생애生涯와 교유交遊

1) 가계家系 내 교류

먼저 덕천군德泉君의 10세손인 진유眞儒, 진검眞儉, 진망眞望, 진순眞淳, 진급眞伋, 진경眞卿 등 육진六眞의 행적에 대해 고찰해 보자. 덕천군을 비롯하여 이 집안 인물들의 간략한 이력과 행적은 이광사李匡師의 「시조덕천군신도비명始祖德泉君神道碑銘」에 비교적 간략하고 명확히 기록되어 있다. 다음은 그중 육진六眞에 관한 기록을 발췌한 것으로, 그들의 관직과 행적을 한눈에 살필 수 있다.

> 眞儉은 예조 판서로, 너그럽고 인자하여 자만하지 않았으며, 품성과 조행이 아주 독실하여 당세에서 그 德量을 중히 여겼다. 글씨를 잘 써서 懿陵哀冊을 베껴 적었다.

> 眞伋은 과거에 급제하였으나 削科되었다. 여러 차례 玉堂에 임명되었으

9 이 가계도는 全州李氏德泉君派宗會, 『全州李氏德泉君派譜』, 1983, 권1, 「咸豊君派」를 참조하여 작성하였다. 號가 알려지지 않은 인물의 경우에는 강화학파 인물의 行狀과 墓誌銘에 근거하여 밝혔다. 이용규, 앞의 책, 2007과 김수중 외, 『강화학파 연구문헌해제』, 인천학 연구원, 2007에도 全州李氏 德泉君派의 家系를 소개하고 있다.

나, 끝내 나아가지 않았다. 금상(今上 영조)께서 그의 깨끗한 품행을 여러 차례 칭송하였다.

眞淳은 大司憲으로, 청렴하고 신중하며 재주가 뛰어났다. 내직과 외직을 두루 역임하면서 치적과 행실이 드러났다. 글씨를 잘 써서 宣懿妃玉冊을 베껴 적었다.

眞洙는 관찰사로, 생원시에 壯元을 하였으며, 德行과 經術로 당세의 重望을 받았다. 글씨를 잘 써서 懿陵表石을 베껴 적었다.

眞望은 三科에 壯元을 하였으며, 예조 판서를 역임하고 文衡을 맡았다. 효성과 우애가 지극하였으며, 금상(今上 영조)께서 潛邸에 있을 때 師傅를 역임하고, 또 東宮輔養官을 맡아서 두터운 예우를 받았다.

眞卿은 동지중추부사로, 효성이 지극해 旌閭가 내려졌다.[10]

위의 기록에서 진유는 언급되지 않았는데, 1755년 을해옥사乙亥獄事로 인해 그에게 역률逆律이 추시追施되었기 때문에 이 글에 실리지 못한 것으로 보인다. 이들 중 진망은 이경석李景奭의 후손이고, 나머지 다섯 명은 이경직李景稷의 후손이다. 이광사가 기록한 간략한 이력과 행적만 보아도 당시 이들의 명망名望과 가문家門의 위상이 어느 정도였는지 짐작할 수 있다. 또 한 가지 주목할 점은 이들이 대부분 왕실의

10 李匡師, 『圓嶠集選』 권7, 「始祖德泉君神道碑銘」(『총간』 221, 514면). "眞儉, 禮曹判書, 寬仁不伐, 質行甚篤, 當世重其德量, 善書, 寫懿陵哀冊. 眞伋, 登科見削. 嘗屢拜玉署, 終不就, 今上屢稱其潔. 眞淳, 大司憲, 廉愼長才諝, 歷官內外, 著治行, 善書, 寫宣懿妃玉冊. 眞洙, 觀察使, 魁生員, 德行經術, 負時重望. 善書, 寫懿陵表石. 眞望, 魁三科, 禮曹判書, 典文衡. 有孝友至性, 今上潛邸師, 又爲東宮輔養官, 重見禮遇. 眞卿, 同中樞, 孝旌閭."

옥책문玉冊文이나 표석表石을 베껴 적을 정도로 모두 명필名筆이었다는 점이다.

육진六眞 중 진검과 진급은 이대성李大成(1651~1718)의 아들로, 최규서崔奎瑞(1650~1735)는 이대성의 신도비명神道碑銘에서 "공公은 자손이 번성한 데다 과거 급제자가 많아 당세에 비교할 자가 없다."[11]고 하여, 그의 가문이 성대하고 과거급제자가 많음을 칭송하였다. 진급은 관직이 현달하지 못했는데, 이는 가문의 배경이나 개인의 능력이 부족해서가 아니라, 진유와 진검이 모두 현달하여 가문이 너무 번성해지고 진유의 주위에 적이 많아지자, 이를 염려하여 스스로 벼슬에 뜻을 두지 않았기 때문이다.[12] 진순과 진수眞洙는 이덕성李德成(1655~1704)의 아들로, 이덕수李德壽(1673~1744)는 이덕성의 묘갈명墓碣銘에서 "자의대편慈懿大騙의 옥책문玉冊文이 불에 타서 다시 만들 때 공이 명命을 받아 베껴 적어 올리자, 임금이 필법筆法이 정묘함을 칭찬하였다."[13]라 하여, 이덕성이 필법에 뛰어났음을 말하였는데, 진순과 진수도 부친의 뛰어난 필법을 이어받았음을 알 수 있다.

이상에서 알 수 있듯 이 집안은 팔광八匡 이전에 육진六眞 때에 이미 과거科擧와 환로宦路에서 명성을 떨쳤고, 글씨로도 세상에 이름이 났

11 崔奎瑞, 『艮齋集』 권9, 「戶曹參判李公神道碑銘」(『총간』 161, 171면). "公子姓之衆, 科甲之多, 一世無兩焉."

12 李建昌, 『明美堂集』 권5, 「本生六代祖考洗馬府君家傳」(『총간』 349, 217면). "伯氏北谷公, 仲氏判書公, 俱居要路. 府君見時事泮渙, 門戶太盛, 北谷公尤與人多仇, 嘗從容進保身全家之說, 北谷公不能用. 府君時往來嶺南安東山中, 置屋挈眷而居者數年, 亦以見志也."

13 李德壽, 『西堂私載』 권5, 「守忠淸道觀察使李公墓碣銘」(『총간』 186, 294면). "慈懿大妃玉冊燬而改造, 公承命寫進, 上獎其筆法精妙." 이 글에서 이덕수가 '자신이 젊었을 적에 이덕성에게 배웠으며[德壽少而獲習於公]', '洗馬兄弟와 더불어 의좋게 교유하였다.[又與洗馬(眞源-필자주-)兄弟遊相好]'고 하였는데, 이 내용으로 그의 師承관계와 이 집안과의 교유를 알 수 있다.

다. 육진六眞의 이러한 학문적 자질과 필법筆法은 아래 항렬인 팔광八匡으로 이어져 동국진체東國眞體를 완성하여 조선후기 서예사書藝史에 한 획을 그은 걸출한 서예가인 이광사를 낳게 하였다. 이광사의 종제從弟인 이광현李匡顯 역시 필법에 뛰어났는데, 심노숭沈魯崇(1762~1836)은 유배지였던 경상도 기장機張에서 이광현의 필적筆跡을 보고는 행초行草가 뛰어나 이광사의 서예 스승이었던 백하白下 윤순尹淳(1680~1741)도 그에 비하면 아류亞流라고 평가하였다.[14]

팔광八匡은 육진六眞의 다음 항렬로, 당화黨禍를 입어 쇠퇴해가는 가문의 존립을 위해 힘쓰고, 다음 세대인 익자翊字 항렬에게 학문적·문학적으로 많은 영향을 끼쳐 가문 내에서도 중요한 위치를 차지한다. 팔광八匡은 덕천군의 11세손인 광덕匡德, 광사匡師, 광찬匡贊, 광명匡明, 광려匡呂, 광세匡世, 광보匡輔, 광신匡臣으로, 광덕, 광세, 광보를 제외한 다섯 명은 강화학江華學이라 일컬어지는 정제두의 양명학陽明學을 가학家學으로 정립시키는 데 많은 영향을 미쳤으며, 특히 이광명, 이광신, 이광사는 강화도에 들어가 정제두에게 직접 양명학을 전수받아 익자翊字 항렬로 전승하였다. 이 가운데 가장 오랜 기간 정제두의 학통을 계승했던 인물은 이광명에서 이충익李忠翊·이면백李勉伯·이시원李是遠·이상학李象學·이건창李建昌으로 이어지는 이광명 계열이다. 이충익은 경상도 기장機張에 유배된 생부生父 이광현과 함경도 갑산甲山에 유배된 양부 이광명을 봉양하면서 힘겨운 삶을 살았고, 말년에 강화로 이주한 뒤에는 혹독한 가난으로 끼니를 거르는 삶을 살았다.[15] 이충익 뿐만 아니라, 이광사의 아들 이영익과 이긍익, 이광찬의 아들 이양익도 북관

14 沈魯崇, 『南遷日錄』 上. "今其詩草, 可覽索見斷簡中, 行草嬌姸流動, 尹白下特其流亞."
15 윤재환, 앞의 논문, 132~133면 발췌 요약.

北關의 험난한 길을 오가며 자신의 부친들을 봉양하였다. 힘든 유배 생활 중에도 가문의 유지와 가학의 정립을 위해 자질子姪들을 올바른 길로 인도하려던 팔광八匡의 노력은 계속되었다.

이광찬이 함경도 명천明川으로 유배된 이후에 이광사가 유배지에서 자질들에게 편지로 문학文學을 권장하는 것을 비판하고, 집안의 자질들에게는 나무가 화려한 꽃을 거두고 뿌리로 돌아가듯이 자신의 재주를 겉으로 드러내지 말고 내면으로 수렴하여 조심하는 데 힘쓰라고 권면한 일,[16] 또 조카 경익敬翊(이광신의 자子)에게는 『소학小學』, 『대학大學』, 『논어論語』, 『맹자孟子』, 『심경心經』, 『근사록近思錄』 등을 읽어서 예법으로 몸가짐을 단속하여 고인故人이 된 부친 이광신이 생전에 지켜왔던 家法을 실추시켜서는 안 된다고 경계한 일 등이 그러한 예이다.[17]

가학으로 강화학의 정립과 이를 후대에 전승하려는 팔광八匡의 노력으로 인해 정제두 이후의 강화학은 이광명, 이광신, 이광사→이충익(이광명의 자子), 이긍익李肯翊, 이영익李令翊(이광사의 자子)→이면백(이충익의 자子)→이시원(이면백의 자子)→이상학(이시원의 자子)→이건창, 이건승李建昇(이상학의 자子), 이건방李建芳(이상만李象曼의 자子)로 계승되어 이 집안의 가학으로 자리매김하는 동시에 강화학이라는 독특한 학맥學脈을 형성하였다. 이러한 팔광八匡의 위치와 역할을 인지하고 팔

16 李良翊, 『中翁實蹟』. "答圓嶠公書曰 ……(중략)…… 又曰, 君於文章分數重, 故教後背者, 終與餘力學文之意異. 子弟輕俊者, 喜爲浮詞, 易成浮薄, 好作不緊詩律文辭, 多爲人所憎惡, 況吾家今日, 惟當沈晦愼默, 如木之歸根斂華, 若以文章又洩其已衰垂絶之氣, 此如當冬開花, 不能待春而根本先蹶矣. 少輩能齊心併力, 篤孝弟, 愼言行, 守禮法, 長識見, 少文樸實, 庶可返本還源, 保家全身. 而父兄皆遠, 戒飭無人, 孝謹日衰, 何可捨此急務而他求耶?"

17 李良翊, 위의 책. "與從姪敬翊書曰, 賢父兄之子, 律身飭行, 當百倍於人. 不然, 必以不肖忝先目之, 父兄子弟之難行身有如是, 念之哉! 須取小學大學論孟心近等書, 時時浸灌研究, 無墜先兄主家法也."

광八匡의 생애를 상세히 살펴보도록 하자.

먼저 이광덕李匡德(1690~1748)의 생애를 보자.[18] 이광덕의 자字는 성뢰聖賴, 호號는 관양冠陽으로, 도운陶雲 이진망李眞望(1672~1737)의 아들이다. 부친인 이진망, 고조부 이경석과 함께 삼대三代에 걸쳐 대제학大提學을 지낸 집안으로 유명하다. 그러나 관양冠陽이라는 호에서 알 수 있듯, 그는 관직에서 물러나 관악산冠岳山의 남쪽에 은거하며 야인野人을 자처하였다. 연보年譜에 따른 행적을 살펴보면 다음과 같다.

1696년 7세에 한사漢史를 읽고는 도성문 누각에 올라 행인들이 왕래하는 것을 보며 「한신전韓信傳」에 나오는 '내 가랑이 사이로 지나가라[出我袴下]'는 말을 써서 7언시를 읊자, 식자識者들이 그의 탁월한 재능을 인정하였다. 당시 문명이 높았던 곤륜昆侖 최창대崔昌大(1669~1720)는 이광덕이 지은 글을 보고 훗날 자신들보다 더 뛰어난 성취를 이룰 것이라 칭찬해 마지않았다. 1706년에 조경명趙景命의 딸 풍양 조씨豐壤趙氏와 혼인을 하였으며, 1722년에는 정시庭試에 2등으로 급제하였는데, 장인 조경명 역시 장원으로 급제하여 세상에서 아름다운 일이라 칭송하였다. 1723년에는 세자시강원 설서에 임명되어 세자사부世子師傅로 있던 부친 이진망과 함께 연잉군延礽君(영조英祖)의 우대를 받았다. 1727년에는 호남 어사湖南御史로 파견되어 대동미大同米와 신포身布를 견감하고, 한전旱田에 급재給災해 줄 것을 청하였으며, 이조좌랑이 되어 홍문록弘文錄에 관한 일로 조태억趙泰億과 논란을 벌이다 사직하였다. 1728년에 다시 호남 감진어사湖南監賑御史로 파견되었는데, 3월에 무신란戊申亂이 일어나자 그대로 전라 감사全羅監司가 되어 역적 박필현朴弼顯의 족속인 박필희朴弼希를 체포해 서울로 압송하였

18 이광덕의 생애에 대해서는 李是遠의 「大提學冠陽李公行狀」, 李建昌의 「冠陽公事畧」, 강혜선, 앞의 논문, 2012, 『冠陽集』 「解題」(한국고전번역원)를 참조하여 작성하였다.

다. 전라 감사가 되어 굶주린 시신들이 널려 있는 참담한 광경을 목도하고는 휘하의 군관軍官을 시켜 제수祭需를 갖추고 그 혼령魂靈을 위로하기 위해 「제사산적해문祭四山積骸文」을 지었다. 1729년에 호남 어사湖南御史로 있을 때 무신란의 기미를 미리 알았을 것이라는 이양신李亮臣의 무함을 받고는 변무辨誣하는 상소를 올렸다. 영조가 전주全州 건지산乾止山을 옹주翁主의 궁방宮房 절수전折受田으로 삼으려 하였는데, 이에 반대하는 상소를 올렸다가 번신藩臣의 예가 없다는 엄한 하교와 함께 추고를 받았다. 1731년에는 이광좌李光佐, 이삼李森, 박문수朴文秀 등과 함께 무신란에 연관되었다는 성탁成琢의 무함을 받아 대명待命하였고, 상소하여 무함에 대해 변명하였다. 11월에 호남湖南 진휼어사賑恤御史에 차임되었으나 나아가지 않았다. 1733년에 강화 유수江華留守에 임명되었으나 부임하지 않고 사직소를 올렸다가 갑산 부사甲山府使에 임명되었다. 1739년에는 동지사 부사冬至使副使로 연경燕京에 다녀왔으며, 사신使臣으로 갔을 때 중국인들이 함께 수창한 시를 『탐주집探珠集』으로 간행하였는데, 중국인들이 그의 시를 평하여 '기풍이 온순溫醇하고 문채가 아름다워 마치 새벽녘 연꽃이 바람에 웃는 것 같다.'[19]라고 하였다. 1741년에 대제학에 임명되었으며, 아우인 지평 이광의李匡誼가 김복택金福澤의 일을 발계發啓한 일에 연좌되어 국문鞠問을 받고 정주定州에 유배된 뒤 다시 해남海南으로 이배移配되었다. 1742년에 해배解配되어 과천에 은거하다가 1748년 59세에 병으로 세상을 떠났다.

이광덕은 어린 시절부터 10여 년이 넘도록 가릉선생嘉陵先生이라 불리던 백인당百忍堂 안정安綎(1655~?)에게 배웠다고 하는데,[20] 안정은 연

---

19 李是遠, 『沙磯集』 5책, 「大提學冠陽李公行狀」(『총간』 302, 187면). "己未, 以副使赴燕, 華人見公詩曰, "氣味溫醇, 藻彩彬郁, 如初日芙蕖, 倚風自笑."

20 李匡德, 『冠陽集』 권15, 「奉送嘉陵先生反官燕岐序」. "於是匡德乃肯言曰, 先生殆將達

기 현감燕岐縣監과 사간원 정언司諫院正言의 이력을 제외하면 다른 행적은 자세하지 않다. 이광덕의 외증조부는 탕평론蕩平論을 처음 제기하였던 박세채朴世采이며, 그의 장인이 조경명趙景命이었던 까닭에 정치적 입장은 소론 탕평파蕩平派에 속했다. 그로 인해 교유한 인물도 주로 완소계열緩少系列의 인물이 많았는데, 조문명趙文命, 조현명趙顯命, 송인명宋寅明, 이광좌 등을 들 수 있다. 영조 즉위 후에 탕평정국을 주도한 조현명은 조경명의 아우로, 이광덕에게는 처숙부가 되는데, 조현명과 이광덕은 절친한 벗이었다. 당대에 문명文名이 높았던 조현명과 이광덕에 대해서는 '조현명이 어릴 적에 그의 형인 조경명이 이광덕만 보면 집에 돌아와서 조현명의 시문詩文이 이광덕만 못하다고 종아리를 쳤던 까닭에 그가 장성해서도 이광덕만 만나면 어릴 때 종아리를 맞았던 근심이 사라지지 않아 제대로 실력 발휘를 하지 못했던 일화[21]가 있다. 또 두 사람이 지은 완산제영完山題詠[응청당즉사凝清堂卽事]의 시풍詩風이 각각 청고淸高하고 부섬富贍함의 차이가 있다는 일화가 전한다.[22] 문집으로는 『관양집冠陽集』이 있다.

두 번째로는 이광신李匡臣(1700~1744)의 생애를 보자.[23] 이광신의 자는 용직用直, 호는 항재恒齋로, 이진휴李眞休(1674~1707)의 아들이다. 항

矣. 小子事先生, 蓋十年久矣. 而先生之出處顯晦, 小子又久識之."

21 李是遠, 위의 책, 위의 글. "趙大司諫景命, 公婦翁也. 每見公, 歸輒撻其季弟歸麓相公曰, '何不如某也?' 大諫往拜陶雲公, 歸麓輒憂曰, '今日吾又受撻矣.' 公晩年語人曰, '稚晦相公文章, 當世鮮有及者, 見吾則退步, 以兒時之憂未除也.' 稚晦, 歸麓字也."

22 李裕元, 『林下筆記』, 春明逸史, 「完山題詠」. "完營燕申堂, 冠陽李公題詩曰, 安石榴花箇箇尖, 朝陽微雨見纖纖. 棋朋坐睡琴娥去, 一樹梧桐碧滿簾. 歸鹿相公次其韻, 有晩揮朱墨登樓去, 十二欄干妓捲簾之句. 人謂李公得其淸, 趙公得其富."

23 이광신의 생애에 대해서는 이광사의 「五兄恒齋先生行狀」과 「祭恒齋從兄文」, 정양완, 앞의 책, 1995의 '恒齋 李匡臣'과 심경호, 앞의 논문, 1997의 '항재의 생애'를 참조하여 작성하였다.

재恒齋라는 호號는 '실위유구實爲悠久'의 의미에서 취하여 재명齋名으로 삼은 것이다.[24] 이광신은 여덟 살에 부모를 잃고 조부모의 손에서 양육되었다. 비록 어린 나이에 부모를 잃었지만, 젊은 시절에는 이광사와 이광찬 등 종형제들과 어울리며 학문을 닦고 과거 공부도 하였다. 그는 하곡霞谷 정제두鄭齊斗를 만난 이후로 그의 학문에 깊이 침잠하였다. 이광신도 처음에는 세상에서 하곡의 학문이 양명학에 가깝다는 의론을 하자, 그를 만나 보려고 하지 않았다. 그러나 하곡을 만나고 나서는 하곡의 학문과 양명학에 대한 인식의 변화가 생겼으며, 그의 학문관도 변하였다. 그는 정제두의 정심독실精深篤實함을 보고는 "저술을 보지 않고서 함부로 비난을 해서는 안 될 일이다."라고 하였고, 돌아와서는 왕수인王守仁의 『왕문성집王文成集』을 읽어보고 「의왕주문답擬王朱問答」을 지어 분변하였다.[25] 이광신은 정제두의 제자 중에서도 중요한 위치에 있었기에 누구보다도 그를 잘 알았다. 이광신은 하곡과 그의 아들인 정후일을 통해 심학心學을 받아들였고,[26] 정후일鄭厚一의 부탁으로

24 이에 대해서는 심경호, 앞의 논문, 1997, 241면에서 처음 언급하였다.

25 李匡師, 『圓嶠集選』 권9, 「五兄恒齋先生行狀」. "世或議其右新近, 先生初不欲見, 及見精深篤實, 歎曰, '不見其書, 未可輕詆.' 歸取王文成集讀之曰, '非若晦翁之醇然, 見道精約, 要亦可取, 何至斥以異類?' 爲作擬朱王問答以辨之. 是以其爲學門路公正, 不役於校讎章句, 亦不求捷悟. ……(중략)…… 書之壁曰, '學當用功於心髓入微, 自底篤實輝光, 大本立, 雖私欲有萌, 非所患也. 若就標末粧綴, 適足以長傲, 自謂進高明, 而不知陷於狠戾險嫉, 直可哀也.' 此可見先生所存."

26 李匡臣, 『先藁』 2책, 「祭鄭富平文(辛酉)」. "於乎! 小子蒙陋, 未能束脩於老先生(鄭齊斗-필자주-), 而亦獲奉誨以周旋, 景慕之篤, 不後於人. 今樑木已摧矣, 老成典刑, 公尙在焉. 小子之慕公, 如慕老先生, 今春往于城南城西, 屢叩公所存, 則心學議論, 蓋多過庭之聞矣." 이 글과 이광사의 「祭恒齋從兄文」을 참고하면 이광신은 정제두를 만나 강화학에 대해 새롭게 인식하였고, 정제두 사후에는 그의 아들인 정후일에게 心學에 대해 가르침을 받았음을 알 수 있다. 이광사는 「祭恒齋從兄文」에서 이광신이 처음에는 朱子의 '格物致知'를 천명하다가 뒤에 정제두에게 '내면에 마음을 써서 지행합일되어야 한다'는 양명의 학설에 대한 가르침을 받고, 다시 주자와 왕양명의 학설

하곡의 문집을 교감·정리하였으며, 정후일의 사후에는 하곡의 유고遺稿를 정리하는 일을 주도하였다. 또 세상을 떠나기 1년 전인 1743년에는 『빙탄록氷炭錄』을 작성하여 주자朱子와 왕양명王陽明의 격물론格物論 및 성즉리性卽理, 심즉리설心卽理說을 비교하였다. 종제從弟 이광찬과는 주자와 왕양명王陽明의 이기설을 변론하는 서신을 주고받았으며,[27] 족질族姪 이긍익, 이영익, 이충익에게 학문적으로 많은 영향을 주었다. 이광신은 이광찬과 함께 서천매화사의 주요 일원으로 활동하였는데, 시사에서 교유한 소론계 인물과 남인계 인물은 이광찬이 교유한 인물과 거의 동일하다.[28] 함께 학업을 닦고 교유한 인물 가운데 주목할 만한 이로는 인척인 홍제弘濟 민옥閔鈺(자字 사상士相, ?~1741)과 안재安齋 조진빈趙震彬(자字 비경飛卿, ?~1742)을 들 수 있는데, 학문에 대해 토론한 서한書翰이 『선고先藁』에 실려 있어 이들의 학문 성향과 견해의 차이점을 엿볼 수 있다. 이광신은 이들과 아주 친밀한 관계였는데, 민옥은 이광사의 중표형中表兄이며, 조진빈은 조태억趙泰億의 아들이다. 이광신은 민옥이 세상을 떠나자 특별히 「제민사상문祭閔士相文」과 함께 「홍제민공옥유사弘濟閔公鈺遺事」를 지어 그의 삶을 기술하였고, 조진빈이 죽자 「곡조비경문哭趙飛卿文」과 「제조비경문祭趙飛卿文」 지어 죽음을 애도하였다.[29] 이후 이광신은 1744년 6월에 염병에 걸려 45세로

비교하여 몇 년 동안 철저히 탐구하다가 결국 주자가 순수하여 아무런 흠이 없고, 양명의 설은 과도하게 높고 서두른다는 사실을 깨닫고 주자에 전념하였다고 말하였다. 그러나 이는 爲堂 鄭寅普가 말한 것처럼 이광사가 자신들이 실제 양명학을 공부하고도 이를 겉으로 드러내기를 꺼려하는 마음에서 의도적으로 기술한 내용으로 보인다. 이광신이 정제두 死後에도 心學의 가르침을 받기 위해 정후일을 찾았던 사실이 그 증거로 들 수 있다.

27 李匡臣, 『先藁』 3책, 「與襄仲辯難朱王理氣說」.

28 이광신이 西泉梅花社에서 교유한 인물과 창작한 詩作에 대해서는 『附錄』 참조.

29 이광신과 閔鈺, 趙震彬의 교유에 대해서는 심경호, 앞의 논문, 1997, 246~248면 참조.

생을 마감하였다. 문집으로는 『선고』가 있다.

세 번째로는 이광명李匡明(1701~1778)의 생애를 보자. 이광명의 자는 양보良輔, 호는 해악장인海嶽丈人으로, 이진위李眞偉(1681~1710)의 아들이다. 숙종 재위 시기에 집안이 번성하였으나 10세에 부친을 잃고 난 뒤 모친 은진 송씨恩津宋氏의 뜻에 따라 강화江華의 사기리沙磯里에 부친을 장사지내고, 진강산鎭江山 아래로 정제두를 찾아가 수학하였다. 이광명은 강화도에 거주하면서 정제두에게서 20년간 직접 학문을 전수받았고, 평생 관직에 나아가지 않았다. 모친 송 부인을 극진히 봉양하면서 도성에 30년간 발을 들이지 않았으나, 1755년 을해옥사乙亥獄事가 일어나자 연좌되어 북관北關의 갑산甲山에 유배되었다. 일찍 아들을 잃고 사촌 동생 이광현李匡顯의 아들인 이충익李忠翊(1744~1816)을 양자로 들였다. 이충익이 지은 「선고비합장지先考妣合葬誌」를 통해 그의 일생을 알 수 있다.[30] 현재 문집文集은 전하지 않고 갑산 유배지에서 지은 시문집 『증참의공적소시가贈參議公謫所詩歌』만 전하는데, 갑산 유배지에서 직접 보고 들은 풍속을 읊은 가사歌詞와 200여 수首의 한시漢詩 및 「이주풍속통夷州風俗通」으로 구성되어 있다.

네 번째로는 이광찬李匡贊(1702~1766)의 생애를 보자.[31] 이광찬의 자는 양중襄仲, 호는 중옹中翁으로, 서천西泉 이진급李眞伋(1675~1748)의 아들이다. 이광찬은 종형 이광신과 함께 을해옥사 전후로 기울어가던 그의 가문을 부지한 정신적 지주로, 전주 이씨 가문에서 큰 의미를 지니는 인물이다. 이광찬은 당대에 남구만南九萬(1629~1711)과 조태억

30 李忠翊, 『椒園遺稿』 2책, 「先考妣合葬誌」(『총간』 255, 532면).

31 이광찬의 생애에 대해서는 이승용, 『中翁 李匡贊의 生涯와 詩世界에 관한 일고찰』, 2015에서 『中翁遺稿』와 『中翁實蹟』을 바탕으로 작성했던 내용을 요약하여 정리하였다.

(1675~1728)으로 이어지는 소론의 문한을 이어갈 인물로 평가받았으며,[32] 족형族兄 관양冠陽 이광덕李匡德과 족부族父 서간西澗 이진수李眞洙(이광려李匡呂의 부父)가 '재상宰相의 기국[公輔器]'을 지녔다고 허여할 정도로 촉망을 받았다.[33] 20세 이전에는 겸재 조태억(1675~1728)에게 수학하였으며, 시문으로 극찬을 받았다. 1721년에 부친 이진급이 집안이 번성한 것을 염려하여 온 가족을 데리고 안동安東으로 내려갔는데, 이 해에 생원·진사 양시兩試에 합격하였다. 1725년에 을사처분乙巳處分으로 노론이 득세하면서 신임사화辛壬士禍의 책임을 물어 백부 이진유는 추자도로 유배되고 숙부 이진검은 강진현으로 유배되었다. 1728년 3월에 반시泮試에서 급제를 하였으나, 이때에 이인좌李麟左의 난이 일어나 응방應榜하지 못하였다. 1730년에 유배 중이던 백부 이진유가 다시 김일경金一鏡의 소하疏下로 역적으로 지목되어 형신을 받다가 물고되었다. 이때부터 소론이 거의 세력을 잃고 집안이 쇠퇴의 길을 걷게 되었으며, 이후로 10여 년 동안 여러 차례 전시殿試가 있었는데도 끝내 부거赴擧하지 못하였다. 1733년 겨울에 집안 식구들을 데리고 강화江華 마니산摩尼山 아래에 살고 있던 종형 초피超避 이광명李匡明에게 의지하며 겨울을 보냈는데, 막내아우 이광민李匡敏도 함께 하였다. 1735년에 강화도의 전등사傳燈寺에서 형제들과 부친을 모시고 강화 경력江華經歷으로 있던 운와芸窩 홍중성洪重聖(1668~1735)과 함께 시회詩會를 열었다. 이 무렵 서천매화사西泉梅花社가 결성되었다. 1736년 겨울에 종형

32 李良翊, 『中翁實蹟』. "府君登第日, 謙齋[趙泰億]來賀日, '吾師之師藥泉相公[南九萬], 以台衡而兼文衡, 吾師明谷[崔錫鼎]傳其統, 吾以不才亦添焉. 三世之鉢, 當前於君.' 其期待如此." 이광찬은 조태억에게 수학하였으며, 이를 인연으로 飛卿 趙震彬 등 조태억의 여러 아들과 교유를 이어갔다.

33 李良翊, 『中翁實蹟』. "西澗冠陽諸公, 府君族父兄也, 皆以經學文章負朝野望, 莫不賢重府君, 推以公輔器."

이광명, 종제 이광사와 함께 초피서실超避書室에서 『상서尙書』를 강독하였다. 1738년에 당시 영의정 이광좌李光佐(1674~1740)와 예조 판서 윤혜교尹惠敎(1673~1736)의 주청에 의해 전시에 부거하여 문과에 급제하였다. 1740년에 종형 이광신과 금강산을 유람하였으며, 1741년 봄에 이광신과 함께 도봉산과 수락산 일대를 유람하였다. 1744년 여름에 종제 이광사, 종질 이승효와 함께 청평과 설악산 일대를 유람하였는데, 이해 6월, 이광신이 병으로 죽었다. 1747년에 부친상을 당하였으며, 1749년에 부사과副司果에 제수되었다. 1755년에 을해옥사에 연루되어 함경도 명천明川으로 유배되었다. 이 시기에 명천과 인접한 부령富寧으로 유배 온 이광사와 편지를 통해 강학講學을 하였으며, 이광사의 부령 유배기 시문집인 『두남집斗南集』을 비평한 『평두남評斗南』을 남겼다. 1766년(영조42), 유배지에서 세상을 떠났다. 이광찬은 을해옥사乙亥獄事 이전까지는 부친 이진급李眞伋을 중심으로 소론계 문인들뿐 아니라 당색을 뛰어넘어 서대문 인근에 거주하던 국포菊圃 강박姜樸(1690~1742)을 비롯한 강필경姜必慶, 강필연姜必淵 등 남인南人 문사文士들과 함께 서천매화사를 결성하여 활발한 시사활동을 이어갔는데, 『중옹유고中翁遺稿』에 실린 시를 통해 이들의 교유 양상과 詩社의 실체를 확인할 수 있다. 이광찬은 또 신후담愼後聃과 같은 남인 인물과 『대학大學』에 관해 열띤 논쟁을 벌이기도 하였다.[34] 문집으로 『중옹유고中翁遺稿』가 있고, 이광찬과 관련된 저술로는 『중옹실적中翁實蹟』, 『선부군언행유사先府君言行遺事』, 『선부군효우유사先府君孝友遺事』, 『평두남』이 있다.

다섯 번째로는 이광사李匡師(1705~1777)의 생애를 보자.[35] 이광사의

34 李良翊, 『中翁實蹟』. "嘗與愼上舍後聃論大學, 府君斥其從古本之誤, 極論經一章, 而於明德至善本末先後綱領條目, 著辨說以明其不然."

35 이광사의 생애에 대해서는 정양완, 앞의 책, 1995, 544~548면의 「員嶠 年譜」, 『圓嶠

자는 도보道甫, 호는 원교員嶠 혹은 수북노인壽北老人으로, 이진검李眞儉(1671~1727)의 아들이다. 이광사는 18세기 문학, 사상, 예술 전 방면에 걸쳐 뚜렷한 개성을 드러내었으며, 조선후기 서예사에서 중요한 위치를 차지하는 인물이다. 백하 윤순에게서 글씨를 배워 이른바 동국진체東國眞體라는 한국적 개성이 짙은 서체書體를 정착시키는 데 결정적 역할을 하였으며, 서예에 관한 이론과 실제를 『서결書訣』로 남겼다. 연보에 따른 그의 생애를 살펴보면 다음과 같다.

어린 시절 백형伯兄인 무망재無妄齋 이광태李匡泰에게 수학하였고, 1719년에 고성 군수高城郡守 권성중權聖重의 딸 안동 권씨安東權氏와 혼인하였다. 1721년에 부친 이진검이 이이명李頤命을 탄핵하다가 밀양密陽으로 유배되었고, 1724년에는 모친상을 당하였다. 1725년에 부친이 다시 강진康津으로 유배되었으며, 1727년에 해배解配되어 돌아오기 전에 유배지에서 병을 얻어 세상을 떠났다. 1730년에 가족을 데리고 양근楊根 용진龍津으로 이사를 하였다. 1731년에는 강화에 들어가 하곡 정제두를 뵙고 가르침을 청하였으며, 5월에 부인 권씨權氏의 상喪을 당하였다. 1733년에 유종원柳宗垣의 딸 문화 유씨文化柳氏와 혼인하였다. 1734년에 서울로 돌아왔으며 가을에 고양高陽 삼휴리三休里에 거처하였다. 1736년에 맏아들 이긍익李肯翊이 태어났으며, 8월에 정제두에게 온전히 수학할 요량으로 온 가족을 이끌고 강화로 향하였으나, 갑곶에 이르렀을 때 정제두의 부음을 듣고는 상복喪服을 입었다. 1737년에 서울 원교圓嶠(둥그재)로 이사하여 거처를 정하고 원교산圓嶠山의 이름을 따서 호號로 삼았다. 1741년에 서법書法 스승이었던 백하 윤순이 세상을 떠났으며, 1744년에는 종형 항재 이광신이 세상을 떠났다. 1747년에

集選』 解題(한국고전번역원)와 李匡呂, 『李參奉集』 권3, 「員嶠先生墓誌」(『총간』 237, 285면)를 참조하여 작성하였다.

중형仲兄 이광제李匡濟가 세상을 떠났으며, 1752년에 정제두의 손녀를 둘째 며느리로 맞아들였다. 1754년에 백형 이광태가 세상을 떠났다. 1755년 을해옥사가 일어나자 부령으로 유배되었는데, 그 이전에 이광사가 의금부에 하옥되었을 때, 부인 유씨柳氏가 자결하였다. 1762년에 부령에서 문인門人들에게 글씨와 글을 가르쳐 선동한다는 죄목으로 진도珍島에 안치되었고, 장령掌令 한필수韓必壽가 절도絶島에 이배시켜 외부인들과 접촉을 끊게 하기를 청하자, 전라도 신지도薪智島로 이배되었다. 1764년에 유배지에서 『서결書訣』을 완성하였다. 1767년에 종형 이광찬을 위해 「제종부형정자부군문祭從父兄正字府君文」을 지었고, 1771년에 종형 이광신을 위해 「오형항재선생행장五兄恒齋先生行狀」을 지었다. 1777년에 신지도 유배지에서 세상을 떠났다.

이광사는 종형인 이광신, 이광명과 함께 정제두에게 수학하였으며, 이광찬, 이광신과 서로 의지하며 학문적 문학적 교류를 이어갔다. 그리하여 정제두에게 전수받은 강화학의 학맥을 두 아들 이영익, 이긍익에게 전수하였다. 1755년 을해옥사가 일어났을 때, 백부伯父인 이진유李眞儒에 연좌되어 처음에는 함경도 부령으로, 1762년에는 다시 전라도 신지도로 이배되어 23년의 유배 끝에 일생을 마쳤다. 족제族弟이자 제자인 이광려에 의하면 이광사가 젊은 시절에는 단가설丹家說을 좋아하고 불경佛經을 연구하기도 하였는데, 뒤에는 도교道敎와 불교佛敎를 몹시 배척하고 경의經義에만 침잠하였으며, 사서史書·잡서雜書·패설稗說에 이르기까지 전혀 구애를 받지 않고 보았다고 한다. 또 세상에서는 이광사의 글씨가 이 세대에 다시없는 줄은 알지만, 그의 식견과 학문이 밑바탕이 되지 않았으면 그의 글씨가 나올 수 없었다고 하였으며, 이광사가 젊은 시절에는 거의 시를 짓지 않았고, 부령에 유배된 뒤로부터 본격적으로 시를 창작하였다고 하였다. 문집으로는 『원교집선圓

嶠集選』, 『두남집斗南集』, 『원교집員嶠集』(버클리 대학 동아시아 도서관) 등이 남아있다.

여섯 번째로는 이광려李匡呂(1720~1783)의 생애를 보자.[36] 이광려의 자는 성재聖載, 호는 월암月巖 혹은 칠탄七灘으로, 이진수李眞洙(1684~1732)의 아들이다. 스스로 호를 일컫지 않았으므로, 초원 이충익이 그의 문집을 엮을 때 『이참봉집李參奉集』이라고 하였다. 이광려는 그의 삶을 기록한 행장行狀이나 묘도문자墓道文字가 존재하지 않아, 구체적인 삶의 모습을 확인할 길이 없고 그와 교유했던 문인의 글과 『이참봉집李參奉集』 등을 통해 그 생애를 대략적으로 알 수 있다. 연보에 따른 생애를 살펴보면 대략 다음과 같다.

태어난 지 얼마 되지 않아 부친이 신임사화辛壬士禍에 연루되어 평안도 선천宣川으로 유배되면서 가화家禍를 겪었다. 1728년에 독서를 즐겨 이미 노성한 문인처럼 시를 지었으며, 1732년에 부친상을 당하였다. 1734년에 족형인 이광사에게 수학하였으며, 정경순鄭景淳(1721~1795)에게도 수학하였다. 1741년에 진사시에 합격한 뒤 대신大臣의 추천으로 선릉 참봉宣陵參奉과 명릉 참봉明陵參奉에 제수되었으나 벼슬에 나아가지 않았다. 1753년에 병이 들자 「종사終事」를 지어 친지들에게 죽은 뒤의 일을 부탁하였다. 1754년에 모친상을 당하여 장단長湍에 있는 부친의 선영에 합장하였다. 1755년에 을해옥사가 일어나 스승이자 종형이었던 이광사 등 일가가 모두 북변北邊과 남변南邊으로 유배되었다. 1762년에 「서군방보후書群芳譜後」를 지어 고구마의 재배와 보급을 주장하였으며, 1765년에는 강계현姜啓賢을 통해 동래東萊에서 고구마 종자를

36 이광려의 생애에 대해서는 정양완, 앞의 책, 1995, 11~28면, 『李參奉集』 解題(한국고전번역원)와 李晩秀, 『屐園遺稿』 권9, 「李參奉集序」와 申大羽, 『宛丘遺集』 권3, 「李參奉文集序」를 참조하여 작성하였다.

얻어 서울에 보급하였다. 1767년에 형 이광윤李匡尹과 묘향산妙香山을 유람하였으며, 1769년에는 이광윤이 세상을 떠났다. 1775년에 영조英祖가 승하하자, 정상순鄭尙淳을 대신하여 「영종대왕만사英宗大王挽詞」를 지었는데, 그 후에 정조正祖가 이를 보고 찬탄하며 『무원록언해無寃錄諺解』를 찬수撰修하게 하였다. 1777년에 이광사가 신지도 유배지에서 세상을 떠나자 그를 위해 「원교선생묘지員嶠先生墓誌」를 지었다. 이 무렵 서울 서대문 평동平洞에서 연암燕巖 박지원朴趾源(1737~1805)과 만나 당색을 초월하여 문장을 논하고 교유하였으며, 1783년에 평동에서 세상을 떠났다.

이광려의 문학에 대해서는 다수의 후대 문인들이 높이 평가하였다. 이만수는 이광려의 문집文集 서문序文에서 그의 문학을 평가하여 "앎이란 천성天性의 신령함이고, 덕이란 마음의 얻음이며, 배움이란 업業의 기틀이다. 덕이 있으면 이는 앎이 있는 것이고, 앎이 있으면 이는 배움이 있는 것이다. 배움이 있은 뒤에야 헤아리고 논의하여 변화를 이루며, 여유가 생겨 날마다 새로워지는 법이다. 이는 선생이 깊이 나아가 자득自得하여 도道에 묵묵히 합치된 까닭이니, 시문詩文은 단지 겉으로 드러난 부표符表일 뿐이다."[37]라고 하였다. 또 신대우는 "벼슬을 하지 않고 은거하며 인륜을 표방하였으니, 그 도道는 곽임종郭林宗과 같고, 그 운치는 도연명陶淵明과 같았다. 그래서 그의 문文은 성령性靈을 발휘하였고, 이치理致는 청원淸遠하였다. 시詩 또한 풍정風情을 붙여 정시연간正始年間의 청담淸談한 풍風이 넘쳤다. 비록 화려한 문채文彩를 쓰지는 않았지만, 그 말이 모두 고묘高妙하여 속세를 벗어났으니, 비유하자면 수

37 李晩秀, 『屐園遺稿』 권9, 「李參奉集序」(『총간』 268, 395면). "夫識者性之靈, 德者心之得, 學者業之基, 有德此有識, 有識此有學. 有學而後, 擬議以變化, 富有而日新, 此先生所以深造自得, 默契於道, 詩文特符表之發耳."

후隨侯의 구슬과 변화卞和의 옥이 박옥璞玉 상태에서도 그 정채精彩가 겉으로 흘러나오는 것과 같아 글 한쪽 말 한마디조차 쏜살같이 사람들의 입으로 전해졌다."[38]라고 평가하였다. 이를 근거로 볼 때 이광려의 시문은 학문을 바탕으로 부단한 내수內修의 소치로 이루어진 것이라 하겠다.

한편 이광찬의 『중옹유고』에 실린 연구시聯句詩와 몇 수의 시를 통해 친형 이광윤과 함께 족형인 이광찬과 교류하며 시를 지었다는 사실을 알 수 있다.[39] 문집으로는 그의 사후에 대제학 이만수李晩秀, 신대우, 서영보徐榮輔, 이충익 등이 유문遺文을 수습하여 1805년(순조5)에 간행한 『이참봉집』이 있으며, 간행본 이외에 이광려와 관련한 문집 및 자료로는 필사본 『이참봉집』(청주대본)[40], 이덕무 편李德懋編, 『삼가시초三家詩鈔』(홍대용 후손가 소장 사본)[41], 초고본 『이참봉집』(후손가 소장)[42] 등이 있다.

일곱 번째로는 이광보李匡輔(1687~1745)[43]의 생애를 보자. 이광보는 문집과 행장이 전하지 않아 생애를 자세히 고찰할 수 없으므로, 함풍군파 족보와 관련 인물의 글에 보이는 자취를 중심으로 간략히 살펴보겠

---

38 申大羽, 『宛丘遺集』 권3, 「李參奉文集序」(『총간』 251, 160면). "栖遲衡蓽, 表植人倫, 道存林宗, 韻諧淵明. 故其文發揮性靈, 理致冲遠, 詩亦風情所寄, 泱乎有正始之音. 雖不事藻麗靡曼, 而其語皆高妙出塵, 譬隨和在璞, 吐彩流潤, 片章隻言, 郵傳萬口."

39 이에 대해서는 『附錄』 참조.

40 이에 대해서는 김동하, 앞의 논문, 1995에서 처음 소개하였다.

41 이에 대해서는 안대회, 「洪大容 후손가 소장 李德懋 筆寫本 3종 연구」, 『고전문학연구』 42, 한국고전문학회, 2012에서 처음 소개하였다.

42 이에 대해서는 이현일, 「李匡呂의 實心實學과 經世學」, 『민족문학사연구』 35, 민족문학사학회, 2007에서 처음 소개하였다.

43 李匡輔의 직계를 살펴보면 다음과 같다.
李景稷 – 李長英 – 李觀成 – 李遇眞 – 李匡輔 – 李性淳[系]

다. 이광보의 자는 좌백左伯으로, 이진우李眞遇(1666~1704)의 아들이다. 이광보는 이진유에게는 7촌 조카가 된다. 이광보의 형제로는 아우 이광필李匡弼이 있다. 1714년(숙종40)에 절제節製에서 장원하여 직부전시直赴殿試를 하사받았는데, 송시열宋時烈을 욕되게 하였다는 이유로 성균관 유생들이 그에게 유벌儒罰을 시행하였으며 급제가 취소되어 결국 다음 해에 식년문과에 응시하여 을과로 급제하였다. 1722년 설서說書를 시작으로 관직이 도승지都承旨에까지 이르렀다. 신해년辛亥年(1731, 영조7)에 삼화 부사三和府使로 재직 중에 이웃 고을 용강龍岡의 현령縣令으로 있던 이현모李顯謨(1685~1731)가 창질에 걸려 죽었다는 소식을 듣고 곧장 달려가 그의 아들이 서울에서 분상奔喪하러 올 때까지 빈소를 지켰으며, 장사지내는 데 든 물품을 모두 자신의 고을에서 마련해 준 일화가 있다.[44] 또 남평 현감南平縣監으로 재직할 때, 자신과 동명이인인 이광보李光普가 이웃 고을 함평咸平의 현감縣監으로 있었는데, 그의 친구가 딸을 시집보낼 밑천을 구하러 왔다가 동명이인인 줄 모르고 자신이 수령으로 있는 남평으로 찾아온 일이 있었다. 그러자 빈곤해 보이는 과객의 행색을 보고는 이광보가 함평 이모李某와 남평 이모李某가 다를 것이 없다고 말하며 후하게 혼사 비용을 마련해 주었다는 일화가

44 洪志燮, 『臥雲翁聞見隨記』(국립중앙도서관본). "李文若丈辛亥年在龍岡, 遘癘而卒. 時承旨兄爲三和府使, 素與文若厚, 聞訃驚慟, 入內告大夫人言, '有遊歷近邑.' 出而直往龍岡. 入坐廳事, 而喪在室中, 公以奉親, 故不敢入親喪事, 從戶外命官人, 執事於內, 事事教戒, 襲斂方畢, 而子自京奔喪至, 公之篤於交友如此. 公曰, '文若雖爲龍岡, 不過喫龍岡飯, 不曾衣龍岡一絲者也. 今爲之送終, 何可以龍岡物累渠乎?' 蓋送終之入, 皆辦自己邑云.【李校理公顯謨, 字文若. 承旨, 卽李公匡輔也.】" 洪志燮의 『臥雲翁聞見隨記』의 존재는 박사 논문 집필 과정에서 성균관대 김영진 교수께서 알려주셨다. 八匡과 관련된 少論인물이나 八匡과 관련된 逸話 및 詩話가 실려 있어 논문을 작성하는 데 많은 참고가 되었다. 저자인 洪志燮은 충청도 德山에서 李匡尹과 李匡呂에게 직접 배운 인물이라는 정보도 실려 있다.

있다.[45] 이러한 사실을 볼 때 이광보는 의리義理와 인연을 중시하였던 인물이었음을 알 수 있다.

이광보와 관련하여 『중옹유고』에 1736년에 밀양 부사密陽府使로 부임하는 그를 전송하는 시가 실려 있고,[46] 이광신이 1740년에 안변 부사安邊府使로 부임하는 이광보에게 써준 시[47]와 이광보가 안변 군수로 부임하고 난 뒤 금강산을 유람을 떠나려다 마魔가 끼어 실행하지 못하자 근심스런 심정을 읊은 시가 『선고』에 실려 있다.[48] 이를 통해 가계 내에 지속된 교류를 알 수 있다. 이광보의 양자養子인 이성순李性淳은 어릴 때부터 이광찬에게 학문을 배웠으며, 이광려의 집이 있던 서대문 월암月巖에 살았다.[49]

여덟 번째로는 이광세李匡世(1679~1756)의 생애를 보자. 이광세 역시

45 洪志燮, 위의 책. "公之爲南平, 有人與咸平宰李光普相識者, 將行女婚, 光普許以助具, 令下來. 此人果跋涉南來, 將近咸平, 問路於人, 咸平與南平聽易混, 李之姓名又相近, 聞者誤指南平. 旣而入見, 非主人也. 客惶媿曰, '吾爲見李咸平光普而來, 誤到此, 誠不知何故也.' 公笑曰, '此則南平, 吾乃南平宰李匡輔也. 誤聽而教公來吾邑, 非異事也.' 因問, '君之見咸平宰李光普, 欲何爲也?' 客言, '將行女婚, 而咸平有所約, 故來耳.' 公曰, '君已來此, 且留坐, 咸平李某與南平李某, 詎有異乎? 吾念君行色甚貧, 當助之, 卽往咸平, 亦得幾許, 爲治婚具?' 厚贈之曰, '君倘往彼邑, 吾爲作書通闞.' 客謝曰, '蒙公厚眷, 足以成婚, 何必復往咸平耶?' 公曰, '君來專爲見彼, 則亦須一往, 又豈不有得乎?' 作書與之. 至咸平, 光普贈錢二兩·木綿一疋曰, '邑貧, 不能過此.' 客辭, 歸南平曰, '吾遠來辛苦, 乃見欺若此, 寧欲勿受, 而故人面厚, 不能便還之也.'【承旨公忌祀在於初秋, 而其客居楊州, 終其身, 每持來新稻祭飯米及軟鷄幾首云矣.】"

46 李匡贊, 『中翁遺稿』, 「畿營族叔餞密陽兄席上次尹太史韻」. 畿營族叔은 당시 경기도 관찰사였던 李眞淳, 尹太史는 대제학 尹淳, 密陽兄은 밀양 부사로 부임하는 李匡輔를 가리킨다.

47 李匡臣, 『先藁』 1책, 「贈族兄安邊倅」.

48 李匡臣, 『先藁』 1책, 「將遊海嶽有魔沮之矣深無聊登西園聯句以寫悁」; 「東遊未作聊走草無韻詩以遣懷」.

49 李良翊, 『中翁實蹟』. "族姪性淳承旨公(李匡輔-필자주-)子也, 自總丱學於府君(李匡贊-필자주). 性淳嘗遘癘, ……(중략)…… 卽步往月巖問其疾."

문집과 행장이 전하지 않아 생애를 자세히 고찰할 수 없기에 함풍군파 족보와 관련 인물의 글에 보이는 자취를 중심으로 간략히 살펴보겠다. 이광세의 자는 제이濟而, 제경濟卿, 호는 우헌愚軒이다. 우헌이라는 호는 지나치게 청렴결백하였던 이광세가 황해도 안악 군수安岳郡守로 나갔다가 그 고을이 너무 비옥한 것을 보고는 바로 사직하고 돌아오자, 영조가 '지나치게 어리석다[太愚]'고 그를 칭찬한 데서 연유하였는데, 그는 자신이 살던 곳으로 돌아와 우헌을 헌호軒號로 삼았다.[50] 이광세는 이진유李眞儒에게 7촌 조카가 된다. 이광세의 형제는 광국匡國, 광적匡績, 광악匡岳, 광직匡直, 광유匡維, 광업匡業, 광종匡宗 등 모두 8명으로, 충주忠州의 금탄金灘에 모여 살았다.[51] 1719년(숙종45)에 춘당대시에 병과로 급제하였으며, 1723년(경종3) 정언正言을 시작으로 벼슬이 판윤判尹에 이르렀다. 조하망曺夏望은 그의 만사輓詞에서 그 시재詩材와 인물됨을 높게 평가하였으며,[52] 이광덕이 그의 조부 이구성李九成을 위해 지은 묘갈명에서 이경직의 가계 중에 그의 집안이 가장 번성하다고 하였다.[53] 이광세는 본인뿐 아니라, 3대가 연이어 문과에 급제하였다.[54]

---

50 李德壽, 『西堂私載』 권4, 「愚軒記」. "完山李濟而嘗守海西之安岳郡, 未久, 解印綬歸, 朝廷屢督還, 而終不肯行. 上疑其有病也, 問於筵中大臣, 諸臣交口稱濟而廉白過人, 以其邑之饒也, 不欲久據, 非有他情病之不可强者而然也. 上敎曰, 諸臣雖以爲貴, 而予則以爲太愚矣, 仍許遞其職. 濟而歸上游舊居, 扁其軒曰愚軒."

51 李勉伯, 『岱淵遺藁』 권2, 「桐山處士家傳」. "愚軒公兄弟八人, 聚家于忠州之金灘.." 李勉伯은 李忠翊의 아들로, 이 글에서 말하고 있는 桐山處士는 愚軒 李匡世의 조카이다.

52 曺夏望, 『西州集』 권11, 「參判李匡世輓詞」. "文評酒後常傾座, 詩意眉端輒有神. 心裏陽秋非俗套, 眼中靑白任他嗔."

53 李匡德, 『冠陽集』 권12, 「監察李公墓碣」. "吾宗之子孫盛而多賢者, 莫如參判匡世家."

54 『承政院日記』 영조 49년 윤3월 16일 기사를 참조하면, 이경직의 장남 이장영의 후손인 李勉修가 1771년(영조47) 完慶科에서 直赴殿試를 하사받아 1773년 증광문과에 급제하는데, 영조는 李匡世와 李性孝에 이어서 李勉修가 급제하여 3대가 연이어 문과에 급제한 것은 희귀한 일이라 하여 『書經』 1부를 특별히 하사하기도 하였다. 李勉修는 李匡世의 손자이다. 이 집안은 당대에 현달하였으며 李眞儒로 인해 화를 입

이상에서 팔광八匡이라 일컬어지는 인물들의 생애에 대해 상세히 고찰해 보았다. 그 가운데 이광보와 이광세는 행적을 고찰할 수 있는 자료가 거의 없어 생애라기보다는 간략한 행적을 밝히는 정도에 그쳤지만, 다른 팔광八匡에 속하는 인물과 서로 교류하였으며 그 주변 인물과도 교유한 흔적을 볼 수 있었다. 이 집안에는 팔광八匡을 제외하고도 주목할 만한 광자匡字 항렬이 있기에 그들의 행적에 대해서도 간략히 살펴보겠다.

첫 번째로, 이광의李匡誼(1697~1746)는 자가 군방君方, 호가 철면자鐵面子로, 이진망李眞望의 아들이며 이광덕의 아우이다. 이광의가 얼마나 강직한 성품의 소유자였는지는 철면자라는 그의 호에서 알 수 있다.[55] 1741년 이른바 위시사건僞詩事件이 일어났을 때 사헌부 지평으로 있으면서 영조의 금령을 무릅쓰고 김복택金福澤에게 형벌을 더 주어야 한다는 상소를 올렸다가 흑산도에 유배되었으며, 유배지에서 세상을 떠났다. 문집은 전하지 않고, 『협중집篋中集』에 16수의 시가 실려 있다.

두 번째로, 이광도李匡度(1697~1746)는 자가 정보貞甫, 호가 청안淸安으로, 이진정李眞鼎(1673~1715)의 아들이며, 이광덕의 종제이다. 음보蔭補로 청안 현감淸安縣監을 지냈다. 문집은 전하지 않고, 『협중집』에 11수의 시가 실려 있다. 이광덕이 지은 묘문墓文[56]과, 이광려가 지은 묘지명墓誌銘[57]이 있어 대략적인 행적을 알 수 있다.

지 않았다. 李匡世의 직계를 살펴보면 다음과 같다.
李景稷－李長英－李九成－李聞政－李匡世－李性孝－李勉修

55 『전주이씨덕천군파보』 권1, 「함풍군파」, 匡宜條. "公英祖辛未年, 金福澤加律狀啓, 英祖怒, 全南黑山島流配, 謫所別世. 直言不畏貴戚, 時稱鐵面學士, 竟以謫竄終身. 與其兄匡德, 文章齊名, 犯顔直諫亦同. 公慷慨有氣節, 人多憎之, 不容於朝, 自號鐵面子."

56 李匡德, 『冠陽集』 권12, 「再從弟縣監墓文」.

57 李匡呂, 『李參奉集』 권3, 「族兄淸安公墓誌銘」.

세 번째로, 이광윤李匡尹(1713~1769)은 자가 성임聖任, 호가 후촌后村으로, 이진수李眞洙의 아들이며 이광려의 친형이다. 문집은 전하지 않고, 『협중집』에 19수의 시가 실려 있다. 이광찬의 『중옹유고』에 실린 연구시와 몇 편의 시를 통해 아우 이광려와 함께 족형인 이광찬과 교유하며 시를 지었다는 사실을 알 수 있다. 이광사의 아들 이긍익이 지은 『연려실기술燃藜室記述』의 야사류野史類 목록에 '『후촌만록後村漫錄』 이광윤李匡尹'이라고 기록되어 있어 『후촌만록』이 그의 저술임을 알 수 있다.

네 번째로, 이광민李匡敏(1715~1737)은 자가 계행季行으로, 이진급李眞伋의 아들이자 이광찬의 아우이다. 약관의 나이로 서천매화사에 참여하였으며, 조하망과 강박에게 인정받을 만큼 시에 재주가 있었으나 23세로 요절하였다. 이광민이 죽자 강박은 「곡이계행용전일위병운哭李季行用前日慰病韻」, 「고시일수영별계행천고지행古詩一首永別季行千古之行」,[58] 「매화사梅花辭」[59]를 지어 그를 애도하였다. 족형 이광사는 그의 묘지명을 지었고,[60] 이광신은 제문을 지었다.[61]

위에서는 이 집안을 대표하는 '육진六眞・팔광八匡'이라 일컬어지는 인물들의 생애를 개략적으로 고찰하였다. 이들의 생애를 고찰하면서도 드러난 사실이지만, 팔광八匡 집안은 여느 집안보다 숙질 간叔姪間, 종항 간從行間, 인척 간姻戚間에 돈독한 유대감을 이어갔다. 이들은 자주 왕래하여 모임을 가지며 그 소회所懷를 시로 읊기도 하였고, 토론을 통해 학문적 깊이를 더해 가기도 하였다. 이러한 경향은 특히 이경직李景

58 姜樸, 『菊圃集』 권6.

59 姜樸, 『菊圃集』 권11.

60 李匡師, 『圓嶠集選』 권7, 「季行墓誌銘」.

61 李匡臣, 『先藁』, 2책, 「祭季行文」.

稷 계열에 해당하는 이광신, 이광찬, 이광사 종형제 사이에 더욱 뚜렷이 나타났다. 뿐만 아니라 이들은 당맥, 사승, 혼인 관계로 맺어진 여타 소론 및 남인 계열 인물들과 학문적, 문학적 교유를 이어갔다.

다음으로는 문집에 남아있는 자료에 근거하여 팔광八匡 가계 내의 교류를 상세히 살펴보자. 팔광八匡 중 이경직 계열은 그 윗대부터 현재의 서대문 부근에 세거지世居地를 이루며 살았는데, 이는 팔광八匡 및 그 후손들의 글에서 확인할 수 있다. 이충익은 이광찬의 아우인 이광현의 아들로, 정제두에게 강화학을 전수 받은 이광명의 양자養子로 출계出系했는데, 그는 종형 영익榮翊(광언匡彦의 자子)을 위해 쓴 묘지명에서 어린 시절의 기억을 다음과 같이 회고하였다.

> 祖父 西泉府君(李眞伋)은 아들이 네 명 있었는데, 伯父(李匡彦)는 念齋君(李榮翊-필자주-)을 낳았다. 季父(李匡敏)가 일찍 세상을 떠나자 그분의 아들 凡翁君(李天翊-필자주-)은 백부의 손에 양육되었다. ……(중략)…… 祖父 형제는 다섯 분으로, 자손들이 같은 동네에 살았는데, 祖父와 仲祖(李眞儉)이신 판서공 두 집안이 가장 번성하였다. 나는 늦게 태어나서 가문이 태평하고 번성한 때를 보지는 못하였지만, 諸父들이 날마다 角里의 큰집에 모여 앉아 계실 때면 10여 명의 형제들이 당상에서 모셨고, 나이 어린 아이들은 뜰 가득 즐겁게 놀던 일이 아직까지 기억난다. 사람들이 예쁘고 귀엽다고 입을 대던 아이는 어느덧 흐른 세월에 쓸모없는 몸이 되어 홀로 살아남아 있다. 盤石坊에서의 옛 모임을 회상해보니 성대한 모습이 눈앞에 선한데, 姪孫들은 유랑하며 굶주림과 추위에 떠는 신세가 되어 버렸다.[62]

62 李忠翊, 『椒園遺藁』 2책, 「從兄念齋君墓誌銘」(『총간』 255, 535면). "祖考西泉府君有子四人, 伯父生念齋君, 季父早沒. 而其子凡翁君, 育于伯父. ……(중략)…… 祖考兄弟五人, 子孫同巷居, 而祖考與仲祖判書二房, 最蕃. 忠翊生晚, 未及豊亨時, 尙記諸父日列坐角里大宅, 昆弟十許人, 侍堂上, 稚少嬉游滿庭. 人所嗟艷之者, 轉頭塵劫, 獨存冗

이충익은 1755년(영조31), 생부生父와 양부養父가 모두 을해옥사에 연루되어 생부인 이광현은 경상도 기장機張으로, 양부 이광명은 함경도 갑산甲山으로 유배되자 남북으로 오가며 유배된 두 부친을 봉양했다. 이충익의 기록에 의하면 이경직 계열 육진六眞 형제와 그 아랫대인 팔광八匡은 형제 및 일가 간이 모두 서대문西大門 반석방盤石坊 부근에 모여 살았고, 각리角里[63] 이진검李眞儉 사후인 1730년 무렵 가문이 어느 정도 기울었을 때도 각리의 큰 집에 모여 친족 간의 결속과 화합을 도모했다는 사실을 알 수 있다. 이 글에서는 행복했던 어린 시절과 함께 가문의 몰락으로 곤궁한 처지가 되어버린 현재 자신들의 모습을 대조적으로 묘사하고 있다. 다음은 이광사가 종형 이광신을 위해 쓴 제문으로, 과거 행복했던 종형제간의 추억과 가문이 기울어 갈 때의 일을 회상하는 장면이다.

바람 잔잔하고 달 밝을 땐	風韶月朗
자주 집안사람을 시켜	頻命家人
이런저런 안주 만들게 하고	具數器殽
갓 거른 술 한 동이 마련해	一墁新釃
어린 종 보내 짤막한 편지로	小奚短札
여러 종형제에게 두루 알렸지	遍告諸從

長. 回思盤石舊會, 宛然盈盛, 而姪孫輩, 漂散饑凍."

63 서대문 盤石坊에 있던 洞里 이름으로 보이며, 李眞儉은 이를 자신의 號로 삼았다. 李匡德이 서대문에 사는 八匡계열을 "角里諸人"(『冠陽集』 권14, 「寄仲弟書」(『총간』 209, 483면))이라고 칭한 것을 보면, 李眞儉 死後로 角里는 서대문에 사는 '李景稷系 八匡'을 지칭하는 말임을 알 수 있다. 같은 예로 李眞伋도 자신이 거주하던 西泉을 자신의 號로 삼았다. 匡字 항렬 중에도 자신이 거주하던 서대문 근처의 지명을 號로 삼은 이들이 있는데, 圓嶠[李匡師], 尾泉[李匡彦], 月巖[李匡呂] 등이 그러한 경우이다. 다만 이광려는 생전에 자신을 月巖이라 칭하지 않고, 남들이 그렇게 불렀다고 한다.

꽃밭이나 대나무 숲 가에서	花間竹邊
차례대로 술잔을 따르고는	取次相隨
주량대로 주거니 받거니	勸酬隨量
흥에 겨워야 그치곤 했지	滿興而止
간간이 詩라도 지으면	間發詩律
고상하고 담박해 읊을만했지	高淡可諷
살짝 술기운 오를 적에는	微酡以往
궁한 세상살이에 북받쳐	窮塵有感
마주보며 서글픔에 젖어	相視惻愴
한동안 눈물 줄줄	泫然久之
변고를 겪은 뒤론	自閱滄桑
즐거운 일이라곤 없었지	蓋無樂事[64]

이 글은 이광사가 종형인 이광신을 위해 지은 제문이다. 이광신이 종형제들을 불러 모았던 장소는 서대문 부근 그의 집 뒤에 있었던 원포정園逋亭이다. 이광신은 원포정에서 은거의 삶을 즐기며 교유 인물, 종형제 및 그의 자제들과 시회를 즐기곤 하였다.[65] 이 글에서 말하는 변고란 1730년에 있었던 백부伯父 이진유李眞儒의 죽음을 말한다. 집안이 변고를 겪고 가문이 기울어 갈 무렵에도 이들은 자주 모임을 가지며 시주詩酒로 결속을 다졌다. 팔광八匡이 모두 지역적으로 근접한 곳에 모여 살았기 때문이었는지 이들은 여느 집안보다 자주 왕래를 하고 종항 간에 우애가 돈독했다. 또 병이 나서 제대로 거동을 하지 못하는 종형을 위해 종항 간에 모여 먼 길을 마다 안고 병문안을 가서 연구시

64 李匡師, 『圓嶠集選』 권6, 「祭恒齋從兄文」(『총간』 221, 497면).

65 李良翊, 『中翁實蹟』. "恒齋晩構小亭於屋後, 扁曰園逋, 栽花竹嘉木, 置琴壺以自娛. ……(중략)…… 每與諸兄弟及一二高人韻士子姪冠童, 登斯亭, 命觴暢吟, 悠然有沂水舞雩之想." 이광신의 園逋亭에 대해서는 심경호, 앞의 논문, 1997, 244~245면 참조.

를 지어 서로의 우애를 돈독히 다지기도 하였으며,[66] 숙질과 종항 간에 먼 지역까지 유람을 떠나 그 소회를 시로 남겼다.[67] 특히 이광신과 이광찬은 서천 이진급, 서주西州 조하망曺夏望(1682~1747), 국포菊圃 강박姜樸(1690~1742)과 함께 서천매화사를 결성하여 활발한 시회를 가졌다.[68] 위에서 살펴본 것처럼 을해옥사에 연루되어 북변 혹은 남변으로 유배를 떠나기 전까지 팔광八匡은 종항 간에 자주 왕래하며 활발한 모임을 갖고 서로 간의 우의를 다졌으며 한시를 창작하였다.

을해옥사 이후로 집안이 거의 기울어가는 상황을 목도하고 견디기 힘든 변방의 유배 생활 속에서도 이들은 종항간에 편지와 시를 주고받으며 서로를 위안하였고, 집안의 미래와 후손에 대한 근심을 함께 나누었으며, 학문에 대해 토론하였다. 함경도 명천으로 유배된 이광찬은 부령으로 유배 온 이광사의 『두남집』에 평을 가한 『평두남』을 남겨 그의 시를 혹은 칭찬하고, 혹은 잘못을 잡아주며 마음 씀과 몸가짐을 다잡았다.

이경석 계열에 속하는 이광덕은 부친인 이진망 때까지는 서대문 각리 근처에 살고 있었던 이경직 계열과 왕래를 하며 교유가 있었던 것으로 보이는데,[69] 이광덕 때에 와서는 거의 교유가 없었다. 이광덕이 정치

66 李匡贊, 『中翁遺稿』, 「新春雪中, 與諸兄弟或騎或步, 訪三休病兄, 馬上聯句」.

67 李匡贊은 辛酉年(1741) 봄과 甲子年(1744) 여름, 두 번에 결쳐 유람을 떠난다. 신유년에는 從兄인 이광신과 함께 도봉산과 수락산 일대 유람을(「暮春興, 恒齋從兄將遊道峰途中呼遊字各賦」외 15首), 갑자년에는 從弟 李匡師, 從姪 李承孝와 함께 청평과 설악산 유람을 (「甲子首夏與道甫而述, 將向淸平雪嶽, 道甫而述先往龍津, 余翌日往, 會十九, 向嘉平, 道中呼韻, 得頭字, 各賦五言古體」)하고 돌아온다. 이 시기에 지은 시에 대해서는 『附錄』 참조.

68 이에 대해서는 제 3부의 2. '시사詩社의 결성과 지식인의 갈등'에서 자세히 다루기로 한다.

69 李眞望은 先塋이 있던 京畿道 石雲(현재의 분당 석운동)에 살고 있어 角里에 살고 있던 李景稷 계열과 다소 먼 거리에 있었지만, 그의 문집에 실린 시(李眞望, 『陶雲遺

적으로 완소계열이었고, 영조 즉위 후에 소론 탕평파에 가담하여 정치적 노선을 달리하면서 자연스레 소원해진 것으로 보인다. 그리고 결정적으로 이광덕이 무신란戊申亂이 일어났을 때에 전라 감사全羅監司가 되어 소론이면서도 같은 당파인 역적 박필현朴弼顯의 족속인 박필희朴弼希를 체포해 서울로 보내는 등 소론의 정치적 기반을 무너뜨렸고, 나주羅州에 유배되어 있던 이진유가 무신란과 관련하여 나처拿處될 때 안부도 한번 묻지 않아 각리의 팔광八匡이 유감을 가지게 되어 이후 관계가 더욱 멀어진 것으로 보인다.[70]

이광덕은 영조의 탕평 정국에 참여하였다. 그러나 1740년(영조16) 그의 아우 지평 이광의李匡誼가 숙종으로부터 연잉군·연령군을 부탁받았다고 말한 김용택金龍澤의 족제 김복택金福澤의 처벌을 엄중히 하고 김용택의 아들 김원재金遠材를 구휼한 노론 관원의 삭직을 요구하는

集』, 1책, 「角里洞諸友夜飮呼韻」(『총간』 186, 026면), 「用前韻, 寄角里兄箕營節下」(『총간』 186, 008면)와 『中翁遺稿』에 실린 시 「梅下拈韻謹賦, 石雲族父鑰洞李尚書曺西州會」를 보면 간간이 왕래가 있었던 것으로 보인다. 이광신의 『先藁』에도 「石雲族父鑰谷李尚書曺西州會尾泉拈韻各賦」와 제목만 실려 있는 「石雲族父臨尾泉, 仍成小會拈韻各賦」가 있어 이들이 시 모임을 가졌음을 알 수 있다.

70 李匡德, 『冠陽集』 권14, 「寄仲弟書 戊申(1728)」(『총간』 209, 483면). "羅州叔主(李眞儒-필자주-)之就拿也, 吾豈不知一問? 吾意以爲毋論虛實寃否, 身爲藩臣, 雖至親間, 入菊廳則不當通問, 事體道理, 決當如是. 吾見如此, 雖以此見過奈何? ……(중략)…… 近來似有人交搆兩間者, 吾之所聞於角里諸人(李眞伋을 비롯한 서대문 八匡-필자주-)詬辱吾家者, 殆有掩耳不忍聞處. 吾則決知無是理, 故一聞而亦不傳言於君輩. 而聞洗馬叔主(李眞伋-필자주-)之敎如是云, 人心不如我心, 只自慨然而已. 我自無失, 我心不然, 則分外毁譽, 置之不顧, 自吾本來所定. 春間拜羅州時, 多有呵責, 而皆嘿而不對. 吾則以爲但於吾心無是事則足矣, 不知而過加疑怒, 是疑怒別人也, 於吾何關? 吾之平生所定如此, 則到今謝罪, 決不可爲也. 吾本無罪, 有何可謝之有也? 君書言自此凡事加意待之云者, 可謂無識甚也. 羅州叔主自是一家父兄, 前亦一家父兄, 今亦一家父兄也. 今若以一時謗言加意待之, 則是爲謗言也, 豈是爲一家父兄者乎? 所可恨者, 吾爲此叔主惜之甚慮之深. 壬寅以後, 平居喟然, 未嘗一日少忘君輩所見也. 此則非以一家故也, 爲公也. 而和甫(李匡泰-필자주-)諸人, 全不識吾意, 但爲悠悠之言所惑, 彼之見識不足耶? 吾之誠意不足耶?"

상소를 올렸다. 영조는 이를 문제 삼아 국문을 하였는데, 이광의가 국문을 받자 이광덕은 그를 구하려고 변론을 하다가 정주定州에 유배된 뒤 다시 친국을 받고 해남海南에 이배되었다. 이광의 역시 흑산도로 유배되었다. 이광덕은 이듬해에 풀려나와 과천에 은거하던 중 1744년 서용하도록 명이 내려졌으나 관직을 사양하다가 1748년(영조24)에 세상을 떠났다. 이광의는 1746년(영조22)에 유배지에서 죽었다. 이경직 계열 서대문의 팔광八匡처럼 노론·소론 당쟁의 참혹한 화를 입어 생을 끝마치지는 않았지만, 탕평정국에 참여하였던 이광덕과 그의 아우 이광의 역시 치열했던 노론·소론 당쟁의 다툼 속에서 자신의 뜻과 포부를 펼치지 못한 채 생을 마감한 것은 마찬가지였다.

2) 소론少論 및 남인南人과의 교유交遊

팔광八匡의 집안과 교유했던 소론계少論系 중 팔광八匡과 당맥·학맥·혼맥으로 가장 긴밀하게 연결되어 있고 지속적인 교유가 있었던 가문은 정제두鄭齊斗의 영일 정씨迎日鄭氏 가문과 신대우申大羽의 평산 신씨平山申氏 가문이고, 당맥과 혼맥으로 긴밀하게 연결되어 있던 가문은 창녕 조씨昌寧曺氏, 양주 조씨楊州趙氏, 전주 최씨全州崔氏, 동래 정씨東萊鄭氏, 풍산 홍씨豐山洪氏, 달성 서씨達城徐氏 가문이다. 또 소론계는 아니지만, 서천매화사를 결성하여 팔광八匡에 속하는 인물들과 함께 시회를 가졌던 몇몇 남인 인물들도 주목할 만하다.

먼저 정제두의 영일 정씨 가문을 보자. 이 집안과는 소론당맥少論黨脈과 혼맥婚脈, 사승관계師承關係로 이어져 있다. 정제두(1649~1736)의 자는 사앙士仰, 호는 하곡霞谷으로, 포은圃隱 정몽주鄭夢周의 후손이며, 남계南溪 박세채朴世采의 문인이다. 조선에 전래된 양명학을 연구하고 발전시켜 최초로 사상적인 체계를 세우고, 이를 바탕으로 경세론經世論

을 전개한 조선후기의 양명학자이며, 강화학파의 연원淵源이 되는 인물이다. 이광명, 이광신, 이광사는 강화도에 들어가 정제두에게 직접 양명학을 전수받았는데, 이광명은 1755년 갑산甲山으로 유배되기 전까지 강화도에서 살며 정제두에게 양명학을 공부하였으며, 정제두의 아들인 정후일鄭厚一의 딸과 혼인하여 그의 손녀사위가 되었다. 이광사의 둘째 아들인 이영익 역시 정후일의 딸과 혼인하여 정제두의 손녀사위가 되었다. 이광명이 유배지에서 세상을 떠난 뒤 강화학은 이광명의 양아들인 이충익으로, 다시 그의 아들 이면백, 손자 이시원과 이지원을 거쳐, 이시원의 손자 이건창과 이건승, 이지원의 손자 이건방에게 전수되었다.

두 번째로는 신대우(1735~1809)의 평산 신씨 가문을 보자. 이 집안과는 소론 당맥과 혼맥으로 이어져 있다. 신대우의 자는 의부儀夫, 호는 완구宛丘로, 조부는 신택하申宅夏(1683~1742)이며, 부친은 신성申晟이다. 신택하는 서계西溪 박세당朴世堂과 명곡明谷 최석정崔錫鼎의 문하에서 수학하여 승지를 지낸 인물로, 소론에 속한다. 신대우의 부인은 정제두의 손녀이자 정후일의 딸인 영일 정씨이다. 신대우는 이광명, 이영익(이광사李匡師의 자子)과는 동서지간이었으므로, 이광사의 아들인 이긍익, 이영익과도 친분이 두터웠으며, 이광려와는 내외종 사이였다.[71] 이러한 인척관계로 이충익과 그의 아들 이면백은 신대우의 아들인 신진申縉, 신작申綽, 신현申絢과 가깝게 지냈다. 신대우는 정제두의 신도표神道表[72]와 장인 정후일의 행장을 지었는데,[73] 그 글에서 정제두와 정

71 신대우와 이광명, 이광려의 관계에 대해서는 정양완·심경호, 앞의 책, 1993, 331~333면 참조.

72 申大羽, 『宛丘遺集』 권6, 「霞谷先生神道表」(『총간』 251, 178면).

73 申大羽, 『宛丘遺集』 권8, 「朝鮮故通訓大夫富平都護府使水原鎭管兵馬同僉節制使鄭

후일에 대한 존모尊慕를 확인할 수 있다.

세 번째로는 조하망曺夏望의 창녕 조씨 가문을 보자. 이 집안과는 소론당맥과 혼인관계로 이어져 있다. 먼저 조하언曺夏彦(1657~1699)의 자는 미백美伯, 호는 우의당愚意堂이다. 회곡晦谷 조한영曺漢英의 손자로, 부친은 조전주曺殿周, 모친은 영안위永安尉 홍주원洪柱元의 딸 풍산 홍씨豊山洪氏이다. 부인은 이정영李正英(이광사의 증조부)의 딸 전주 이씨全州李氏로, 선대先代로부터 혼맥으로 연결되어 있다. 조하기曺夏奇(1660~1738)는 조하언曺夏彦의 아우로, 자는 위숙偉叔, 호는 경안와敬顔窩이다. 이광찬은 조하기를 위해 만사 10수를 지었는데,[74] 조하기는 영안위永安尉 홍주원洪柱元의 외손자로, 운와芸窩 홍중성洪重聖에게는 외척 형이 된다. 조하망(1682~1747)의 자는 아중雅仲, 호는 서주西州로, 부친은 조헌주曺憲周이다. 그의 후손은 혼인을 통해 완구 신대우(1735~1809)의 집안과 인척 관계를 맺었다. 조하망은 서천매화사가 결성된 무렵인 1736년(영조12)에 정시문과에 장원을 하였으나 그 뒤로는 내직보다는 외직을 전전하였으며, 현달하지는 못했다. 조명교曺命敎(1687~1753)는 조하기曺夏奇의 아들로, 자는 이보彛甫, 호는 담운澹雲이다. 이광사는 조명교의 묘지명을 지었으며[75], 이광려는 조명교를 위해 묘표墓表를 지었다.[76] 조윤성曺允成(1703~1745)은 조명교曺命敎의 아들로, 자는 여현汝賢이다. 문신이 존숭되는 시대에 무신으로서 경학을 깊이 연구하여 문장으로도 이름을 날렸다. 이광사, 이광찬, 이광려, 이광윤이 조윤성의 만사를 지었으며,[77] 정동유鄭東愈(1744~1808)의 제자인 서파西陂 유

公行狀」(『총간』 251, 202면).

74 李匡贊, 『中翁遺稿』, 「挽曺判決事夏奇 10首」.

75 李匡師, 『圓嶠集選』 권7, 「吏曹參判曺公墓誌銘」(『총간』 221, 527면).

76 李匡呂, 『李參奉集』 권3, 「吏曹參判曺公墓表」(『총간』 237, 291면).

희柳僖(1773~1837)의 『문견수록聞見隨錄』에는 조윤성과 관련한 일화가 실려 있다. 조윤제曺允濟(1697~1761)는 조윤성曺允成의 재종형으로, 자는 성보成甫이다. 조윤제가 청풍 부사清風府使로 부임할 적에 이광찬이 써준 시가 있다.[78] 조명채曺命采(1700~1764)는 조하망의 형인 조하성曺夏盛의 아들로, 자는 주경疇卿, 호는 난재蘭齋이다. 1747년(영조23) 통신사 종사관에 뽑혀 이듬해 일본을 방문하고 돌아와 『봉사일본시문견록奉使日本時聞見錄』을 썼다. 그가 통신사 종사관으로 떠날 때 이광덕과 이광려가 써준 송별시가 있는데,[79] 이를 통해 조명채가 이광덕, 이광려와 교유가 있었음을 알 수 있다.

네 번째로는 조태억趙泰億(1675~1728)의 양주 조씨 가문을 보자. 이 집안과는 선대로부터 조태억과의 세교世交로 이어져 있다. 조태억은 최석정의 문인으로, 자는 대년大年, 호는 겸재謙齋, 태록당胎祿堂이다. 조태구趙泰耉와 조태채趙泰采의 종제로, 조태구와 조태억은 소론인 반면, 조태채는 노론 사대신 중 한 명이다. 조진빈趙震彬의 자는 비경飛卿, 호는 안재安齋이다. 조태억의 아들로, 조태만趙泰萬의 양자이다. 부인은 이광하李匡夏의 딸인 전주 이씨全州李氏이다. 이광찬의 『중옹유고中翁遺稿』, 『중옹실적中翁實蹟』과 이광신의 『선고先藁』 및 조진빈의 『안재집安齋集』에 실린 글을 통해 이광찬, 이광신, 이광사, 이광려, 이광민과 두루 교유를 하였음을 알 수 있다.[80] 이광찬은 조태억이 세상을 떠난

77 李匡師, 『圓嶠集選』 권2, 「曺兵使允成挽詞」(『총간』 221, 444면); 李匡贊, 『中翁遺稿』, 「平安兵使曺允成挽 代家庭作 乙丑年(1745)」; 李匡呂, 『李參奉集』 권1, 「曺節度汝賢允成挽詞六首」(『총간』 237, 239면); 李匡尹, 『篋中集』, 「曺汝賢允成挽」.

78 李匡贊, 『中翁遺稿』, 「西園夜集曺兄成甫之任清風 庚午年(1750)」.

79 李匡德, 『冠陽集』 권2, 「送曺疇卿赴日本」(『총간』 209, 363면); 李匡呂, 『李參奉集』 권1, 「曺疇卿使日本, 送牋索贈」(『총간』 237, 240면).

80 趙震彬, 『安齋集』 권5, 「與李戚兄道甫匡師書 辛亥」; 권6, 「與李聖載(匡呂), 鄭敦夫

뒤 노년이 되어서도 그의 제사에 참여하였으며, 백애白厓 조갑빈趙甲彬, 안재 조진빈과는 친형제처럼 가깝게 지냈다.[81] 조복빈趙福彬(조경빈趙景彬의 제弟)은 이진수李眞洙의 딸이자 이광려의 누이인 전주 이씨全州李氏를 아내로 맞이하였다. 이광려는 조태일趙泰一의 손녀이자 조경빈의 딸인 양주 조씨楊州趙氏를 아내로 맞이하였으니, 조경빈은 이광려의 장인이 되고, 조복빈과는 처남 매부 사이가 된다. 또 조복빈의 형 조문빈趙文彬의 아들인 조영희趙榮喜 역시 이광려의 누이인 전주 이씨全州李氏를 아내로 맞았다. 동래 정씨에서 언급하겠지만 정상순鄭尙淳은 이진수의 딸이자 이광려의 누이인 전주 이씨를 아내로 맞이하였으므로, 정상순은 조복빈과 동서지간이 되고, 조진빈과는 처가 쪽으로 인척이 된다.

다섯 번째로는 최석정의 전주 최씨 가문을 보자. 이 집안과는 선대로부터 최석정(1646~1715), 최석항崔錫恒(1654~1724)과의 세교로 이어져 있다. 최석정의 자는 여시汝時, 여화汝和, 호는 존와存窩, 명곡明谷이다. 조부는 지천遲川 최명길崔鳴吉이고, 부친은 최후량崔後亮이다. 숙종 때 영의정을 지냈으며, 붕당의 폐단을 논하면서 남인들의 일부 서용을 주장하는 입장을 개진하여 노론세력의 강한 반발을 사기도 하였다. 최석항은 최석정의 동생으로, 자는 여구汝久, 호는 손와損窩이다. 경종 때에 좌의정을 역임하였고, 소론 사대신 가운데 한 사람으로 꼽혔다. 이러한 당색으로 인해 영조가 즉위한 뒤에는 관작이 추탈되었다가 복관되었다. 최석항의 『손와유고損窩遺稿』를 통해 그가 최규서崔奎瑞, 정제두, 이광좌, 조태억, 윤순 등 당시 소론들과 주로 교유하였음을 알 수 있는

(尙淳) 子敬(持淳), 崔聖初(守元)1書 庚申」; 권7, 「祭李季行(匡敏)文」; 권8, 「送李用直(匡臣)兄遊東北山水序」, 「送李襄仲(匡贊)兄再入金剛序」, 「題李季行(匡敏)諸君詩軸後 己卯」.

81 李良翊, 『中翁實蹟』. "謙齋喪後, 非有疾, 忌日必往參祀, 衰老猶然. 與白厓安齋公, 情好如同堂兄弟."

데, 이러한 교유가 자손 대에도 그대로 이어졌다. 이광려의 『이참봉집』과 이광찬의 『중옹유고』에 최창억崔昌億(최석항崔錫恒의 자子)의 아들인 최수온崔守溫(자字 성량聖良), 최수인崔守仁(자字 성제聖濟) 및 곤륜 최창대(최석정의 자子)의 손자인 최홍간崔弘簡(자字 성가聖可)와 지은 시가 실려 있어 후손들이 선대의 교유를 이어 갔음을 알 수 있다.[82] 최수온은 이광제李匡濟(이광사의 형兄)의 딸 전주 이씨를 아내로 맞이하여 팔광八匡 집안과는 혼맥으로 이어져 있다.

여섯 번째로는 정경순鄭景淳의 동래 정씨 가문을 살펴보자. 이 집안과는 소론당맥과 혼맥으로 이어져 있다. 정경순의 자는 시회時晦, 호는 수정修井으로, 이광려·홍량호洪良浩·이헌경李獻慶·강세황姜世晃·황윤석黃胤錫·윤사국尹師國·서무수徐懋修 등과 친분이 있었으며, 문학에도 조예가 깊었다.[83] 정지순鄭持淳(1723~1795)의 자는 자경子敬, 호는 선식재善息齋로, 성대중成大中, 홍원섭洪元燮, 김득후金得厚, 이덕무李德懋 등과 교분이 깊었으며,[84] 형 정경순과 함께 인척 관계인 이광려를 비롯한 덕천군파 후손들과 친분이 깊었으며, 이복원李福源, 강세황과도 친분이 있었다. 정상순鄭尙淳(1723~1786)의 자는 돈부敦夫로, 이진수의 딸이자 이광려의 누이인 전주 이씨를 아내로 맞이하여 이광려와

82 李匡呂, 『李參奉集』 권1, 「崔聖良權君經北谷小酌, 是時主人生子三日」(『총간』 237, 239면); 「三月晦日, 會三松園, 崔聖濟昆季聖可同賦」(『총간』 237, 241면); 「明日又會聖良宅」(『총간』 237, 241면); 「聖濟宅紅白牡丹初開」(『총간』 237, 242면); 李匡贊, 『中翁遺稿』, 「薇村會崔聖濟兄弟得秋字」. 「薇村會崔聖濟兄弟得秋字」에서 말하는 '薇村'은 損窩 崔錫恒이 우거하던 곳인데, 그의 후손들이 대를 이어 그곳에 거주했던 것으로 보인다.

83 정경순에 대해서는 정은진, 「정경순의 저작과 「이신록」, 「삼신록」 소재 한시 고찰」, 『한문학보』 15, 우리한문학회, 2006 참조.

84 정지순에 대해서는 정은진, 「18세기 소론계 인물 善息齋 鄭持淳 硏究 (1) 生涯와 交遊를 중심으로」, 『한문학보』 18, 2008; 「18세기 소론계 인물 善息齋 鄭持淳 硏究 (2) -吾心思想을 중심으로」, 『한문학보』 19, 우리한문학회, 2008 참조.

는 처남 매부 사이가 된다. 정동유鄭東愈(1744~1808)는 정원순鄭元淳의 아들로, 자는 유여愉如, 호는 현동玄同이다. 정동유는 이광려의 문인으로, 이광려의 조카 항렬인 이충익李忠翊, 이문익李文翊, 이천익李天翊, 이영익李令翊 등과 교유를 하였으며, 특히 이충익과 교분이 깊어 이충익의 『초원유고』에 관련 글이 많이 남아있다.[85] 이광려의 문집에는 정동유와 함께 신대우의 세거지였던 사촌社村(현재의 경기도 광주)에서 지은 시[86]가 있어 신대우 집안과의 교유를 알 수 있다. 정동유는 연안이씨延安李氏 집안과도 교유가 있어 이학원李學源과 그의 조카인 이만수李晩秀와 친하게 지냈는데, 이는 정동유의 누이가 이학원의 부인이기 때문이다.[87]

일곱 번째로는 홍중성洪重聖(1668~1735)의 풍산 홍씨 가문을 보자. 이 집안과는 선대의 혼맥과 소론당맥으로 이어져 있다.[88] 홍중성의 자는 군칙君則, 호는 운와芸窩이다. 예조참판 홍영洪霙의 증손으로, 조부는 정명공주貞明公主와 혼인한 영안위永安尉 홍주원洪柱元이고, 부친은 판결사 홍만회洪萬恢이고, 모친은 관찰사 남명일南命一의 딸 남양 홍씨南陽洪氏이다. 이진급의 모친이자 이광찬의 조모인 홍씨부인洪氏夫人(이대성李大成의 처妻, 정명공주의 맏손녀)이 홍만회洪萬恢의 백형인 홍만

85 李忠翊, 『椒園遺藁』 1책, 「和鄭愉如酒詩」(『총간』 255, 481면); 「鄭愉如爲益山倅逾年, 民稱之曰佛, 戲爲佛太守詩 四首」(『총간』 255, 483면); 「鄭愉如次右丞韻見示, 依和」(『총간』 255, 496면), 「和鄭愉如新春見寄絶句次韻 六首」(『총간』 255, 496면); 『椒園遺藁』 2책, 「哭鄭愉如墓 三首」(『총간』 255, 500면).

86 李匡呂, 『李參奉集』 권1, 「在社村夜坐共誦漢魏詩, 愚福(鄭東愈)請作詩, 拈白沙集韻爲之倡示」(『총간』 237, 245면).

87 정동유와 그의 가계에 대해서는 이종묵, 「鄭東愈와 그 一門의 저술」, 『진단학보』 110, 2010 참조.

88 조선후기 풍산 홍씨는 대부분 老論 당색이 많은데, 洪重聖과 그의 후손은 少論에 속한다.

용洪萬容의 딸이므로, 이진급에게 홍중성은 외가로 치면 삼촌 항렬이고, 이광찬에게는 할아버지 항렬이 된다. 홍중성은 만년에 당대에 시명이 높았던 조유수趙裕壽, 이병연李秉淵, 최주악崔柱岳, 조하기曺夏奇 등과 시사를 결성하였는데, 이 자리에는 저명한 화가였던 겸재謙齋 정선鄭敾도 참여하였고, 서천매화사의 일원이었던 서주西州 조하망曹夏望도 시단의 후배로서 참여하였다.[89] 홍중성은 1735년(영조11)에 강화 경력江華經歷으로 있다가 부임지에서 세상을 떠났는데, 그해에는 이광찬이 강화도에 우거하고 있던 터라 홍중성이 자주 찾아왔고, 또 이광찬 형제들이 부친 이진급을 모시고 강화도의 전등사에서 홍중성과 함께 시회를 가졌다. 그 모임에는 당시 강화 유수江華留守로 있던 김동필金東弼(1678~1737)도 함께 참여하였다.[90] 김동필 역시 소론으로, 이광사의 절친한 벗이었던 상고당尙古堂 김광수金光遂(1699~1770)의 부친이다. 홍중성이 세상을 떠나자 이광찬은 부친 이진급을 대신해 홍중성의 만사를 지었다.[91] 홍중성의 손자가 이계耳溪 홍량호洪良浩(1724~1802)인데, 이러한 집안의 인연으로 훗날 이광려도 홍양호와 교유를 맺게 된다.

---

89 洪良浩, 『耳溪集』 권28, 「大司諫西州曹公墓碣銘 并序」(『총간』 241, 518면). “我王考芸窩府君, 以文章名世, 晩節與趙后溪, 李槎川諸公, 結詩社. 良辰淑景, 選日迭會, 文采風流, 照暎一代. 人比之香山東洛之勝, 而維時西州曹公, 以詞林後進, 援司馬公故事, 昂然登席, 唱酬聯翩. 往往發驚人句, 當世傳爲美談.”; 『耳溪集』 권30, 「后溪趙公墓碣銘 并序」(『총간』 241, 562면). “與芸窩公暨李槎川秉淵, 崔溪西柱岳, 曹橋西夏奇, 鄭謙齋敾, 約成詩社. 而謙齋則以三絶稱, 韶顔皓髮, 杖舄交錯, 撚絃弄碁, 傳盃敲韻, 超然出埃壒之表. 時人比之香山九老, 至有繪畫而傳之者.” 이에 대해서는 안대회, 「18세기 詩社의 현황과 전개양상」, 『古典文學硏究』 44, 한국고전문학회, 2013, 425~426면 참조.

90 李良翊, 『中翁實蹟』. “府君寓居沁都時, 芸窩洪公以經歷頻相從與府君 ……(중략)…… 府君與諸兄弟陪西泉公, 會芸窩於傳燈寺, 命觴呼韻.”; 李匡贊, 『中翁遺稿』, 「陪家大人與芸窩會傳燈寺 乙卯年」; 「沁留樂專公與從事芸窩公登南城相和各賦, 芸窩示其韻次呈兩丈」.

91 李匡贊, 『中翁遺稿』, 「挽芸窩 2首」.

여덟 번째로는 서무수徐懋修(1716~1785)의 달성 서씨 가문을 보자. 이 집안과는 선대의 혼맥과 소론당맥으로 이어져 있다. 이광려의 조부 이덕성李德成(1655~1704)은 서종태徐宗泰(1652~1719)의 아들 서명순徐命純을 사위로 들였고, 이광려의 중부 이진순李眞淳은 서종태의 손자 서무수徐懋修를 사위로 들였다. 서무수의 종손이 서영보이며, 정상순은 서무수와 사촌동서지간이다. 이러한 인연으로 이광려는 특히 정상순, 서무수와 교분이 깊었다.[92] 이광려는 그의 형인 이광윤, 종형 이광찬, 서무수 등과 임신년(1752, 영조28) 7월 기망旣望에 한강의 세심정洗心亭에서 뱃놀이를 하며 함께 시를 지었고,[93] 또 신사년(1761, 영조37)에 서무수가 단양 군수丹陽郡守가 된 후에 두 차례에 걸쳐 사군四郡지역을 유람하였고, 이때의 유람을 시로 남겼다.

위에서 살펴본 가문들은 주로 팔광八匡 집안과 선대부터 혼맥을 통해 소론 당맥을 유지하였으며, 후손대에 와서도 선대의 세교를 혼맥으로 이어 집안 간의 유대를 견고히 하며 활발히 교유하였다. 이 밖에도 소론 간의 시회를 알 수 있는 작품이 존재하는데, 영조 병인년(1746, 영조22)에 열었던 모임에서 꽃지짐을 붙여먹으며 지었던 「노인회자화연구老人會煮花聯句」라는 작품이다.[94] 이 시회의 목적 역시 송나라 문언박文彦博의 낙사기영회洛社耆英會에 견주어 좋은 날 풍류를 즐기며 소론 간의 결속을 다지기 위함이었다. 이 작품으로 이 무렵 소론계 인물들이

92 이에 대해서는 심경호, 앞의 논문, 2011 참조.

93 李匡贊, 『中翁遺稿』, 「七月旣望與聖任勗之輩泛舟洗心亭」.

94 李匡贊, 『中翁遺稿』, 「老人會煮花聯句」. "眞率遊成未暮春[趙士昻 斗壽], 白頭相對意中人[朴子中 民秀]. 煮花松下饒風味[徐德由 宗遜], 把酒筵前岸葛中[家大人-李眞伋-]. 北嶽當簷看氣像[李仲羽 廷漸], 西泉掃榻遠囂塵[尹玄度 尙喜]. 香山耆老還今日[李載方 衡坤], 洛社風流又今辰[李濟而 -李匡世-]. 芳草細推紅白裏[吳君晦 遂燁], 小車閒過北南隣[己 -李匡贊-]. 韶光婉晩那禁謝[伯氏 -李匡彦-], 花下追遊莫厭頻[叔平 -李匡顯-]."

노인회老人會라는 시회를 열었으며, 주된 구성원은 조두수趙斗壽를 비롯한 노년의 인물이었고, 이진급과 그의 자제들이 참여했음을 알 수 있다. 특히 이진유의 7촌 조카로, 당시에 승지承旨를 지냈던 이광세李匡世(1679~1756)와 후계後溪 조유수趙裕壽(1663~1741)의 종제인 조두수趙斗壽, 숙종 시대에 소론의 선봉장이었던 서파西坡 오도일吳道一(1645~1703)의 아들인 오수엽吳遂燁이 참여하였다는 점이 주목할 만하다.

마지막으로 서천매화사를 조직하여 함께 시회를 가졌던 남인계 강박(1690~1742)의 진주 강씨 가문을 보자. 이 집안과는 선대로부터 혼맥으로 이어져 있다. 강박의 자는 자순子淳, 호는 국포菊圃이다. 강홍익姜弘益의 증손으로, 조부는 강언姜琂, 부친은 강석훈姜碩勛이며, 모친은 이서우李瑞雨의 딸이다. 강박은 뒤에 백부인 강석번姜碩蕃에게 입양되었다. 강박의 증조부가 되는 강홍익姜弘益이 석문石門 이경직李景稷의 사위였는데,[95] 이런 선대의 인척 관계로 해서 이경직의 후손인 이진급·이광찬·이광신·이광민 등과 교유를 하며 서천매화사를 결성하였다. 강박은 또 이광덕의 부친인 이진망의 만사를 짓기도 하였는데,[96] 이 사실로 볼 때 이진망과도 교유가 있었음을 알 수 있다. 강박은 영조 초기에 준소가 남인과 연대하여 완소 및 노론과 대립하였을 때 약산藥山 오광운吳光運(1689~1745)과 함께 남인의 수장 역할을 하였으며, 소론과도 어느 정도 교유가 있었다. 서천매화사를 결성하기 이전인 1721년(경종1)에는 신절재昚節齋 이인복李仁復(1683~1730), 청담清潭 이중환李重煥(1690~1756), 모헌慕軒 강필신姜必愼(1687~1756), 약산 오광운(1689

95 이에 대해서는 부유섭, 「17-18세기 중반 근기남인 문단 연구」, 한국학중앙연구원 박사학위논문, 2009, 79면 참조. 이 논문에서는 이경직의 사위가 姜弘重이라고 하였으나, 『菊圃集』 권9, 「從祖祖父贈參判公墓誌銘」에 의거해 姜弘益임을 확인하여 수정하였다.

96 姜樸, 『菊圃集』 권6, 「挽李判書 眞望」(『총간』 070, 128면).

~1745)과 함께 서대문 인근에서 백련시사白蓮詩社를 결성하여 활동하였다.[97] 강필경(1680~?)의 자는 선응善應, 호는 헌와獻窩이다.[98] 조부는 강석구姜碩耉이고, 부친은 강억姜檍이며, 모친은 이후李煦의 딸이다. 강필경은 영조의 탕평책蕩平策을 공격하는 상소를 올려 오랫동안 금고禁錮를 당했다가,[99] 1738년에야 좌의정 송인명宋寅明의 건의로 해금解禁되어, 첨지중추부사와 오위장을 역임하였다. 강박과 함께 서천매화사에 참여했을 때는 이들이 금고를 당해 조정에서 물러나 있던 시기였다. 강필경은 강박과 백련시사를 이끌었던 모헌 강필신(1687~1756)의 재종형이며, 서천매화사에 참여했던 강필연姜必淵은 강필경의 사촌이다. 강박을 비롯하여 이들의 거주지는 서대문에 있었다.[100] 이광신의 『선고』에 실린 작품을 통해 이들이 서대문 인근이나 서천매화사 구성원들의 집에서 시회를 열었으며, 이진급과 이광신 및 그의 제종을 비롯한 팔광八匡이 그 모임에 참여했음을 알 수 있다.[101]

---

97 국포 강박과 "白蓮詩社"에 대해서는 맹영일, 「菊圃 姜樸과 白蓮詩社의 한시 연구」, 『동아시아고대학』 32, 동아시아고대학회, 2013 참조.

98 『한국민족대백과사전』에는 강필경의 字가 善慶으로 誤記되어있고 號는 빠져 있는데, 『慕軒集』 권1, 「獻窩再從兄善應必慶, 時以問禮學士在灣上, 以一詩見寄, 遂和呈」에 의거하여 字를 바로잡고, 號를 추가하였다.

99 『英祖實錄』 14년 6월 4일 기사 참조.

100 부유섭, 앞의 논문, 79면.

101 李匡臣, 『先藁』 1책, 「獻窩第小集」; 「菊圃家小會」; 「西崦瞰花邂逅菊圃獻窩仍共下更佳亭, 又移席園逋, 家叔父亦臨, 諸從諸少年咸集沈子, 固不期而至」.

제2부

강화학江華學의 문학적 수용과 창작

1. 심사深思와 조의造意의 추구

지금까지 확인된 자료로는 팔광八匡 중 이광사李匡師를 제외하고는 특별히 시문詩文 창작의 논리를 피력하거나 시문 창작에 관해 논한 글이 보이지 않는다. 그렇지만 문집에 남아있는 시詩와 서간書簡에서 그 대략을 엿볼 수 있다. 팔광八匡의 글에 시문 창작에 관한 논의가 드문 것은 문제적 시인詩人으로 거론되는 18세기 다른 문인文人과 달리 이들이 전문 시인을 자처하지 않았고, 많은 시 작품을 남기지 않았다는 사실과 무관하지 않다. 18세기에 관각문인들이 적다고는 할 수 없지만, 시단詩壇의 분위기를 지배한 것은 그들보다는 오히려 권력으로부터 소외된 시인군詩人群이었다. 18세기 중후반에는 서울・경기 지역에 거주하는 지식계층으로서 환계宦界에서 부침하지 않은 시인 부류가 시단의 변화를 주도하였다고 해도 과언이 아닐 정도이다.[1] 팔광八匡 역시 대표적인 경화세족 출신 지식층으로 대부분 권력으로부터 철저히 소외된 시인이었으며, 이들은 한시 창작과 관련하여 독창적인 창작의식을 지

1 안대회, 『18세기 한국 한시사 연구』, 소명출판사, 1999, 26면.

니고 있었다. 먼저 이광덕의 견해를 살펴보자.

아래의 글은 이광덕李匡德이 유배지 해남海南에서 흑산도로 유배된 아우 이광의李匡誼에게 보낸 편지로, 자신이 생각하는 시문의 삼매경을 논한 글이다. 정밀한 시론詩論을 개진한 글이라 할 수는 없지만, 만년 무렵 시문 창작에 대한 그의 생각을 엿볼 수 있다는 점에서 의미가 있으며, 그가 실제 시문 창작에 있어 전범典範으로 여겼던 시가 어떤 시인지도 알 수 있다.

> 詩文에 보여 줄 수 있는 무슨 특별한 방도가 있겠느냐? 설령 우리가 특별하고 기묘한 방도를 가지고 있다한들 自得한다면 몰라도 어찌 수백 리가 넘는 바닷가에서 말과 글로 알려줄 수 있는 것이랴? 만일 특별한 방도가 네가 결코 알 수 없는 것이라면 오십 년 동안 밤낮으로 애를 써도 알지 못했거늘, 또 어찌 수백 리 먼 바닷가에서 전해준 말과 글로 하루아침에 훤히 알기를 바란단 말이냐? 이렇게 보면 네가 방도를 모르겠다고 한 말이 혹 그럴 법도 하니, 우습구나. 그러나 네가 말한 '생각[思]'이란 한 글자는 벌써 그 妙處를 터득한듯하니, 비록 歐陽公이 직접 와서 너를 가르친다고 해도 이를 바꿀 수는 없을 것이다. 그러나 '생각[思]'이 할 수 있는 일인 줄 알면서도 '생각[思]'을 하지 않는다면 비록 朱夫子가 직접 와서 너를 가르친다고 해도 어찌할 도리가 없을 터이니, 더욱 우습구나.[2]

영조英祖 신유년(1741)에 자신의 아우인 지평持平 이광의가 영조의 금령禁令을 무릅쓰고 김복택金福澤에게 형벌을 더 주어야 한다는 상소를

2 李匡德, 『冠陽集』 권14, 「寄舍弟諭中(辛酉)」(『총간』 209, 484면). "詩文有何可示之敎? 設使吾輩別般奇妙敎子, 心自得之則可也, 豈可以言語筆札, 傳授於數百里溟海之外乎? 設使君誠不能知其敎, 五十年周旋日夜, 而尙不能得, 又何能於數百里溟海之外, 因言語筆札而欲一朝洞然乎? 以此觀之, 君之所自謂不知敎者, 似或誠然, 好笑. 然君所謂思字一段, 似已得之, 雖歐陽公親來敎君, 似無以易此. 然旣知其思之爲可, 而顧不能思, 則雖朱夫子親來敎君, 又恐無可奈何, 又笑又笑."

올렸다가 흑산도에 유배되고, 이광덕은 아우의 잘못을 소명하기 위해 김복택의 일을 발계發啓한 일에 연좌되어 추국을 받고 해남으로 유배되었다. 견디기 힘든 남변南邊의 유배 속에서도 이들의 관심은 시문 창작에 있었다. 이전 편지에서 이광의는 형에게 시문을 잘 지을 수 있는 묘리妙理에 대해 물었던 듯하다. 그러나 이광덕은 자득自得한다면 몰라도 특별한 묘리는 말과 글로 알려줄 수 있는 것이 아니라고 하였다. 그가 생각하는 시문의 묘리는 자득하는 것이지, 남에게 말이나 글로 알려 줄 수 있는 것이 아니었다. 그리고 시문을 지을 때 제일 중요한 요소는 끊임없는 '생각[思]'의 과정으로, 이는 구양수歐陽脩와 주자朱子가 와서 직접 가르쳐준다고 하더라도 이를 넘어서는 특별한 방도가 없다고 하였다. 이광덕이 생각했던 시의 묘처妙處는 바로 끊임없는 생각의 과정에서 자득하는 독창적인 시상詩想에 있었다. 이는 결코 남이 알려줄 수 있는 것이 아니라, 끊임없는 생각의 과정에서 스스로 깨달을 수밖에 없는 것이다. 이어지는 글에서 이광덕은 시문의 삼매경에 대한 자신의 생각을 구체적으로 말한다.

> 詩文에는 다른 삼매경이 없으니, 그저 많이 읽고 많이 짓는 방법밖에 없다. 읽으면서도 생각하고 지으면서도 생각하여 한번 생각하여 잘되지 않으면 두 번 생각하고, 두 번 생각해도 잘되지 않으면 세 번 생각하여, 열 번이고 백번이고 생각해도 괜찮다. 생각에 점점 익숙해지면 백번의 생각이 줄어 열 번의 생각이 되고, 열 번의 생각이 줄어 세 번의 생각, 두 번의 생각이 될 터이니, 생각이 없는데 이르러도 괜찮다. 반복해서 생각하면 귀신과도 통할 수 있으니, 이 과정을 놓아두고 달리 이른바 妙訣을 구한다면 이는 어리석은 이 형이 알 수 있는 바가 아니다. 네가 구하는 古人의 詩集은, 내가 海南으로 올 때 書籍을 많이 가지고 오지 못했을 뿐더러, 볼 만한 좋은 詩文이 없구나. 『香山集』 한 질을 보내마. 이분의 詩는 생각

> 을 빚어낸 것이 상세하고 절실하며, 글자를 배치하고 대우를 맞추는 것이 모두 가장 정밀하게 갖추어져 네가 배워야 하니, 익숙해지도록 보는 것이 어떻겠느냐. 八家 중에 비슷한 사람은 네 性味를 네가 잘 알 것이니, 굳이 내게 물을 필요가 있으랴.[3]

이광덕이 생각했던 시문의 삼매경은 다름 아닌 다독다작多讀多作이다. 얼핏 보면 매우 상투적이고 피상적인 말에 지나지 않는듯하지만, 이어지는 글에서 그 묘미妙味를 알 수 있다. 이광덕이 가장 중요하게 생각하는 시문의 묘결妙訣은 다독다작의 바탕 위에서 끊임없이 이루어지는 주사鑄思의 과정이다. 처음에는 생각을 넓혀나가는 과정을 거치고, 생각이 익숙해지면 생각을 줄여나가는 과정을 거쳐 결국 자득의 경지에 이를 수 있다고 하였다. 즉 독서를 바탕으로 시상의 확장과 수렴을 끊임없이 반복하여 그 속에서 자득의 결과물을 얻는 과정을 거쳐 시로 발현되어야 오롯이 자신의 시가 될 수 있다는 뜻이다. 이광덕은 아우의 요청에 가만히 있을 수 없어 가지고 있던 책 한 질을 보냈는데, 바로 백거이白居易의 『향산집香山集』이었다. 『향산집』을 보낸 이유는 『향산집』에 실린 시가 주사鑄思 및 시어詩語의 배치와 대구對句의 측면에서 볼 때 작시作詩의 전범으로 삼을 수 있다고 생각했기 때문이다.[4]

3 李匡德, 앞의 글. "文, 無他三昧, 只有多讀多作耳. 讀而思作而思, 一思之而不善, 則再思之, 再思之而不善, 則三思之, 至於十思百思之, 可也. 思之漸熟, 則百思可減而十思, 十思可減而三思再思, 至於無思亦可也. 思之思之, 鬼神通之, 捨此別求所謂妙訣, 非愚兄之所能知也. 所索古人詩集, 吾來時不能多持書籍, 且無好詩文可看者. 『香山集』一帙送去, 此公詩鑄思詳切, 而下字比偶最精俱在, 君宜可學, 熟看如何? 八家中相近者, 君之性味, 君自知之, 何問我爲也?" 이에 대해서는 강혜선, 앞의 논문, 2012, 141~142면에서 언급된 바 있다.

4 다른 八匡에 비해 江華學脈과 직접적인 관련이 없는 李匡德을 과연 江華學의 수용 측면에서 논할 수 있는가 하는 의문이 제기될 수 있지만, 江華學도 넓은 범주에서 보면 少論의 학맥 속에 포함해서 논의할 수 있다고 생각한다. 더구나 정제두는 박세

이와 같은 맥락으로 이광려李匡呂 역시 한시 창작에 있어 각의刻意와 도련陶煉을 중시한 사실을 다음 홍석주洪奭周의 평에서 확인할 수 있다.

> 근세의 시인들은 대부분 참봉 이광려를 최고로 꼽는다. 그의 시는 刻意陶煉하여 천박하고 가벼운 詩語가 전혀 없다. 이 때문에 많은 작품을 지을 수가 없었으며, 장편은 더욱 드물다. 독창적으로 考案한 詩想은 때때로 古人에 견주어도 부끄럽지 않았다. 朱子가 "梅聖兪의 시는 寂寥短章하고 閒暇蕭散하여 오히려 魏晉 이전의 高風과 遠韻이 있다."라고 하였는데, 이는 예로부터 詩家에는 본래 이러한 일종의 風格이 있어 오로지 長篇大作으로 자유분방하게 마음을 쏟아내는 것을 높이 치지 않은 것이다.[5]

위의 글에서 이광려가 추구했던 독창적인 시의 가치는 단순히 겉으로 보이는 시의 형식적 측면이나 기궤奇詭의 차이가 아니라, 끊임없는 각의의 과정을 통해 터득한 시상의 변별점에 존재했으며, 당대 문인들이 이광려의 시를 높게 평가했던 까닭도 바로 여기에 존재했음을 알 수 있다. 이어 홍석주는 이광려의 시에서 장편長篇을 찾아보기가 힘들고, 다른 작가들에 비해 창작한 한시가 많지 않은 원인이 각의도련刻意陶煉을 추구했던 이광려의 창작 경향에 있다고 보았다. 실제 이광려가 창작한 한시를 살펴보면 홍석주의 말처럼 장편은 거의 찾아보기 힘들고, 다른 작가들이 보편적으로 활용했던 율시律詩보다 단형短型의 절구

채의 제자이며, 이광덕은 박세채의 外曾孫으로 그의 학통을 이어받았기 때문에 전혀 관련이 없다고는 할 수 없다.

5 洪奭周, 『鶴岡散筆』, 권3.(버클리 동아시아 도서관 소장본). "近世詩人, 多推李參奉匡呂爲上乘. 其詩刻意陶煉, 絶不爲膚率語. 以故不能多作, 尤尠爲巨篇. 然至其匠心獨造, 亦往往不媿古人. 朱子謂梅聖兪詩, 寂廖短章, 閒暇蕭散, 猶有魏晉以前高風遠韻, 蓋自古詩家, 固有此一種風格, 不專以長篇大作, 奔放輸寫爲尙也." 이에 대해서는 정양완 · 심경호, 앞의 책, 1993, 331~332면에 언급된 바 있다.

絶句가 더 많은 비중을 차지한다. 이는 곧 그의 창작 경향과 그 지향점이 실제 창작에도 그대로 반영되었음을 뜻한다.

위에서 살펴본 시상에 있어 조의造意를 중시하는 태도는 결국 얼마나 독창적인 시를 창작할 수 있는가 하는 자득의 문제와 관련된다. 한시 창작과 관련하여 자득을 직접적으로 언급한 사람은 바로 이광사李匡師이다. 물론 한시 창작과 관련한 자득自得이 이광사만의 주장이 아니지만, 그에게 자득은 모방模倣에 대한 강한 거부와 함께 문학의 가치를 평가하는 절대적 기준이었다는 점에서 다른 문인들과 차이가 있다. 다음의 글을 보자.

> 蘇齋 盧守愼이 귀양살이 할 때 읊은 시의 一聯 중 '詩書禮學 배운 것 未盡하니, 마흔아홉 해가 모두 헛산 것.'이라는 구절을 許筠이 『國朝詩刪』에서 으뜸이라 일컬었다. 東溟 鄭斗卿의 詩에 '나라 안에서는 임금이 잘났지만 천하에서는 부처가 으뜸이다.'라는 두 句가 있는데, 谿谷 張維가 顯宗에게 鄭東溟의 문장을 극구 칭찬하여 이 두 句를 거론하면서 佛을 儒로 고쳐 아뢰었다. 이 두 사람은 詩道에 대해 깊지 못한 사람이며, 이 두 聯은 盧蘇齋와 鄭東溟의 佳句가 아니다. 詩란 自得機發이 귀한 것이다.[6]

이광사는 소재蘇齋의 「별백문이생別白文二生」[7]과 동명東溟의 「숙봉은사宿奉恩寺」[8]를 허균許筠과 장유張維가 지나치게 높게 평가한 것에

6 李匡師, 『斗南集』 2책, 「蘇齋東溟詩說」. "盧蘇齋謫中, 有一聯曰 '詩書禮學未 四十九年非.' 許筠載 國朝詩刪, 稱爲絶對. 鄭東溟有詩曰 '域中王亦大, 天下佛爲尊.' 張谿谷盛稱東溟文章於顯宗, 單提此二句, 而改佛字爲儒告之. 兩人皆非識詩道深者. 此二聯, 非二公佳者. 詩貴自得機發." 『蘇齋先生文集』에는 '四十九'가 '三十九'로 되어 있다. 이에 대해서는 정양완, 앞의 책, 1995, 264면에서 처음 언급되었다.

7 盧守愼, 『蘇齋先生文集』 권4, 「別白文二生」(『총간』 35, 152면). "莽蕩乾坤阻, 蕭條性命微. 詩書禮學未, 三十九年非. 露菊憑烏几, 秋蟲掩竹扉. 此時文白至, 三宿乃言歸."

8 鄭斗卿, 『東溟先生集』 권3, 「宿奉恩寺」(『총간』 100, 423면). "世廟崇西竺, 招提號奉

대하여 이 두 사람은 시도詩道를 깊이 아는 자가 아니라고 하였다. 그의 입장에서 보면 소재의 시구는 두보의 「견월시見月詩」를 모방한 것이고,[9] 동명의 시구는 '노자'의 말을 가져다 쓴 것으로[10] 분명 모의의 과정에 의해 이루어진 것인데, 허균과 장유는 그들의 작품을 높이 평가했기 때문이다. 실제로 소재가 활동하던 당대는 명나라의 의고문풍擬古文風이 유행하던 시기로 '시필성당詩必盛唐 문필진한文必秦漢'의 문풍이 주류를 이루었으며, 17세기 동명이 활약하던 시단에서도 기존 시풍을 벗어나려 노력을 기울이기는 하였지만 큰 범주에서 볼 때 당시唐詩의 틀을 벗어나지는 못한 시기였다. 그러므로 그 당시 문인들은 호방한 격조와 모의의 흔적 없이 대우對偶의 묘妙를 살려낸 소재와 동명에 대해 작가적 역량을 높이 평가한 것이다. 반면 이광사는 모의의 창작과정을 거쳐 아무리 뛰어나고 새로운 경지를 창출해내었다 하더라도 자신의 내면에 터득한 천기天機가 발현되지 않은 시는 가치가 없다고 본 것이다. 이러한 인식은 '시필성당 문필진한'을 주창하며 고인의 문구를 그대로 모의하려 하였던 명대明代 의고파擬古派의 글을 이광사는 아예 오랑캐의 말로, 다 미친 말이요 진실이 없으며 참람하고 황당한 말로 치부해 버렸던 태도에서도 잘 드러난다.[11] 이처럼 이광사는 시를 보는 시각 자체가 이전 시기의 문인들과는 다르다. 그렇다면 그 차이점은 무엇인

恩. 域中王亦大, 天下佛爲尊. 絶壁干雲起, 滄江注海奔. 禪房隨意宿, 還喜脫籠樊."

9 배병주, 「원교 이광사 시문학 연구」, 단국대학교 석사학위논문, 1998에서는 梁慶遇의 『霽湖詩話』에 있는 "盧蘇齋五言詩, 酷類杜法, 一字一語, 皆從杜出. 詩書禮學未 四十九年非之句, 世皆傳誦, 實出於老杜見月詩."라는 구절을 들어 蘇齋의 이 詩句가 擬古임을 밝혀놓았다.

10 안대회, 앞의 책, 1999에는 東溟의 이 구절은 『노자』 25장의 "故道大, 天大, 地大, 人亦大. 域中有四大, 而人居其一焉."이라는 구절을 모방하였음을 밝혀놓았다.

11 李匡師, 『斗南集』 3책, 「讀滄溟鳳洲文」. "是以西狄之語, 皆狂語也, 不實語也, 驕僭幻妄語也."

가? 이광사는 이어지는 글에서 다음과 같이 말한다.

> 옛사람의 文句를 따다 쓰는 것은 中唐 이전에는 없던 짓인데, 晩唐人들이 종종 그런 짓을 했고, 宋代에 이르러서는 제법 많았으니, 소동파의 詩에 '公獨未知其聚耳 臣今時復一中之'라 한 따위가 바로 이것이다. 이는 곧 문인들의 한때 장난일 뿐 詩家의 妙處는 아니다.[12]

이는 남의 것을 도습蹈襲하지 않고 '자득기발自得機發'의 과정에서 이루어진 시에 시가詩家의 묘처가 있고, 이러한 시만이 득의작得意作이 될 수 있음을 말한 것이다. 결국 이광사가 지향했던 시는 기존의 틀에 얽매여 남의 것을 따다 오거나 잘 꾸며진 시가 아니라, 자신의 '자득기발'을 가장 잘 드러낼 수 있는 시이다. 뿐만 아니라, 이광사는 시구詩句의 구성과 시어의 활용에 대해서도 자신의 견해를 분명히 밝혀 옛사람의 문구文句를 따다 쓰는 것은 한때 장난일 뿐 시가의 묘처가 아니라고 비판하며, 일체의 모방과 도습을 거부하였다.

이광찬 역시 시문의 창작에 있어 자득을 강조하였으며, 시의 전범으로는 두시杜詩를 꼽았다. 이광찬은 작문作文의 정법正法은 별도로 있는 것이 아니라, 경사經史와 제자서諸子書를 많이 읽어 마음속에 스스로 터득한 바가 절로 발현되는데 존재하며, 지결旨訣 역시 스스로 길을 찾아 '독창적이고 새로운 시[自出機軸]'로 표출하는 데 있다고 하였다.[13] 이

12 李匡師, 『斗南集』 2책, 「蘇齋東溟詩說」. "湊引古人文句成者, 中唐以上無之, 晩唐人往往始之, 至宋甚多. 若東坡'公獨未知其聚耳, 臣今時復一中之'之類, 是也. 卽文人一時漫戲, 甚非詩家妙處." 같은 맥락으로 규장각본 『斗南集』 권3에 실린 「讀滄溟鳳洲文」이 있다. 이 글은 戊寅(1758) 3월 4일에 지어진 것으로, 滄溟과 鳳洲의 글을 읽으면 한마디도 제 속에서 우러나는 것이 없으니, 그 글은 모조리 남의 것만 주워 모아 이룬 것에 지나지 않은 것임을 지적하고 있다.

13 李良翊, 『中翁實蹟』. "又曰, 作文豈有正法可視也? 古人之妙於文章, 亦不過多讀經史

광찬은 명천明川 유배지에서 만년에 두시를 직접 필사하여 오류를 바로잡고 자신의 의견을 기록하여, 두시가 침울돈좌沈鬱頓挫 속에 백체百體가 구비되어 있어 『시경詩經』 삼백 편 이후 시를 집대성集大成한 것이라고 극찬하였으며, 학문學問 · 견식見識 · 경륜經綸 · 전칙典則을 내포하고 있어 이태백李太白이 미칠 수 있는 경지가 아니라고 하였다.[14] 이로 볼 때 이광찬이 시의 창작에서 가장 중시했던 요소는 독서를 통해 길러진 학문과 견식에 의해 자득한 자신만의 독창적인 기축機軸이었다.

이상에서 살펴보았듯이 개인마다 조금씩의 차이가 있기는 하지만, 대체로 팔광八匡이 한시 창작에서 무엇보다 중시한 것은 심사深思에 의한 조의造意의 터득이었고, 이는 결국 자득의 문제와 연관된다. 그렇다면 조의를 중시한 팔광八匡의 창작 경향은 강화학의 어떤 측면과 관련이 있는가? 이에 대한 답은 정제두鄭齊斗에게 직접 강화학을 전수 받았던 이광사의 다음 글에서 찾을 수 있다.

> 세상에서 하곡 선생이 양명학에 가깝다고 의론을 하자, 형님은 처음에 선생을 뵈려 하지 않다가 精深篤實함을 보고 나서는 탄식하기를, "저술을 보지 않고서 함부로 비난해서는 안 될 일이다."하였다.[15]

諸子書, 胸中自覺浩浩, 說出所見, 自成文章. 其權衡尺度, 雖有古人相傳, 旨訣亦不出自家自尋路脈自出機軸耳. 又安有定法乎?"

14 李良翊, 『中翁實蹟』. "晩年喜杜詩, 手自繕寫, 博考諸家箋註, 辨其訛謬, 間附己意, 消釋句義, 多少闡發. 有時諷誦贊歎曰, 沈鬱頓挫, 百體具備, 字字句句, 皆如萬道, 金光涌現其間, 決非下界煙火口氣, 三百篇後, 金聲玉振也. 自有學問, 自有見識, 自有經綸, 自有典則, 終非太白所可及." 이광찬은 明川으로 유배된 뒤에는 거의 시를 짓지 않았는데, 이 사실을 통해 유배기 동안 시를 창작하지는 않았지만 杜詩에 침잠하여 著作을 남겼음을 알 수 있다. 유배기에 『評斗南』을 남긴 것도 詩에 대한 지속적인 관심에서 비롯된 결과이다.

15 李匡師, 『圓嶠集選』 권9, 「五兄恒齋先生行狀」(『총간』 221, 547면). "世或議其右新近, 先生初不欲見, 及見精深篤實, 歎曰, '不見其書, 未可輕詆.'"

> 선생의 학문은 內心에만 전념했고 자신에게만 성실하여 마치 겹겹이 쌓여 높이 솟은 큰 산과 같고, 큰물을 담고 있는 바다와 같았다. ……(중략)…… 나는 식견이 얕아서 감히 선생이 추구하는 道가 어떤 경지에 이르렀는지 알 수 없었지만 선생은 외부의 유혹을 제거하고 實理만을 간직하였을 뿐, 그 밖의 일은 안중에 없었다.[16]

위에서 알 수 있듯 이광사와 이광신李匡臣이 정제두의 강화학에 가장 큰 영향을 받은 점은 "거외유去外誘, 존실리存實理", "전어내專於內, 실어기實於己", "정심독실精深篤實"로 요약할 수 있는데, 이는 내면의 수양을 다른 무엇보다 우선시하여 말단과 겉꾸밈에만 힘쓰는 행위를 철저히 경계하는 학문 성향으로 귀결된다. 실제 강화학파는 오로지 내면에 공부를 집중시키고 자기를 참되게 하는 전내실기專內實己의 공부를 우선하였다. 소론의 당색에 속하였던 이들은 자신들의 사상을 집안의 학문으로 전하되, 당대의 학문 조류를 참조하면서 거짓 학문과 거짓 의리에 대하여 통렬하게 비판하였다.[17] 이를 문학론文學論과 관련시켜 보자면 형식적이고 수사적修辭的인 측면보다는 내용과 본질적本質的인 측면을 중시하는 창작 경향으로 해석할 수 있다. 이들의 입장에서 보면 작가의 핵심적인 의론議論이나 본령本領이 없이 화려한 수사修辭와 문구文句의 조탁彫琢에만 힘을 기울인 시문은 껍데기에 불과하였다. 결론적으로

16 李匡師, 『圓嶠集選』 권2, 「書贈稚婦繭紙有序」(『총간』 221, 460면). "蓋先生之學, 專於內實於己, 如喬嶽之蓄大海之藏. ……(중략)…… 余識淺不敢知造道至何地, 而槩其去外誘存實理則無餘境矣. 古所謂篤恭者, 先生其幾矣. 德音之閟愈久而愈說服不能忘者, 獨先生耳."

17 심경호, 「강화학파의 假學비판」, 『양명학』 13, 한국양명학회, 2005, 247면. 이 논문에서는 강화학파가 참된 마음을 중시한 점을 들어 그들의 학문을 넓은 의미의 실학과 구분하여 實心實學이라고 명명하였다. 그리고 그 예로 李匡臣의 '誠正本原'과 '務實', 李匡師의 '存實理', 李令翊의 '誠意愼獨', 李忠翊의 '求眞', 李是遠의 '眞知篤行', 李象學의 '推實心懋大體', 李建昌의 '反本', 李建昇의 '實心實事'를 들었다.

말하자면 팔광八匡이 한시의 창작에서 중시했던 것은 심사와 각의를 통한 끊임없는 시상의 조탁이었지, 문구의 조탁을 통한 화려한 문사의 추구에 있었던 것이 아니다. 이러한 경향은 한시 창작의 과정을 격물格物에 비유하여 시도詩道를 논한 이광신의 다음 시에서 구체적으로 엿볼 수 있다.

그대 사물의 이치 알 터이니	之子識物理
뜰 앞의 대나무를 한번 보시게나	請觀庭前竹
잎은 잎대로 가지는 가지대로	葉葉又枝枝
조리 있게 天性을 갖추고 있네	井然具天得
사람의 일에도 법칙이 있는 법	人事亦有則
군자는 이 때문에 格物을 하지	君子是以格
詩도 오히려 儒者의 일이니	詩猶儒者事
바둑을 배우는 것보다는 나을 테지	學之賢棊局
공교로움에 힘쓴 뒤에 이루어지는 터라	工然後乃成
다만 天性을 잃을까가 두렵다네	但恐喪天植[18]

이광신은 시를 짓는 일을 사물의 이치를 구하는 격물에 비유하였다. 하늘에서 정해준 천성天性을 따라 잎은 잎대로, 가지는 가지대로 조리를 이루고 있는 대나무의 본질을 격물을 통해 알 수 있듯, 시를 짓는 데에도 법칙이 있으므로, 격물을 통해 시도를 찾아야 함을 강조하였다. 이광신은 시를 조충소기雕蟲小技라 폄하하지 않고, 유자儒者가 격물해야 하는 일로 여겨 긍정적으로 인식하였으며 공교로움에 힘써야 일정한 경지에 도달할 수 있다고 하였다. 다만 공교로움에 치중하다 보면 천성을 잃게 되어 본말이 전도되는 상황에 이르는 것을 경계하였다.

18 李匡臣, 『先藁』 1책, 「飛卿過話次論詩道仍拈韻共賦」.

이광신은 시의 일정한 경지에 도달하기 위해서는 공교로움에 힘써야 하지만, 그보다 더 중요한 것은 마음속의 천성을 잃지 않고 발현하는 것이라고 보았다. 위의 시에서 자신의 뜻을 다 표현하지 못했다고 생각했는지 이광신은 다시 시를 지어 자신의 생각을 부연하였다.

그대 사물의 이치 알 터이니	之子識物理
꽃과 대나무를 한번 보시게나	請觀花與竹
대 한마디 한마디와 꽃잎은	節節與花葉
하나같이 조물주가 만든 것이라네	一如剪刻得
만물에 각기 법칙이 있으니	萬物各有則
詩라고 어찌 格物이 없겠는가	詩亦豈無格
모두 저마다 법칙 이루기를 요구하니	都要成物則
하나의 기예에 국한할 것은 아니라네	非敢一藝局
다만 이 마음을 미루어	但欲推是心
흩어진 마음을 부지런히 수양하려네	心放勤培植[19]

자신의 뜻을 말한 데에 미진한 점이 있다고 생각되어 다시 시를 지었는데, 이 시에서도 역시 자신이 시를 공교롭게 지으려는 뜻이 있는 것은 아닌지 반문하고 있다. 자신의 시를 통해 다시 공교로움에 대한 경계를 일깨운 것이다. 앞의 시와 마찬가지로, 대 한마디 한마디와 꽃잎에도 조물주가 천성을 부여하여 각각의 이치가 담겨 있으니, 시는 사물의 법칙을 이루는 격물의 과정이 되어야지 공교로움을 과시하는 하나의 기예技藝에 국한되어서는 안 된다고 경계하였다. 결론적으로 자신이 추구하는 바는 이러한 마음을 미루어 흩어진 마음을 바로잡아 이를 시로 드러내는 것이라 하였다. 이광신은 「만음漫吟」이란 절구에서도 시

19 李匡臣, 『先藁』 1책, 「前詩未盡矣玆復改呈是亦欲工之意耶」.

란 해타咳唾에 불과하니, 공교로움을 뽐내려고 하다 보면 정작 본심을 깨트릴 수 있다고 경계하였다.[20] 이상에서 이광신은 시의 창작을 격물의 한 가지 일로 보고 일정한 경지를 이루기 위해서는 용공用工이 필수 불가결한 요소이지만, 그보다 중요한 것은 내면의 천성을 잃지 않고 이를 바탕으로 하여 사물의 법칙을 잘 드러내는 것이라 여겼음을 알 수 있다. 창작에 있어 조의를 중시하는 시 의식이 실체 창작으로 어떻게 표출되는지는 제 3부 시세계詩世界의 양상과 특징에서 구체적으로 살펴보기로 한다.

2. 일상의 소재와 진솔한 표현

팔광八匡의 한시에서 보이는 표현상의 특징은 관념적이고 형이상학적인 문제보다 일상 속의 소재를 취하여 자신이 느끼는 감정이나 주변의 경관과 경물을 진솔하게 시로 형상화했다는 점이다. 이는 조작된 감정이나 허황된 소재를 남발하는 창작을 극복하려는 노력에서 비롯된 것이다. 물론 이런 특징은 18세기 한시의 특징적인 면과 맥을 같이 하는 부분으로, 당시 시 창작의 보편적 경향 속에서 이해할 수 있다.[21] 그러나 작가들의 취한 일상 소재의 다양성은 개인이 맞부딪힌 현실, 즉 창작의 배경에 따라 저마다 차이가 있으며, 그에 따라 표출되는 개인의 감정도 달라진다. 진솔한 표현의 문제는 결국 작가가 얼마나 꾸밈없는 진솔한 시를 창작하려는가 하는 문제, 그리고 얼마나 허위와 과장

20 李匡臣, 『先藁』 1책, 「漫吟」. "詩之在人也, 不過一咳唾. 夸者珠其唾, 珠成心轉破."

21 안대회는 18세기의 대표적인 시인인 槎川 李秉淵의 詩를 이러한 측면에서 다룬 바 있다. 이에 대해서는 안대회, 앞의 책, 1999, 143~150면 참조.

이 배제된 시를 쓰는가의 문제와 관련된다. 허위와 과장의 문제는 시로 드러나는 수사修辭와 시어詩語를 통해 알 수 있지만, 진솔한 감정의 문제는 어떻게 알 수 있는가? 이는 작가가 당면한 현실이 얼마나 절박하였으며, 이를 시로 표출하였을 때 독자가 그 감정의 깊이와 층위에 얼마나 공감할 수 있는가의 문제와 관련된다.

앞에서 살펴보았듯 팔광八匡은 경종景宗·영조英祖 무렵 소론少論 가문 중에서는 가장 극심한 당화黨禍를 입었기 때문에 어느 정도의 차이는 있지만 이들의 시에는 기본적으로 당대에 소외된 지식인이 겪었던 비애悲哀와 울분鬱憤의 정서情緖가 서려 있다. 이들은 비애와 울분의 정서를 감추지 않고 적극적으로 표출하여 소외된 지식인이 체감하는 감정의 깊이와 그 진정성眞情性을 담보하였다. 실제 팔광八匡의 시를 읽어보면 감정상의 허위나 과장을 전혀 찾아볼 수 없다. 다른 감정도 아닌 비애와 울분의 정서를 구태여 과장하거나 허위적으로 꾸밀 필요가 없었던 것이다. 또 이들이 한시를 창작하며 선택한 소재는 일상의 평범하고 친근한 것들이다. 소재와 관련하여 팔광八匡의 한시를 논해 보자면 이광사와 이광명의 시는 주로 유배지를 창작 배경으로 하여 개인의 감정을 표출한 서정시抒情詩와 낯선 유배지에서 목도한 일상적인 소재를 대상으로 창작한 기속시紀俗詩가 주류를 이루고, 이광찬과 이광신의 시는 일상의 감정과 풍경을 대상으로 응수문자應酬文字의 차원에서 시회詩會에서 차운次韻하거나 수창酬唱한 시가 주류를 이룬다. 이광덕과 이광려의 시는 전원의 일상에서 느끼는 정감 및 산수 유람을 통해 목도한 자연 풍광을 읊은 시가 많은 비중을 차지한다. 요약하자면 팔광八匡은 자신의 체험을 바탕으로 일상적 소재, 개인의 감정 및 사건, 자연풍광을 예민한 감각으로 포착하여 이를 시로 형상화했다. 여기에서는 일상에서 느끼는 진솔한 감정과 일상 주변의 소재를 대상으로 한시를 창작했던 팔광八匡의 창작 경향을 실제 그들의 한시를 통해 구체적으로 살펴보고, 이를 강화학의 학문적 성향과 관련하여 논하고자 한다.

첫 번째로 살펴볼 작품은 연작시連作詩 형식으로 지어진 잡영류雜詠類이다. 팔광八匡의 한시 중 일상의 소재와 진솔한 표현의 측면을 가장 잘 엿볼 수 있는 작품이 바로 이러한 부류이다. 먼저 이광사의 「잡영雜詠」을 보자.

1

외로운 등불 적막한 밤에	寂莫孤燈夜
아득히 만 리를 생각하노라	遙遙萬里懷
바람도 없는데 산은 저절로 기울고	不風山自嚮
돌이 많아 물은 항상 바쁘구나	多石水常催
지하로는 편지도 닿을 수 없거늘	地下無書到
하늘 가운데 달은 높이 떠오르네	天中有月來
정다운 사람들 아무도 안 보이는데	情親皆不見
물고기와 산새들만은 나를 꺼리지 않네	魚鳥獨無猜

2

고요함 지극하여 천기는 온전한데	靜極天機全
시름이 와서 또다시 고달파지네	愁來復弊然
산안개 해를 맞아 엷어지고	山烟迎日薄
낙수물에 마음도 함께 매달리네	檐溜與心懸
해오라기에 놀라 물고기는 돌 틈에 숨고	畏鷺魚依石
사람을 엿보며 산새들 밭으로 날아드네	窺人鳥下田
어찌하면 날랜 말 잡아타고	何由乘快馬
머나먼 길에 한 번 채찍 휘두를까	長道一揮鞭[22]

22 李匡師 『圓嶠集選』 권2, 「雜詠」(『총간』 221, 457면). 이 시는 姜浚欽의 『三溟詩話』에

이 시는 일기日記처럼 날을 이어서 쓴 5언 율시 「잡영雜詠」 20수의 일부이다. 이 시는 한 번에 지어진 것이 아니라, 유배생활을 하며 체감했던 그때그때의 심정을 여러 날을 이어 쓴 것이다. 이광사의 『두남집斗南集』에는 거의 대부분 작품 아래에 시를 지은 날짜가 기록되어 있는데, 위의 시는 1756년 7월 2일부터 7월 22일 사이에 지어진 작품이다. 이 점으로 볼 때 유배기의 시 창작은 이광사에게 단순히 무료함을 달래는 소기小技라기보다는 생생한 일상의 기록이었으며, 자신의 고뇌와 울분을 토로할 수 있는 유일한 수단이었다. ①은 풍風, 산山, 석石, 수水, 어魚, 조鳥, 월月 등 주변의 일상적인 소재를 활용하여 유배지에서 느끼는 외로움을 진솔하게 표현하였으며, ②는 산연山烟, 일日, 로鷺, 어魚, 석石 등 유배지의 일상에서 흔히 볼 수 있는 소재를 활용하여 주변의 정경을 묘사하고, 자신의 시름과 고향에 대한 그리움을 진솔하게 표현하였다.

다음은 이광신의 연작시를 보자. 『선고先藁』에 실린 이광신의 시를 보면 주로 서천매화사 모임에서 다른 구성원들과 함께 창작했던 일상적인 수창시酬唱詩가 대부분인데, 아래의 시는 우연히 김창흡金昌翕(1653~1722)의 『삼연집三淵集』에 실린 「만영漫詠」에 차운하여 봄날의 일상과 자신의 소회所懷를 읊은 작품으로, 역시 일상성日常性의 색채가 뚜렷하다.

①

온통 맑던 봄 하늘	儘是春天好
어찌하여 조금 개였다가	如何却少晴

「謫居雜詠」이라는 제목으로 4首가 실려 있다. 이에 대해서는 이승용, 「李匡師 流配期 漢詩의 抒情性 硏究」, 2010에서 '일상의 기록'이라는 측면에서 논한 바 있다.

오늘 아침 또 비를 내리려고　　今朝又欲雨
지붕 위에서 비둘기 울어대네　　簷有鵓鳩鳴

[2]
잔설 틈에 忘憂草 돋아나　　雪殘諼草生
北堂에 아리땁게 피어있네　　婉孌樹之背
어찌 내 근심만 잊게 해줄까　　豈但忘吾憂
물끄러미 그 모습 바라보네　　盎然見物態

[3]
쌀쌀한 아침나절에 서리 기운 스미자　　寒朝霜氣逗
숲속의 새들 괜스레 근심하더니　　林翮起新愁
늘 그랬듯 아침 해 두둥실 떠오르니　　旭旭晴曦同
꾀꼬리 떼 누각 곁으로 모여드네　　群嚶繞我樓

[4]
장막 내리고 편안히 지내자니　　下帷寧自若
여사로 동산 구경하기 좋네　　餘事好窺園
꽃 필 때까지 기다리지 못하고　　不待芳菲至
자주 나무등걸에 와서 앉았네　　頻來坐樹根[23]

[1]에서는 비둘기의 울음소리를 포착하여 봄날의 변덕스러운 날씨를 묘사하였고, [2]에서는 잔설 틈에 피어난 망우초忘憂草를 발견하고는 풀의 이름처럼 자신의 근심을 잊게 해줄까 하는 바람을 드러내었다. [3]에서는 아침 기후의 변화와 숲속의 새 울음소리에 귀를 기울여 시간에 따른 변화 과정을 묘사하였고, [4]에서는 전원에 은거하며 나무등걸에

23 李匡臣,『先藁』1책,「偶閱三淵集有漫詠絶句二十一首, 仍步其韻, 爲早春漫詠」.

앉아 꽃이 빨리 피기를 기다리는 자신의 일상을 묘사하였다.

다음은 이광덕李匡德의 시로, 전원생활의 일상적인 정경과 그 속에서 느끼는 일상의 소회를 꾸밈없이 진솔하게 표현하였다.

1

이 몸은 무슨 행운으로 하늘의 은혜를 받아	此身何幸荷天公
청한한 세계에서 이토록 풍성함을 누리는가	世界淸閒享最豊
머리카락 희끗해진들 어찌 늙음에 굴복하며	頭雪始斑寧伏老
금관자 오히려 닳은들 감히 곤궁하다 말하랴	髩金猶爛敢言窮
성긴 꽃 아래 몇몇 손님들 둘러앉아	數三客匝疎花下
가랑비 속에 쌍륙놀이 하느라 목소리 높이네	雙陸聲高小雨中
눈 침침해져도 나쁜 일 아닌 줄 아니	眼廢亦知非惡事
아득한 화복이 변방 늙은이와 같구나	茫茫禍福塞翁同

2

눈에는 백태가 끼고 귀밑머리는 희끗희끗	眼中重瞖髩邊絲
꽃 흐드러지게 핀 시절에 문을 닫아걸었네	閉門烟花爛熳時
이익 따르는 벗은 멀어질 제 정다운 친구는 남고	利友頓疎情友在
약 창자는 한창 커지고 술 창자는 줄어들었네	藥腸方大酒腸衰
뛰어난 현인이 반드시 뜻을 이루는 것은 아니나	英賢未必皆成志
절개 있는 협객은 예부터 의심받지 않았지	節俠從來不見疑
어찌하면 훌쩍 江海 너머로 가서	何計飄然江海外
세상 사람들이 姓名을 알지 못하게 할까	姓名無使世人知[24]

1에서는 머리가 희끗희끗해지고 눈이 침침해져도 전혀 아랑곳하지

24 李匡德, 『冠陽集』 권2, 「漫成」 3首.

않고 한가로운 전원생활을 마음껏 누리는 자신의 모습을 담아내었고, ②에서도 늙고 병든 자신의 모습을 담아내기는 하였으나, 앞의 시와는 달리 조금은 침체된 분위기가 느껴지며, 자기 정체성에 대해 고민하는 모습을 읽을 수 있다.

위에서 살펴본 팔광八匡의 시는 주로 연작시 형식의 「잡영」이나 「만영」이다. 연작시는 세계와 자아에 대한 통일되고 체계적인 인식과 정서를 표현하기보다는 자유롭고 계기적繼起的인 사유思惟를 다성적多聲的으로 표현하는 시체詩體로서 성리학자들에게 즐겨 이용되었다. 소옹邵雍의 『수미음首尾吟』 135수가 이를 대표하는 작품이다. 주제가 단일하거나 일관성 있게 제시되지 않는다는 것이 한계로 지적될 수는 있으나 자유롭게 자신의 견해와 감흥을 표현할 수 있다는 장점도 아울러 가지고 있다.[25] 생활공간 주변의 아름다운 경관을 노래하는 팔영八詠 부류의 시도 17세기에 더욱 많아지며, 17세기 후반부터 장편 연작시가 창작되기 시작하는데, 이 작품들은 경물을 심성에 연결시키는 송시적宋詩的인 특질을 구현한 것이다.[26] 팔광八匡의 연작시 창작이 前代의 연작시를 계승한 면이 전혀 없다고는 할 수 없지만, 송시적인 특질을 구현한 前代의 시와는 결이 다르다. 팔광八匡은 연작시가 오히려 자유롭게 자신의 견해와 감흥을 표현할 수 있다는 점을 적극 활용하여 일상의 소재를 중심으로 자신의 진솔한 소회를 마음껏 표출하였다. 팔광八匡의 연작시는 단조롭거나 일률적이지 않은데, 이는 작가들마다 자신이 처한 배경과 그에 따라 일어나는 감정의 차이에 따라 시로 표현되는 양상이 다르며, 각자 선호했던 시체 역시 달랐기 때문이다.

25 안대회, 앞의 책, 1999, 76면.

26 이종묵, 「16-17세기 漢詩史 연구: 詩風의 변화 양상을 중심으로」, 『정신문화연구』 23, 한국학중앙연구원, 2000, 100면 발췌 요약.

두 번째로 살펴볼 작품은 응수문자應酬文字의 차원에서 창작된 만시류輓詩類의 시이다. 만시는 그 성격상 응수문자의 특징이 짙을 수밖에 없다.[27] 그러나 팔광八匡의 만시에는 관습적이고 투식적인 표현이나 획일적인 구성방법에서 탈피하려 했던 노력과 흔적이 엿보인다. 친족 간의 만시에서 뿐 아니라, 타인의 죽음을 애도하는 시에서도 이런 측면이 보인다. 먼저 이광려의 시를 보자.

霄駕의 의장 행렬 늘어서니	宵駕紛儀衛
오로지 만백성 통곡하는 소리로다	萬人惟哭聲
여염에는 자녀들 그대로 남아 있고	閭閻遺子女
대궐은 평소와 다름없구나	城闕若平生
종묘를 지날 적에 더디어지는 발걸음	過廟遲遲蹕
대궐 문에 다다르자 줄을 지어 늘어선 깃발	臨門冉冉旌
붉은 비단에 비치는 수많은 등불	絳紗千柄燭
새벽바람에 눈물만 줄줄 흐르네	風淚曙縱橫[28]

이 시는 영조에 대한 만사 10수 중 아홉 번째 작품으로, 이광려가 그의 인척인 정상순鄭尙淳(1723~1786)을 대신해서 지은 작품이다. 영조의 인산因山 때에 장례행렬의 모습과 통곡하는 백성들의 모습을 포착하여 왕을 잃은 슬픔을 표출하였는데, 함련과 경련에서 직접적으로 슬픈 감정을 말하지 않고 장면 묘사만으로 슬픔의 감정을 불러일으킨 점이 뛰어나다. 다른 사람이 아니라 왕의 만사輓詞를 지었다는 점에서 이광려의 시가 어느 수준이었는지 짐작할 수 있는데, 더욱이 이 시는 시문

27 박동욱, 「연객 허필의 예술 활동과 일상성의 시학」, 『韓國漢文學硏究』 46, 한국한문학회, 2010, 266면.

28 李匡呂, 『李參奉集』 권2, 「英宗大王挽詞(代人作)」.

에 깊은 조예가 있었던 정조正祖가 칭찬해 마지않았던 작품이다. 정조가 이 시를 보고 연신筵臣들에게 "누가 지은 것인가?"라고 묻자 "이광려가 지은 것입니다." 하였는데, 정조가 "근세에는 이런 작품을 찾아볼 수 없다."고 칭찬을 하였다.[29]

강준흠姜浚欽은 "위의 시에서 '평소와 다름없구나.[若平生]'의 세 글자는 사조謝朓의 '보장寶帳은 난간에 나부끼는데, 술동이는 평소와 같구나.[繐帷飄井幹, 樽酒若平生.]'라는 구절과 왕발王勃의 '군왕은 아무 데도 보이지 않는데, 누대와 정자 평소와 같아라.[君王無處所, 臺榭若平生.]'에 근원을 두고 있는데, 의미가 간절하여 사람들이 습용한 것임을 알지 못하였다."[30]라고 하여 이광려가 용사用事를 하였지만, 조의造意가 탁월하여 그 흔적을 찾을 수 없음을 높이 평가하였다.

팔광八匡 가운데 이광려와 함께 만시에 뛰어났던 인물은 이광찬李匡贊이다. 이광찬의 『중옹유고中翁遺稿』에는 당대의 명사나 자신이 교유하던 인물, 혹은 자신이 교유하던 인물의 부탁을 받고 그들을 대신해서 지은 만시가 다수 실려 있다. 작품 수로 보자면 자신이 직접 지은 만시보다 대작代作으로 지은 만시가 더 많고, 명사이거나 친분이 각별한 인물일 경우에는 작품 수가 더 많다.[31] 그의 아들 이양익李良翊은 이광찬이 율시에 정밀하였고, 술자리를 마련한 시회에서 지은 수창시, 남을 애도하며 지은 만시와 전별시가 고상하고 정결하며, 정교하고 치밀한 맛이 있다고 평가하였다.[32] 또 이광찬이 남을 대신하여 지은 만시가

29 姜浚欽, 『三溟詩話』. "李參奉嘗爲鄭判書尙淳製英宗大王輓十首. 正宗覽之, 問筵臣曰, 誰所爲也? 對曰, 李匡呂所撰也. 上曰, 近世無此作."

30 姜浚欽, 『三溟詩話』. "其'若平生'三字, 蓋本於謝朓'繐帷飄井幹, 樽酒若平生', 王勃'君王無處所, 臺榭若平生', 而辭意懇至, 人不識其襲用也."

31 『중옹유고』에 실려 있는 輓詩를 보면 한 사람을 대상으로 쓴 만시의 작품 수가 여러 편인 경우가 많으며, 「挽曹判決事夏奇」의 경우에는 10首에 이르기도 한다.

많다는 것은 당대에 그의 시명詩名이 높았음을 방증하는 사실이라 할 수 있다.[33] 효장세자孝章世子에 대한 만사를 보자.

숨은 덕 먼 훗날 기록에 남아 밝혀지고	潛德將徵錄行篇
아름다운 묵적 구천에서 환히 빛나리	煌煌寶墨照重泉
반듯한 모습과 위엄에 신하들 움츠렸고	正容威使中官慴
완물 경계해 외물에 마음 뺏기지 않으셨네	戒玩心無外物遷
책상에 남겨진 『祖鑑』에 부질없는 슬픔이니	祖鑑謾悲留講案
「四勿箴」 병풍 어이 차마 영전에 펼치랴	箴屛那忍設靈筵
미욱한 신은 영영 저하를 모실 수가 없어	微臣終失銅龍侍
삼가 명정 쓰며 주르르 눈물만 흘리네	敬寫丹旌涕自連[34]

이 시는 이광찬이 족숙族叔 이진순李眞淳을 대신해 기유년(1729, 영조 5)에 지은 「효장세자만사孝章世子挽辭」 4수首 중 세 번째 작품이다. 효장세자(1719~1728)는 영조의 맏아들로, 휘는 행緈, 자는 성경聖敬이다. 1719년에 영조와 정빈 이씨靖嬪李氏 사이에서 태어났으며, 영조 즉위 후 1725년에 세자에 책봉되었으나 10세에 요절하였다. 보통의 만시는 수련에서 대상이 죽고 없는 현재의 정황을 묘사하거나 과거의 일을 회상하며 시상을 여는 것이 보통이다. 그러나 이 시는 효장세자의 덕과 뛰어난 필법筆法을 언급하며 장래의 일을 언급하였다. 함련에서는 어린 나이에도 불구하고 생전에 신하들에게 위엄을 잃지 않고 늘 마음을 경계했던 왕세자로서의 풍모를 회상하고 있다. 경련에서는 주인은 떠

32 李良翊, 『中翁實蹟』. "精於律詩, 杯酒唱酬之場, 蕭輓餞別之作, 雅潔鍊緻."

33 李象先(1811~1879)이 『篋中集』에서 선집한 이광찬의 29首의 시 중에 輓詩가 15首라는 사실에서도 그가 만시에 특장이 있었음을 짐작할 수 있다.

34 李匡贊, 『中翁遺稿』, 「孝章世子挽辭」 3首. 이광찬의 輓詩에 대해서는 이승용, 앞의 논문, 2015에서 다룬 바 있다.

나고 수택手澤만 남아있는 『조감祖鑑』과 「사물잠四勿箴」 병풍을 들어 망자의 빈자리에 대한 허전함과 그리움을 극대화하고 있다. 미련은 효장세자 장례 당시 명정 서사관銘旌書寫官의 직임을 맡았던 이진순李眞淳의 입장에서 성군이 되지 못하고 어린 나이에 요절한 왕세자를 떠나보내며 그의 명정을 써야 하는 참담한 심정을 잘 묘사하였다. 다음은 가족의 죽음을 소재로 지은 시를 보자.

내 죽어 내 뼈가 재가 될지라도	我死骨爲灰
이 恨 결코 사라지지 않으리	此恨定不捐
내 생명 수없이 윤회하더라도	我生百輪轉
이 恨만은 길이길이 남으리	此恨應長全
須彌山이 개밋둑이 된다 한들	須彌小如垤
黃河水가 시내가 된다 한들	黃河細如涓
천 번 古佛을 장사지낸들	千回葬古佛
만 번 上仙을 묻는다 한들	萬度埋上仙
천지가 요동쳐 태고로 돌아간들	天地湯成樸
일월이 가리워져 흐릿해진들	日月黯如烟
이 恨은 응어리지고 응어리져	此恨結復結
오랠수록 더욱 굳어만 지리	彌久而彌堅
이 번뇌 사라질 수 없음은	煩惱莫破壞
금강석 뚫리지 않는 것과 마찬가지	金剛莫鑽穿
담아두면 한 뭉치 응어리	藏之成一團
내뱉으면 大千에 가득하리	吐處滿大千
내 恨이 이러할진대	我恨旣如此
당신 恨은 오죽하겠소	君恨應亦然
서로의 恨 길이 흩어지지 않으면	兩恨長不散
언젠가 다시 만날 인연 있고말고	必有會合緣[35]

이광사의 도망시悼亡詩 중 명작으로 손꼽히는 작품으로, 자신이 을해옥사에 연루되어 극형을 면치 못할 것이라는 소문을 듣고는 아내가 목을 매어 자결하자 아내를 애도하기 위해 지은 시이다. 첫 구절부터 한恨이라는 시어와 직설적인 표현으로 자신의 감정을 여과 없이 표출하고 있다. 대체로 죽은 아내를 위로하는 경우, 도망시의 형태로 망자를 위로하거나 아내를 그리워하는 예禮의 범주 내에서 자신의 감정을 표현하거나 서정의 내재화로 아내에 대한 사랑을 표현하는 것이 전통적인 방식이다. 그러나 이 시에서는 이전의 전범을 전혀 찾을 수 없다. 형식적으로 아내를 위로하는 도망시의 형식을 취하고 있지만, 다른 도망시와는 달리 자신의 한을 중심으로 아내에 대한 그리움을 직설적으로 드러내고 있다.

다음은 이광덕이 그의 아우인 이광의李匡誼를 위해 지은 시를 보자. 아우를 위해 지은 만시는 아니지만, 아우의 죽음이라는 일상의 체험을 기록한 시로, 만시와 같은 범주에서 논할 수 있다.

자네와 왼손 오른손 된 지	與君左右手
어느덧 사십 년 세월	四十年于今
이 세상 떠났으니 잊는 것이 편하지만	死去便相棄
묻으러 오니 잘 묻지 못할까 염려되네	埋來恐不深
완악한 이 몸은 부질없이 눈물 흘리는데	人頑虛涕淚
아득한 하늘은 어두침침하기만	天邈莽霾陰
석양이 내려앉을 때 산비탈 길을	落日山陂路
그리움에 홀로 돌아오는 마음이란	悠悠獨返心[36]

35 李匡師, 『斗南集』 1책, 「悼亡」. 이 시는 정양완, 앞의 책, 1995, 187면에 처음 소개되었다.

36 李匡德, 『冠陽集』 권2, 「亡弟葬日歸路(乙丑)」.

이광의는 자가 군방君方, 호는 철면자鐵面子이다. 1741년에 이른바 위시사건僞詩事件이 일어났을 때 사헌부 지평으로 있으면서 영조의 금령을 무릅쓰고 김복택에게 형벌을 더 주어야 한다는 상소를 올려 흑산도에 유배되었다가 결국 1746년(영조22)에 유배지에서 세상을 떠났다. 위의 시 역시 자신의 슬픔과 진솔한 감정을 위주로 동생을 잃은 형의 애틋한 마음과 그리움을 주위의 정경과 함께 세밀하게 잘 표현하였다.

죽음에 당면하여 지은 시는 크게 두 가지 유형이 있는데, 하나는 죽은 자의 행적을 정리하여 기술하는 작품이며, 하나는 죽음으로 인한 고통과 그와의 깊은 인연으로 인한 비탄悲嘆을 토로하는 작품이다. 전자는 죽은 자에 대한 칭양稱揚이 주이고, 후자는 죽음으로 인한 작자의 슬픔이 주를 이룬다.[37] 팔광八匡의 만시는 유형으로 보자면 전자보다는 후자에 가깝고, 표현상의 특징으로는 작자의 진솔한 정감 표출과 섬세한 표현력을 들 수 있다.

세 번째로 살펴볼 작품은 일상적인 소재와 정경情景을 형상화한 부류의 시이다. 18세기 시인들은 주변에서 늘 접하는 일상적 경물, 자연풍물, 사회현상, 인정물태를 창작의 대상으로 삼아서 시 속에 묘사하였으며, 눈으로 확인한 구체적 소재를 선택해서 대상의 생생한 모습을 전달하는데 집중적인 노력을 기울였다.[38] 팔광八匡 역시 일상적인 소재와 정경을 형상화한 시들이 많다. 이는 일상과 동떨어진 관념적이고 추상적인 소재보다는 현실적이고 친근한 소재에 의미를 부여하고 이를 적극적으로 한시 창작에 활용하려 했던 노력의 일환으로 볼 수 있다. 먼저 이광사의 시를 보자.

37 안대회, 『한국 한시의 분석과 시각』, 연세대학교 출판부, 2000, 60면.
38 안대회, 위의 책, 53면.

숨었다 보였다 하는 작은 시내의 물고기 隱見小溪魚
사람을 꺼려 이리저리 오락가락 猜人不定居
해협이 백 리도 안 되는 거리이니 海門無百里
시내를 떠나 마음 좀 편안히 하거라 宜去好寬舒[39]

고향 생각 씻어내려 해도 눈물만 흐르니 欲灑思鄕淚
시냇물에 보태어져 바다에 도달할텐데 添流到海門
이 바다에는 밀물과 썰물이 없으니 此海無潮汐
무슨 수로 漢江 시작되는 곳에 이를까 何由達漢源[40]

개었다 흐렸다 바람과 운무 따라 변하니 晴陰風霧改
어디에서든 고향 그리워하지 않으랴 何境不思鄕
저물 무렵 내리는 비가 가장 심하니 最是將昏雨
소리마다 나그네의 애를 끊네 聲聲斷客腸[41]

위의 시는 모두 계어溪魚, 계溪, 우雨 등 유배지의 일상적인 소재를 활용하여 자신의 외롭고 고독한 심경을 읊은 시이다. 첫 번째 시의 사람이 다가서면 놀라 어쩔 줄 모르고 오락가락하는 물고기의 모습은 바로 유배지에서 안정을 찾지 못하는 자신의 모습이다. 두 번째 시에서는 시냇가에서 눈물을 씻어 내려 해도 눈물만 더 흘러 시냇물에 보태어 바다에 도달하겠지만, 이 바다에는 조수潮水가 없어 집이 있는 한강漢江에는 도달하지 못한다고 표현한 발상이 참신하다. 세 번째 시 역시 빗소리로 고향에 대한 그리움과 자신의 애끊는 심정을 묘사하였다. 다음은 이광덕의 시를 보자.

39 李匡師, 『斗南集』, 2책, 「警溪魚」.
40 李匡師, 『斗南集』 2책, 「臨溪作」.
41 李匡師, 『斗南集』 2책, 「聽雨」.

안석류 툭 터지니 알알이 뾰족하고	安石榴開箇箇尖
석양 무렵 빗줄기는 실처럼 하늘하늘	斜陽照雨見纖纖
바둑 친구는 앉아서 졸고 거문고 타던 미녀 돌아가니	棋朋坐睡琴娥去
한 그루 벽오동의 푸른빛만 발에 가득하네	一樹梧桐碧滿簾[42]

이 시는 이광덕이 전라감사 시절에 응청당凝淸堂에서 지은 시이다. 기구起句와 승구承句는 응청당에서 보이는 광경으로, 속이 툭 터져 모난 알갱이가 보이는 석류와 석양 무렵 가늘게 내리는 빗줄기를 묘사하였다. 전구轉句와 결구結句는 한가한 응청당의 정경으로, 특히 결구에서는 한가함 속에 여흥餘興이 끝난 뒤의 여운을 잘 표현하였다. 이극성李克誠의 『형설기문螢雪記聞』에는 이 시와 관련하여 조현명趙顯命과의 일화가 실려 있는데 다음과 같다.

> 조현명이 이광덕이 지은 시의 기상이 곱지 않은 것을 병통으로 여겨 "말하는 것이 이처럼 모가 나서는 안 되네."하고는 그 시에 다음과 같이 차운하였다.

섬돌에 돋아난 죽순이 짙푸르고 뾰족한데	階竹笋抽晩翠尖
담장 곁 석류꽃 시드니 낙화가 곱구나	墻榴花老落紅纖
게을리 주묵을 휘두르고 누대에 올라가니	懶揮朱墨登樓去
열두 난간에서 기녀는 주렴을 걷네	十二欄頭妓捲簾[43]

42 李匡德, 『冠陽集』 권1, 「凝淸堂卽事」.

43 李克誠, 『螢雪記聞』. 국립중앙도서관본. "趙豊原顯命病其氣像不佳, 語之曰, '下語不可若是刻削也.' 仍次其韻曰, '階竹笋抽晩翠尖, 墻榴花老落紅纖. 懶揮朱墨登樓去, 十二欄頭妓捲簾.'" 이 시는 趙顯命의 『歸鹿集』 권1에 「携李聖賴登觀風閣(次其凝淸堂前)」이라는 제목으로 실려 있는데, 揮가 麾로 되어 있으며, 十二가 九曲으로 되어 있다. 번역은 이극성, 장유승 외 번역, 『형설기문』, 성균관대학교 출판부, 2016을 참고하여 수정하였다.

이유원李裕元(1814~1888)의 『임하필기林下筆記』 권26에는 「완산제영完山題詠」이라는 제목 아래 이와 비슷한 내용이 실려 있는데, 두 수의 시 모두 본문과는 글자의 출입이 있다. 그 중 "사람들이 이공李公은 청고淸高함을 얻었고, 조공趙公은 부섬富贍함을 얻었다고 말하였다.[人謂李公得其淸, 趙公得其富]"라는 평이 있는데, 두 사람의 시를 당시 사람들이 어떻게 평가하였는지 알 수 있다. 다음은 이광덕이 당나귀를 소재로 지은 시를 보자.

내 당나귀 잘 달리고 잘 울기까지 했건만	吾驢能走又能嘶
잃어버리고 나니 눈썹 끝이 종일 처지네	失去眉頭盡日低
한스럽구나, 한밤중에 마을 떠들썩했던 건	可恨夜昏仍巷鬧
응당 고삐 썩은 데다 종놈 어리석어서이지	應緣轡朽更奴迷
먹다 남은 건초가 아직도 구유에 쌓였는데	吃殘枯草猶堆櫪
빈 안장은 땅에 떨어져 어지러이 진흙이 묻어있네	墮下空韉謾汚泥
그저 생각할밖에, 어느 집 좋은 소년이	坐想誰家好年少
가을 들판 무성한 풀밭에서 타고 있으리라고	秋郊騎踏碧萋萋[44]

나는 시인 맹호연과 비슷하여	我似詩人孟浩然
작은 나귀 절룩거려도 마음으로 더 아껴주었지	小驢雖蹇意尤憐
늘 힘에 부칠까 걱정하여 여물 듬뿍 먹였고	常憂力弱優添料
매번 길 나서면 지칠까 채찍질도 않았지	每怕行疲少着鞭
죽은 곳이 고향에서 몇만 리나 떨어졌나	死處離鄕幾萬里
살아있을 적엔 그 값이 이천 전이었네	生時論價二千錢
내년에 봄풀이 자라 남쪽 뜰을 채우면	明年草長南充野
어찌 볼까나, 이웃집 소만 배불리 먹고 자는 꼴을	忍遣隣牛獨飽眠[45]

44 李匡德, 『冠陽集』 권1, 「失驢」(『총간』 209, 359면).

45 李匡德, 『冠陽集』 권1, 「悼驢」(『총간』 209, 359면).

위의 두 수는 자신이 기르던 당나귀를 잃어버린 안타까움과 당나귀의 죽음에 대한 애도를 드러낸 시이다. 첫 번째 시에서는 당나귀를 잃고 난 뒤의 아쉬움, 지난밤의 당나귀를 찾기 위한 소동, 당나귀가 없는 텅 빈 마구간의 모습, 잃어버린 당나귀에 대한 체념의 순서로 이어져 시상이 긴밀하게 연결되어 있다. 두 번째 시에서는 당唐나라 시인 맹호연孟浩然처럼 당나귀를 살뜰히 아꼈던 자신이 당나귀를 떠나보낸 후 느끼는 감회가 잘 드러난다. 당나귀와 있었던 기억의 편린片鱗을 중심으로 슬픔을 표출하는 방식이 참신하다. 미련에 내년 봄풀이 자랄 때 이웃집 소만 배부르게 풀을 뜯고 자는 꼴을 어이 볼까하는 그의 말에서 당나귀에 대한 사랑과 애착이 어느 정도였는지 알 수 있다. 다음은 이광려의 시를 보자.

온 집안이 대 그림자에 싸여 있으니	滿戶影交脩竹枝
한밤중 남각에 달이 뜰 때라네	夜分南閣月生時
이 몸이 정녕 향기에 동화되어	此身定與香全化
향기에 취해 매화에 다가서면서도 전혀 몰랐네	嗅逼梅花寂不知[46]

높은 곳이라 더위 침범하지 못하니	高居不受暑氣侵
못가의 정자 앞에는 녹음이 한가득	池上亭前遍綠陰
보슬비 그치자 연꽃 향기가 풍겨오고	微雨寂然荷氣入
푸른 숲은 고요해 매미 소리 깊기만	青林肅爾蟬聲深
물은 본래 마음 비어 사물 비출 줄 알고	水知照物元空性
꽃은 다시 애를 써가며 꽃잎을 틔우네	花到成房更苦心
긴 여름날 게으름 피우며 흥취 이는 대로	長夏懶慢隨乘興

46 李匡呂, 『李參奉集』 권1, 「梅」(『총간』 237, 239면). 이 시는 李德懋의 『青莊館全書』 권34, 淸脾錄 三에 「詠梅」라는 제목으로 실려 있다.

그대와 날마다 맑은 술잔 기울이며 보냈으면 對君日日送凉斟[47]

첫 번째 시는 한밤중의 매화梅花 향기에 도취된 모습을, 두 번째 시는 더운 여름날 읍향정挹香亭에서의 정경을 읊었는데, 두 시에는 시재詩材를 활용한 주변 정경의 묘사가 빼어나다. 첫 번째 시에서는 한밤중 달빛과 대 그림자 속에서 매화 향기에 취한 자신의 모습을 묘사하여 향기만으로 매화를 형상화하였다. 두 번째 시에서 수련은 높은 정자의 위치와 짙푸른 녹음이 펼쳐진 정자 앞 광경을, 함련은 비가 그치자 연못에서 풍겨오는 연꽃 향기와 멀리 숲에서 들려오는 매미 소리를 공감각적으로 표현하였다. 경련은 눈 앞에 펼쳐진 물과 꽃의 본성과 각자의 행위를 대비하여 묘사하였고, 미련의 무더위에 한가로움을 즐기고 싶은 작자의 감회를 말하였다.

첫 번째 시는 이유원의 『임하필기』에서 『고금시화古今詩話』에서 '맑은 물 위에 성긴 그림자 비껴 흐르고, 희미한 달빛 속에 그윽한 향기 풍기네.[疏影橫斜水淸淺, 暗香浮動月黃昏.]"라는 임화정林和靖의 매화시梅花詩를 가장 명구名句로 치는데, 우리나라에도 제가諸家의 명구名句가 많기는 하지만, 이광려의 매화시만이 그 시에 짝이 될 만하다고 평하였다.[48] 위의 시에서도 알 수 있듯이 이광려는 일상적이고 평범한 소재를

47 『羅麗七律』(미국 버클리대학교 동아시아도서관), 「挹香亭」. 『羅麗七律』은 1책의 필사본으로, 신라의 崔致遠부터 조선후기 이광려에 이르는 한시 작가들의 칠언율시 작품을 수록한 시선집이다. 이광려의 「挹香亭」은 『李參奉集』에는 동일한 제목으로 다른 작품이 실려 있으므로, 이 시는 이광려의 일실된 시임을 알 수 있다. 이 책에는 이광사의 「壽北紀俗」 1首도 실려 있는데, 『圓嶠集選』 3권에는 「薪智島篁谷小齋」이라는 제목으로 되어 있다.

48 李裕元, 『林下筆記』 권30, 「梅花詩句」. "古今詩話云, 梅花詩當以林和靖之'疏影橫斜水淸淺, 暗香浮動月黃昏'之句爲首, 可謂曠前絶後之作也. 我東則諸家所詠名句數多, 惟李參奉匡呂之'此身政與香全化, 喚逼梅花寂不知.'"

취하여 시로 형상화하면서도 사물이나 정경을 바라보는 시선이 예리하고 소재를 표현하는 능력이나 묘사력이 매우 뛰어나다.

이상에서는 일상의 소재와 진솔한 표현이라는 주제 아래 팔광八匡의 한시 가운데 이러한 특징을 가장 잘 엿볼 수 있는 연작시 형식의 「잡영」, 응수문자의 차원에서 창작된 만시류, 일상적인 소재와 정경을 형상화한 시를 살펴보았다. 그렇다면 일상적 소재와 진솔한 표현으로 귀결되는 팔광八匡의 한시 창작 경향은 강화학의 어떤 측면과 관련이 있는가? 먼저 관념적이고 추상적인 소재가 아니라, 일상적이고 평범한 소재를 한시 창작에 활용한 측면은 소학小學과 박학博學에까지 관심을 기울이고, 거대담론뿐 아니라 미시 담론까지 탐구했던 강화학의 학문적 경향과 맥이 닿아있다. 이는 정제두와 정후일의 학문적 성향에 영향을 받은 것이다. 팔광八匡은 정심독실精深篤實한 내수內修와 실리實理를 추구했던 정제두의 심학心學뿐 아니라, 백가百家의 정화精華, 만방萬邦의 풍요風謠, 일월성력日月星曆의 운행運行, 음률音律, 서예書藝, 산수算數 등 다양한 학술學術 분야에 이르기까지 실리가 존재하는 곳에는 그 근원을 규명하는 정치한 학문 자세를 수용하고 체득해 나갔다. 그중 가장 많은 영향을 받은 인물은 이광사로,[49] 『원교집』과 『두남집』에는 이와 관련한 저술이 남아있어 다양한 학술에 대한 이광사의 관심과 척견을 고찰할 수 있다.[50]

한시의 창작에 있어 진솔한 표현과 관련된 측면은 진실무위眞實無僞

49 李匡師, 『圓嶠集選』 권2, 「書贈稚婦薾紙有序」(『총간』 221, 460면). "先生之胤富平君多窋遊京城, 與我先公同辛亥降, 余從幼屢獲跪侍. 君以先生故, 百家精華, 萬方風謠, 日月星歷之運, 音律書數之藝, 無有不窮其原, 余亦有一二與聞者."

50 우주론과 관련해서는 주자의 우주관을 비판한 「讀朱子語類擬識」, 「問朱子天問答一則」, 「天地水火說」, 「天問辨答四條」가 있고, 音律과 관련해서는 「論東國諺解吐」가 있으며, 書藝와 관련해서는 「論繹山碑」, 「書訣」이 있다.

와 임진불작위任眞不作爲를 강조하는 강화학의 학문적 성향과 관련이 있다. 강화학파의 학문적 성향이 허학虛學과 가행假行을 배척하고 양지良知의 자기실현인 실심實心과 실행實行을 통한 실학實學을 지향하였음은 이미 기존의 연구에서 밝혀진 사실이다.[51] 인간의 참된 마음을 중시하여 진실무위를 주창하고 일체의 허학을 거부했던 이들의 학문적 경향이 일체의 과장과 허황된 수식을 거부하고 내면의 진정眞情과 외면의 진경眞景, 즉 실경實景을 한시에 담아내려는 이들의 창작 경향에 영향을 주었으며, 진솔한 표현으로 표출되었다. 진솔한 표현이란 작자의 내면으로 보자면 꾸밈없는 진정의 표출이고, 외물의 정경으로 보자면 작자의 눈에 보이는 실경에 대한 묘사이다. 앞에서 살폈던 연작시 형식으로 지어진 잡영류, 응수문자의 차원에서 창작된 만시류, 일상적인 소재와 정경을 형상화한 부류에서 이러한 특징을 엿볼 수 있었는데, 제 3부에서 살펴볼 팔광八匡의 다양한 시세계에서도 이러한 특징이 그대로 나타난다. 특히 꾸밈없는 내면의 진정은 이광사와 유배기 서정시에서, 실경에 대한 핍진한 묘사는 이광려의 유람시에서 더 극명하게 드러난다.

3. 고시古詩의 변주變奏와 실험적 시도

조선후기와 이전 시대 어느 작가들을 막론하고 문집文集에서 가장 흔히 볼 수 있는 시는 근체시近體詩이며, 다음으로 많은 수를 차지하는 시는 고시古詩이다. 근체시는 작가의 창작 경향과 선호도에 따라 율시律詩와 절구絶句로, 다시 5언과 7언으로 나뉜다. 고시도 작가에 기호에

51 대표적인 연구로는 심경호, 앞의 논문, 2005를 들 수 있다.

의해 5언과 7언으로 나뉘는 것은 마찬가지이다. 물론 이전 시대부터 형식적 완전성을 추구하는 5언과 7언이 한시漢詩의 주류를 이루어 왔음은 부정할 수 없는 사실이다. 그러나 작가에 따라서는 5언과 7언의 여기餘技로 3언·5언·7언을 기본으로 하는 잡언시雜言詩, 『시경詩經』의 시체를 모방한 4언시 등을 창작하며 기존에 엄격히 규정된 시체詩體에서 탈피하여 실험적인 시도를 하였는데, 팔광八匡의 시에서도 이러한 실험적인 시도가 보이는 한시들이 눈에 띈다. 그와 아울러 몇몇 인물들은 고시를 적극 활용하여 장편화長篇化를 시도하였고, 다양한 장르에 활용하기도 하였다. 먼저 이광명李匡明의 고시를 보자.[52]

순수하게 부여받은 본성이지만 사물과 접촉하면	稟純粹而物交
때때로 사물에 가려져 어두워질 때도 있다네	云有時乎昏明
새벽녘 잡념 일어나지 않음을 깨닫는 순간이	惺晨思於未感
善의 단서가 싹트기에 가장 좋을 때이지	最善端之方生
성인은 어떤 분이기에 유독 달라	聖何人也獨異
夜氣를 일삼을 필요가 없는 것인가	無所事乎卜夜
항상 動靜에 어긋남이 없었으니	恒無間於動靜
또 굳이 마음을 다잡을 필요 있으랴	又何有於操舍
……(중략)……	
저 王氏의 뛰어난 논의는	伊王氏之揚論
선인들의 未發處를 밝혔네	發前人之未發
천 년 동안 전하지 못한 것을 이어	隔千載而相承
어렴풋한 학자들의 강론을 명확히 하였네	恍一堂之講確

52 『贈參議公謫所詩歌』에 보이는 이광명의 古詩는 「不如意古風」(7언 고시), 「待人難」(7언 고시), 「頌尤篇」(7언 고시), 「南草歌」(5언 고시), 「憂患誡」(5언 고시), 「晴」(3·5·7언 고시), 「聖人無夜氣(附記: 陽明論)」(6언 고시), 「如皐始言笑(附記:左傳賈大夫妻事)」(6언 고시), 「立起如韓市」(6언 고시) 등이다.

비록 피차간의 차이가 있으나	雖皮此之似殊
참으로 선후가 하나의 이치로 통하네	信先後之一貫
온전히 마음을 쏟은 공부가 아니라면	微專心之用功
어떻게 성인을 잘 알았겠는가	詎能知其聖人
下學 공부에 명철한 가르침을 드리워	垂明訓於下學
義를 정밀히 연구하여 신묘함에 들게 하였네	俾精義而入神
사람이 이 마음 없으면 굶주리기 마련이니	人無是則餒己
어찌 자신의 호연지기를 잘 기르지 않으랴	盍善養吾浩然[53]

위의 시는 6언 고시로, '성인聖人은 야기夜氣가 없다.[聖人無夜氣]'는 제목 아래 '양명론陽明論'이라는 주註가 부기附記되어 있는 작품이다. 조선 후기 한시 작가 중에서 비교적 6언시를 즐겨 창작했던 혜환惠寰 이용휴李用休(1708~1782)는 6언시를 두고 "오직 5언과 7언 사이에 있는 6언의 경우에는 그 형세가 핍박되고 형국이 협소하여 재주가 격식보다 넘쳐 법식의 구애를 받지 않는 자가 아니라면 진실로 뛰어나기 어려우며, 뛰어나다 하더라도 감상할 줄 아는 이를 만나기는 더욱 어렵다."라고 평한 바 있다.[54] 이용휴의 말처럼 6언시는 작가적 역량과 시재詩材를 갖춘 작가가 아니라면 형식상의 구애와 창작의 어려움으로 인해 쉽게 지을 수가 없다. 그러나 이광명의 6언시는 절구가 아니라 비교적 장편의 고시로, 작품 속에 이광명은 평생 공부했던 양명학陽明學에 대한 자

53 李匡明, 『參議公謫所詩歌』, 「聖人無夜氣(陽明論)」. 이 시는 윤병석의 「이광명의 생애와 '이쥬풍속통'에 대하여」, 『어문연구』 5, 한국어문교육연구회, 1977에서 일부 原文이 처음 소개되었는데, 윤병석은 양명학과 관련한 이광명의 글이 거의 남아 있지 않은 상황에서 이 시는 정제두를 잇는 陽明學者로서의 면모를 보여주는 중요한 작품이라고 평가하였다.

54 李用休, 『㞬數集』, 「雨庭稿序」(『총간』 223, 030면). "詩之爲言, 自四而五而六而七, ……(중략)…… 惟六, 間於五七, 其勢逼其局狹, 非才溢於格而不受法縛者, 固難工, 工亦遇賞甚難." 이에 대해서는 안대회, 앞의 책, 1999, 240~242면에 언급된 바 있다.

신의 생각을 고스란히 담아내었다. 양명론에 대한 자신의 생각을 보편적인 5언과 7언의 형식이 아닌 6언으로, 더욱이 절구가 아니라 고체시로 표현한 데에서 이광명의 창작 역량과 실험적 정신을 엿볼 수 있다. 특히 이광명의 이 시는 2-2-2 혹은 3-3을 기본 율격으로 하는 일반적인 6언시와 차이가 있는데, 각 구절마다 이而, 호乎, 어於와 같은 허자虛字를 적극적으로 활용하여 산문적散文的인 성격을 가미하였다. 이 외에도 이광명은 말을 몰고 고택皐澤으로 들어가 꿩을 활로 쏘아 잡자, 그동안 냉랭하게 대하던 부인이 비로소 웃으며 말하기 시작하였다는 『춘추좌전春秋左傳』의 가대부賈大夫 고사故事를 원용하여 「여고시언소如皐始言笑」라는 제목으로, 또 전국시대戰國時代에 재상宰相 협루俠累를 죽이고 한韓나라 저자에 버려져 있던 의로운 협객 섭정聶政이 자신의 동생임을 알리기 위해 저자로 달려가서 함께 죽었던 섭앵聶嫈의 고사를 원용하여 역시 「입기여한시立起如韓市」라는 제목으로 6언 고체시를 지었다. 이광명은 또 다음과 같은 잡언시를 창작하였다.

빗발이 흩뿌리다가	雨脚散
먹구름은 어느새 걷혔네	雲陰收
이른 아침 동쪽 봉우리엔 해가 뜨고	淸光東嶺曉
가을로 물든 北山엔 寒氣가 감도네	寒意北山秋
누런 보리 두레박에 담고 기장은 들에서 익으니	黃麥載槔粱熟野
산골 백성의 풍년 기원에 소출이 나아진 것이지	峽氓望穰峽農瘳[55]

위의 시는 3언·5언·7언을 활용하여 비가 오다 날씨가 갠 자연현상에 착안하여 시간 및 계절의 변화와 풍년이 들어 수확에 바쁜 산골

55 李匡明, 『贈參議公謫所詩歌』, 「晴」.

백성의 일상을 시구의 전환이나 억양抑揚을 가하지 않고, 장면 제시만으로 자연스럽게 묘사한 시이다. 표현상으로는 3언·5언·7언을 각각 2구씩 활용하여 구절과 시어 사이에 대구對句의 묘미를 살리고, 점층적인 리듬감을 안배한 점이 눈에 띈다. 다음으로는 7언 고시의 변격을 보자.

사람 기다리기가 과거 급제자 기다리기보다 힘이 드니　待人難難於待金榜
더구나 어머니 소식 한 해 동안 듣지 못함에랴　況是親庭隔歲信
심부름꾼은 기일 지나도 괴롭게 돌아오질 않고　專伻過期苦不還
봄 지나고 여름 되어도 알 길이 묘연하기만　歷春屆夏渺難認
진정한 소식은 알 길이 없으니　眞傳消息無由得
날마다 남쪽 구름 바라보며 한해를 보내는 듯　日望南雲度如年
마을에는 돌림병 많고 길에는 도적 때 설치니　邨多疾癘路劫掠
와야 하는데 오지 않는 것은 과연 무엇때문인가　來不來兮果何緣
……(중략)……
아침 점심으로 고대하기를 하루 또 하루　朝晝苦待日復日
언제나 돌아와 집안 소식 알 수 있을는지　何日歸來悉行事
이처럼 사람 기다리기 힘든 줄 가족들이 안다면　家人逆知待人難如此
응당 늑장부리지 않고 길 재촉할 터인데　想應催程莫遲遲
사람 기다리기가 정말 힘든 일이지만　待人難待人難
그보다 천 리 고향 집 편지 받아보기가 더 힘들구나　待人非難千里見書難[56]

위의 시는 변방에서 고향의 편지를 기다리는 유배객의 간절한 그리움과 애타는 마음의 진솔함을 읊은 7언 고시의 변격이다. 시구의 반복으로 리듬감을 살렸고, 자수字數에 변화를 주어 단조로운 형식을 탈피

56 李匡明, 『贈參議公謫所詩歌』, 「待人難」.

하여 인편을 기다리느라 노심초사하는 자신의 마음 상태를 효과적으로 표현하였다. 노모와 부인에 대한 그리움으로 애를 태우는 이광명에게 무엇보다도 기다려지는 것은 고향 집의 편지였다. 가족 소식이 궁금해 인편을 강화도로 보냈지만, 계절이 바뀌어도 깜깜무소식이다. 이광명이 할 수 있는 일이라고는 편지를 전하러 간 사람에 대한 걱정과 함께 매일 남쪽을 바라보며 편지가 오기를 기다리는 일뿐이다. 마지막 시구에서는 고향 집의 편지를 기다리는 이광명의 애타는 마음을 더욱 여실히 엿볼 수 있다. 이와 비슷한 유형인 「불여의고풍不如意古風」은 "참으로 내 뜻과는 같지 않으니, 좋지 않은 시운時運에 태어난 것은 어찌할 수 없다네.[不如意不如意, 生丁不辰無奈何.]"로 시작하는 7언 고시의 변격으로, 때를 잘못 만나 변방에 유배와 고난을 겪는 자신에 신세를 한탄한 작품이다.

한편 이광려李匡呂는 사군四郡 지역으로 유람가는 길에 황공탄惶恐灘 앞에서 세찬 비에 가로막혀 지체하는 상황과 그 광경을 「우심부득행주雨甚不得行舟」라는 제목 아래 5언과 7언을 혼합한 고체시로 읊기도 하였다.[57] 다음은 『시경』의 시체를 모의模擬한 이광신과 이광사의 시를 보자.

도봉산 산봉우리엔	道之山兮
나무 쭉쭉 뻗어있어	其木脩脩
아름다운 군자가	有美君子
거닐 수 있다네	可以夷由
1章	其一

57 李匡呂, 『李參奉集』 권1, 「雨甚不得行舟」(『총간』 237, 248면).

도봉산 계곡물엔	道之水兮
너럭바위 평평하여	其石磐磐
아름다운 군자가	有美君子
서성일 수 있다네	可以盤桓
2章	其二

도봉산 위에는 구름 떠 있어	道之山 其上雲兮
구름은 비를 뿌리며 떠가다가 멈추기도	雲能雨 可行可屯兮
3章	其三

도봉산 계곡 아래엔 못이 있어	道之水 其下潭兮
못 속의 용이 뛰어올랐다 다시 물속으로	潭有龍 可躍可潛兮
4章	其四[58]

위의 시는 신유년(1741, 영조17)에 종제從弟 이광찬李匡贊과 함께 도봉산道峰山을 유람할 때에 지은 작품이다.[59] 도봉산의 모습을 『시경』의 시체를 모의하여 4장章으로 나누고, 4언과 혜兮가 반복되어 리듬감을 살리는 초사체楚辭體를 활용하여 고시의 형식을 활용하였다. 1장과 2장은 도봉산의 산수山水에 주목하여 『시경』의 4언을 그대로 운용하여 그 승경勝景을 정적靜的으로 표현하였고, 3장과 4장은 도봉산의 구름[雲]과 못[潭]을 소재로 초사체로 시체의 변화를 시도하면서 역동적인 자연의 모습을 그려내었다. 흔히 시에서는 같은 글자의 반복을 금기시하는데,

58 李匡臣, 『先藁』 1책, 「道峰四章」.

59 『中翁遺稿』의 첫 부분에 「暮春輿, 恒齋從兄將遊道峰途中呼遊字各賦」라는 제목 아래 15首의 시가 실려 있는데, '辛酉年(1741)'이라는 年紀가 附記되어 있어 이 해에 이광신과 함께 도봉산을 유람하며 지은 시임을 알 수 있다. 이광신의 『先藁』 1책에도 이광찬의 『中翁遺稿』 동일한 제목으로 16首의 시가 실려 있어 이때에 창작한 이광신의 시도 확인할 수 있다. 이에 대해서는 『附錄』 참조.

이광신은 3장과 4장에서 첩자疊字의 묘미를 한껏 살려 첩자의 사용에 전혀 어색함이 느껴지지 않는다. 이광신은 또 비경飛卿 조진빈趙震彬이 『시경』의 시체를 모의해 지은 「등월燈月」이라는 사언시에 차운하여 화답하는 사언시를 짓기도 하였다.[60]

이광사는 『시경』의 시체를 모의하여 『잡시삼편雜詩三編』이라는 제목 아래에 「삼월사장三月四章」, 「산유원위삼장山有薕萎三章」, 「퇴풍사장穨風四章」을 지었다.[61] 각각의 시편에 짧은 서문序文과 함께 「시경」의 표현 수법인 부賦, 비比, 흥興 및 협운叶韻과 시어의 정확한 음까지 부기하였는데, 여기에서 음운音韻에 정통했던 이광사의 식견과 실험적 시도를 넘어 시의 원류原流라 할 수 있는 『시경』의 체제와 작시作詩 방법을 정밀히 연구하고 그 근저根底에 이르고자 했던 그의 노력을 볼 수 있다.

다음으로는 장편고체시長篇古體詩를 보자. 팔광八匡의 시에서 주목할 형식은 장편고체시이다. 고체시는 근체시에 비하여 형식적 제약이 적은 편이지만, 장편의 고체시는 작가의 문학적 역량은 물론이거니와 그와 함께 오랜 숙련의 과정을 거치지 않으면 창작하기가 어렵다. 팔광八匡 중 장편고체시를 가장 선호했던 인물은 이광사李匡師이다. 이광사가 유배기에 드물지 않게 장편고체시를 활용하여 한시를 창작하였음은 기존의 연구에서 밝혀진 사실이다.[62] 이광사의 장편고체시가 기존의 시

60 李匡臣, 『先藁』 1책, 「飛卿示燈月四言詩, 卽與林何仲唱和者, 乃次其韻以報」. “彼淸者月, 翳卷乃淸. 彼明者燈, 灺落愈明. 是心惺惺, 蔽去卽惺. 知止有定, 靜而寧何. 何中者何, 請質飛卿.”

61 이에 대해서는 이종묵, 「버클리대학 소장 원교집에 대하여」, 『문헌과 해석』 38, 2008, 82면 참조. 이 논문은 이종묵 교수가 버클리대학 아사미 문고에서 발굴한 『원교집』의 解題라 할 수 있는데, 이광사의 『雜詩三編』을 소개하며 많은 詩篇을 남기지 않은 이광사가 특히 젊은 시절 古詩에 진력했음을 주목하였다. 버클리대학 소장 『원교집』은 원교의 젊은 시기부터 유배시기까지 지었던 모든 詩와 散文이 실려 있는 유일한 文集이기에 원교 이광사 연구에 중요한 자료이다.

들과 다른 점은 자신의 정감을 직설적으로 드러내기는 하지만, 어떤 대상에게 전언傳言을 목적으로 지어졌다는 점이다. 실제 대부분의 장편고체시는 편지의 기능을 겸하고 있다.[63] 수신의 대상은 다름 아닌 자신의 가족과 형제들이다. 원교는 형식에 구애받지 않고 자신의 감정을 꾸밈없이 서술할 수 있는 장편고체시의 특징을 십분 활용하고, 수신의 대상에게 자신의 감정을 전달하는 실험성을 가미함으로써 서로 간의 애절한 감정을 더 깊이 있게 드러내었다. 그 예로 「훈가편訓家篇」은 을해년(1755년 5월 22일)에 쓰여진 시로 부령으로 유배에 처해진 뒤 가장 먼저 지은 작품이다. 이광사는 작품의 서두에 '훈가편訓家篇 유서有序'를 붙여 이 시를 쓰게 된 연유를 밝히고 있다. 서에 드러난 주된 내용은 다름이 아니라, 유배객으로서의 고독과 가족들에 대한 그리움이다. 이러한 부류의 한시를 통해 유배 초기 이광사의 내적 갈등을 상세히 엿볼 수 있다.[64] 그러나 다음의 시에서 이광사가 유배 이전에도 한시를 창작할 때 장편고체시를 활용하여 실험적인 시도를 했다는 사실을 알 수 있다.

발이 있어도 갈 곳이 없으니	有脚無所適
발길 이르는 곳은 다만 그대 집 앞	有適秖君閈
지금 그대 먼 지방 수령으로 떠나니	君今遠作吏

62 이광사의 유배기 장편고체시와 그 특징에 대해서는 김동준, 「부령 유배기 이광사 한시의 내면과 진정의 지평」, 『한국한시연구』 13, 한국한시학회, 2005; 박무영, 「유배지에서 온 편지: 이광사의 편지시」, 『시안』 제9권 제4호; 이승용, 앞의 논문, 2010 참조.

63 이광사의 長篇古體詩를 김동준, 앞의 논문에서는 내용적 특징을 부각하기 위해 書牘詩로, 박무영, 앞의 논문에서는 편지시로 명명하였다.

64 李匡師, 『斗南集』 1책, 「寄幼女」 2首; 『斗南集』 1책, 「答女兒西瓜子」; 『斗南集』 1책, 「婦女思」가 이러한 부류에 속하는 시이다.

여기에 남은 나는 누구와 벗할까나　　我在與誰伴
이별이 한순간의 일이라 하지만　　分張在須臾
아침저녁으로 탄식만 더해가는구려　　日夕增永歎
아쉬운 이 마음 다함이 있을까나　　此懷可有極
영험한 蓍草로도 헤아릴 수 없다오　　靈蓍所莫算
늙도록 우정 변치 말자 약속하여　　論交到白顚
한 배에서 난 쌍둥이처럼 친밀했지　　密若幷胞孿
……(중략)……
헤어지며 송별의 말 하려다 보니　　將別擬贈言
거친 말이 지루하게 늘어졌구려　　蕪拙同曼漶
거칠기 짝이 없는 삼베를 가지고　　不知麻葛鄙
억지로 고운 옷 지으려 한 줄도 모르는 꼴이지만　　强欲製褕褖
생강과 계피만 귀하다 여기고　　無以薑桂貴
파와 마늘을 홀대하지 말기를　　棄此葱與蒜
감히 모과에도 견줄 수 없는 재주로　　不敢比木桃
어이 옥 같은 그대의 詩에 답하리오　　肯報瓊瑤瓚[65]

이 시는 이광사의 지음知音이라고 할 수 있는 상고당尙古堂 김광수金光遂(1699~1770)가 1745년 예안 현감禮安縣監으로 부임할 때 써준 5언의 장편고체시이다. 관리로 부임하는 지인에게 송별시送別詩를 지어줄 때는 보통 율시의 형식을 빌어 이별에 대한 아쉬움의 회포를 말하거나, 상대방이 고을 수령으로 부임하여 선정을 베풀기를 축원하는 말을 담아낸다. 그러나 이광사가 예안으로 부임하는 김광수를 위해 창작한 송별시는 5언 226구의 장편으로, 벗을 떠나보내는 자신의 아쉬움, 둘 사이의 소중한 기억, 부임한 뒤 건강에 유의하라는 당부의 말 등 마음

65 李匡師, 『圓嶠集選』 권2, 「送金光遂之任禮安」(『총간』 221, 442면).

속에서 일어나는 모든 감정과 시시콜콜한 모든 이야기가 모두 들어있다. 물론 김광수가 자신에게 특별한 벗이기에 단형의 시로는 자신의 속마음을 다 말하기가 힘들었을 것이다. 그러나 장편고체시는 시적 감수성과 표현 기교가 일정 수준에 이르지 않고, 시체의 실험성을 추구했던 이광사와 같은 시인이 아니고서는 결코 쉽게 창작하기 어려운 형식이다.

이광찬 역시 김광수를 전송하는 시를 남겨 김광수와 교유가 있었음을 알 수 있다.[66] 이광찬도 드물지 않게 실험적인 장편고체시를 지었는데, 어떤 인물을 대상으로 장편고체시를 시도한 이광사와는 달리 주로 기행시紀行詩에 장편고체시를 활용하였다.[67] 아울러 그가 이광사의 『두남집斗南集』을 평한 『평두남評斗南』을 남겼다는 점에서 실험적으로 장편고체시를 창작했을 뿐 아니라, 장편시를 평가하는 높은 시안詩眼을 지니고 있었음을 알 수 있다. 이광찬은 실제 비평에 있어 문학 양식의 선택에 대해 무엇을 전할 것이며 어떻게 기술하는 것이 효과적인가에 집중하여 창작하고자 하는 양식을 선택해야 함을 강조하였고,[68] 표현 양상에 있어서는 실감 넘치는 묘사를 긍정적으로 평가하였으며, '변화' 보다는 '안정'을 '속됨' 보다는 '우아함'과 '온건함'을 중시하였다.[69] 이광찬은 이광사가 고시를 지으면서 정통인 5언의 정격을 취하지 않은 점을 지적하였는데,[70] 실제 이광찬이 지은 고시를 보면 대부분이 5언의 정격

66 이광찬은 이광사와 달리 五言排律(5언 14구)의 형식을 취하여 7首의 연작으로 창작하였다. 이 중 첫 번째 首는 이광사의 장편고체시와 동일한 韻으로 지었음을 알 수 있다.(『中翁遺稿』, 「送金成仲光遂作宰禮安」.)

67 『中翁遺稿』에 실린 「宿石林寺」, 「遊楊花渡蠶豆次邑翠軒韻」, 「又代家大人作」 등 7언의 장편고체시가 이러한 부류에 속한다.

68 박용만, 앞의 논문, 434면.

69 유정열, 앞의 논문, 32면.

을 취하고 있다. 또 고시를 창작하는 데 자구字句를 꾸미고 신기新奇함을 추구하기보다는 마음으로 느끼고 눈앞에 들어오는 정경을 혹은 말하듯 혹은 그림을 그려내듯 진솔하게 표현하고 있는데, 이러한 양상들은 모두 그가 『평두남』에서 보여준 문학적 지향이 실제 시작에 반영된 것이라 하겠다.[71]

편지의 기능을 겸하는 장편고체시는 이광려李匡呂의 한시에서도 보인다. 고시와 장편시를 즐겨 짓지 않았던 이광려였지만, 그리운 대상에게 자신의 진솔한 마음을 담아 시를 쓸 때에는 역시 장편고체시를 선택하였다. 다음은 홍창洪昌이라는 사람에게 편지 대신 써준 250자의 5언 고시로, 집안간의 세교世交를 중시하고 상대방과의 인연을 중시하는 이광려의 인간미를 느낄 수 있다.

지난해 梧村을 찾아가	昨歲過梧村
저물녘에 申翁 댁에 묵었네	暝投申翁宿
주인과 손이 인사를 마치고	主客罷寒暄
컴컴한 방에 촛불 켰을 때	室闇初點燭
자리에서 내게 인사하는 사람 있어	座有肅余者
누구인지 물었더니	敢問子爲孰
주인이 자형이 되고	主翁爲姊丈
洪氏로 杜谷의 후손이라고	姓洪祖杜谷
杜谷은 우리 선조의 벗으로	杜谷我先友
대대로 사귀어 왔네	交道世昭穆
長公은 오래전에 뵈었었지	長公久獲拜

70 李匡贊, 『評斗南』, 「評斗南婦女思詩」. "何不作五古? 可惜."

71 이에 대해서는 이승용, 앞의 논문, 2015, 28~34면에서 이광찬의 古詩를 논하면서 언급하였다.

同榜이나 도리어 伯叔과 같았는데	年家還伯叔
그대와 지금에야 만나보다니	與子今相見
산천이 우리 우정 가로막았구려	山川阻修睦
나이를 묻고 머리털을 비교하며	問年較髭髮
무릎을 맞대어도 기쁨 족하지 않아	促膝歡未足
새벽 베개 맡에 이야기 도란도란	曉枕語娓娓
아침상 마주 앉아 죽을 먹을 때	朝盤共飯粥
볶은 콩이 짜고 맵다고 내버려 두었지만	炒豆拌鹽辣
그대가 움키고 있는 것 나는 먹었지	我啖就子匊
그대 말이 나의 詩를 사랑하여	君言愛我詩
손수 베껴 족자로 남겼다하네	手抄留卷軸
나에게 七灘이 어딘지 물었건만	問我七灘處
처음 듣고는 무슨 말인지 몰랐네	初聞未省錄
내 어찌 自號를 쓰겠는가	余豈自號者
글방 서생들이 잘못 지목한 것이지	塾生謬見目
역시 嚴子陵의 七里灘 본받으려 함이나	也從效嚴灘
와전되어 옻칠처럼 굳어 버렸네	傳訛緣漆木
주거니 받거니 빙그레 함께 웃고	問答粲俱笑
이야기며 농지거리 어릴 때처럼	談謔如蔥竹
글 잘하면서 일찍 과거 그만두었으니	能文早廢擧
그대 정말 욕심 없음을 알겠다네	見君眞寡慾
……(중략)……	
世誼에는 舊新이 없으니	世好無舊新
마주 보면 형제지간 같다네	見面爲骨肉
정녕 헤어질 때에는	丁寧到臨歧
편지는 주고받자 했더니	書信應相續
헤어진 지 벌써 일년 째	別來曠年月
뒷날의 기약도 점치기 어렵구려	後期況難卜

차마 잊지 못하는 그리움으로 以我念拳拳
인정 많은 그대 마음 안다오 知君思罣罣
편지 대신 詩를 지어 代書綴韻語
그대의 편지에 답장을 하오 聊酬十行牘[72]

이광려는 이 시를 짓기 일 년 전에 오촌梧村에 갔다가 신옹申翁이란 사람의 집에 묵었는데, 그의 처남이 되는 홍창洪昌이란 사람을 만났다. 그런데 그는 바로 두곡杜谷 홍우정洪宇定(1595~1656)의 후손으로, 이광려의 집안과는 세교가 있었던 터였다. 오래도록 세교를 이어오다 인연이 닿지 않았는데, 예기치 않은 만남에 그 기쁨은 더 클 수밖에 없었다. 그렇게 서로 간에 나누지 못했던 정리情理를 나누고서 헤어질 적에 서로 편지라도 주고받자 했는데, 결국 약속을 지키지 못했다. 일 년이 지나고서야 홍창에게 편지가 왔고, 이광려가 이렇게 답장을 겸하는 5언 고시를 창작하게 되었다. 자신과 상대방이 함께했던 기억의 편린片鱗을 한 구절 한 구절 이어가며 상대방에 대한 자신의 그리움을 절실하게 표현하였는데, 이는 이광사의 장편고체시에서 느꼈던 구기口氣와 유사하다.

이광명李匡明 역시 유배 초기에 유배객의 괴로운 심사心思와 고향 집의 편지를 기다리는 괴로운 심경을 고시로 읊었다. 자신의 허물을 자책한 「송우편頌尤篇」을 보자.

내 본래 풍진 세상을 멀리하여 我本悠悠遺世者
천 년 전의 長沮와 桀溺을 벗하였지 千載尙友沮與溺
이제야 알겠네, 나라 다스림에 온통 일 많아 乃知致澤渾多事

72 李匡呂, 『李參奉集』 권2, 「次韻答洪敬言」(『총간』 237, 268면). 이에 대해서는 정양완 · 심경호, 앞의 책, 1993, 149~152면에 처음 소개되었다.

예부터 어진 신하 외려 곤액을 당한 줄을	從古忠良反罹戹
장사에서 「鵩鳥賦」 읊은 일이 외려 우습고	長沙孤笑詠鵩賦
멱라수에서 물고기 배에 장사지낸 일 너무 가여워라	汨羅偏憐葬魚服
편안히 살기로는 하류와 섞여 사는 것이 최고이니	康濟莫如混下流
은둔해 살며 어찌 영욕을 근심한 적이 있으랴	肥遯何嘗患榮辱
뉘 알았으리, 평생 江海의 객으로 살다가	誰知一生江海客
외려 삼천리 먼 변방으로 유배당할 줄을	却編三千邊遠謫
태평성대에 죄를 받은 것이 어찌 인연이 없으랴	明時獲譴豈無緣
이 몸은 허물 반성할 줄도 몰랐네	此身省愆亦未覺
입을 닫아야 시비의 빌미에 이르지 않으니	絶口不到是非囮
스스로 만든 재앙 피하기 어렵거늘 어찌 재촉했나	作孽難逭寧自速
눈썹 찌푸리며 악착스러운 일 만들지 말고	皺眉莫設齷齪事
남들 향해 원망을 부르는 일 응당 없어야 했거늘	向人應無招怨諮
고아는 오직 인자한 부모를 의지하는데	孤兒唯恃止慈恩
부모 봉양에 그 힘을 다하지 못했네	事親未能竭其力
백 리에서 쌀을 져 나르는 수고로움 없었는데	百里莫效負米勞
평생동안 어찌 봉양 받는 즐거움을 누리랴	一生安享仰哺樂
……(중략)……	
지금 임금의 은혜 내리지 않은 것 공경히 읊어	而今欽詠莫君賜
늘 대궐을 바라보며 聖上의 은택을 노래하노라	每向宸極歌聖澤[73]

첫 구절에서 말한 것처럼 이광명은 서울에서 강화도로 이주하여 『논어論語』에 나오는 은자隱者인 장저長沮와 걸닉桀溺처럼 세상을 잊고 살았지만, 억울하게 장사長沙로 유배되어 「복조부鵩鳥賦」를 읊었던 가의賈誼와 강남江南에 유배되어 멱라수汨羅水에 몸을 던진 굴원屈原처럼 갑산甲山의 유배객이 되었다. 그 심정이 얼마나 억울할지 짐작하고도 남

73 李匡明, 『贈參議公謫所詩歌』, 「頌尤篇」.

음이 있지만, 이광명은 오히려 자신이 저지른 허물을 반성하지 못해 이런 결과가 벌어진 것이라 하였다. 이어 부모 봉양을 제대로 못했으니, 자신은 봉양을 받을 처지가 못 된다고 자책하였다. 말미에는 임금으로부터 해배의 명령이 내리기를 간절히 바라는 자신의 심정을 읊었다.

그렇다면 이광사를 비롯한 팔광八匡이 고시를 활용하여 형식적 실험을 시도했던 원인은 어디에 있으며 강화학의 학문적 성향과 어떤 연관이 되는가? 우선 시체 활용의 측면에서 보자면, 작가가 근체시보다 고시를 선호하는 이유는 형식적 제약에 구애를 받지 않고 개인의 감정이나 서사敍事를 표현하기에 고시가 더 용이하고 적절하기 때문이다. 앞서 살펴보았듯이 팔광八匡이 가족이나 다른 인물에게 자신의 감정을 전달하거나 전언의 목적으로 시를 창작할 때 장편고체시를 적극적으로 활용하였다는 점에서 이러한 사실을 알 수 있다. 이광신과 이광사에게서 보였던 4언의 시경체와 6언의 초사체 역시 고시라는 점에서 근체시보다 형식적으로는 자유롭지만, 개인의 감정이나 서사를 표현하기에 아주 용이한 형식으로 보기는 힘들다. 그렇다고 해서 이들이 선진시대先秦時代의 전범典範이었던 시경체와 초사체를 한시 창작에 활용한 것을 단순한 모의의 차원에서 볼 것은 아니다. 앞서 표면적인 수식이나 기교보다 조의造意를 중시했던 이들의 창작 경향에서 살펴보았듯 이들은 시의 본질적인 측면을 중시하였다. 이는 시 속에 자신의 감정과 의식을 거짓과 꾸밈없이 진실하게 나타내려는 노력의 일환이며, 강화학에서 중시한 실심實心의 추구와 관련된다.

결론적으로 말하자면 이들이 고시를 연찬硏鑽하고 다양한 고시의 형식을 한시 창작에 활용했던 것은 내면의 본질을 온전히 시로 담아내기 위한 일련의 노력과 시도이며, 그 대상 중의 하나가 선진시대 문학의 본질을 구현하는데 가장 가깝다고 여겨졌던 시경체와 초사체였던 것이다. 이광사는 음운에 정통하였으며 고시에 대한 실험적 시도를 넘어 『시경』의 체제體制와 작시방법에 한 걸음 더 다가가려고 노력하였는데, 이는 실심실학實心實學과 내수內修 뿐 아니라, 박학博學과 고학古學에까지 관심을 기울였던 강화학의 학문 성향에서 비롯된 것이라 할 수 있다.

4. 역사의 재인식과 사실史實의 시화詩化

조선후기에는 중국 중심의 중화의식에서 점차 벗어나 자국의 문화와 역사를 중시하는 움직임이 여러 분야에서 일어났다. 중국 중심의 역사를 탈피하여 우리의 역사에 대해 재인식하고 이를 문학에 수용하는 현상도 그러한 움직임과 궤를 함께하였다. 영사악부詠史樂府가 조선후기 전 시기에 걸쳐 지어졌지만 특히 17~18세기에 활발히 창작된 점도 이와 같은 시대적 흐름 속에서 이루어진 것이다.[74] 이와 같은 영사악부는 우리의 역사에서 교훈이 될 만한 본보기나 옳고 그름, 선하고 악한 내용들을 작가가 나름대로 취사선택하여 이를 자신의 주관적인 역사관에 의해 기술하고 있다. 그러기 위해서 영사악부 작가들은 먼저 우리 역사에 대한 자주적이고도 주체적인 세계관이 체계적으로 정립되어야 하였고, 이것이 작품을 통해 자연스럽게 표출되었다.[75] 이러한 문학적 조류와 작가 개인의 주체적인 역사 인식의 바탕 위에서 창작된 시가 바로 이광사李匡師의 「동국악부東國樂府」이다.

74 김영숙, 「朝鮮 詠史樂府의 『西涯擬古樂府』 受容과 한민족사의 시적 형상」, 『대동한문학』 35, 대동한문학회, 2011, 378면.

75 신장섭, 「동국악부를 통한 員嶠와 信齋의 역사 인식 고찰」, 『우리문학연구』 22, 우리문학회, 2007, 120면.

「동국악부」는 이광사가 함경도 부령富寧에 유배되었을 때 그의 아들인 신재信齋 이영익李令翊(1738~1780)과 함께 수창한 영사악부로, 부자父子가 동일한 제목을 취하여 수창酬唱한 최초의 영사악부이며, 중국 역사가 아닌 우리 역사에 대한 주체적인 관심과 새로운 자각 속에서 창작되었다.[76] 이광사의 「동국악부」는 단군 조선의 건국과 내력을 읊은 「태백단太伯檀」부터 고려에 충절을 지키며 조선에 벼슬하지 않은 선비들을 찬양한 「두문동杜門洞」에 이르기까지 모두 30수로 이루어져 있으며, 그 내용은 우리 역사의 인물人物, 사화史話, 신화神話, 설화說話에 이르기까지 다양하다. 체제는 일반적인 영사악부의 체제와 동일하며 구법句法은 절반 정도가 장단구長短句를 취하고 있으며, 제언구齊言句에서는 4언과 6언을 선호하였다.[77] 또 오광운吳光運(1689~1745)의 「해동악부海東樂府」에 영향을 받아 소재를 선택하였으나 이광사의 『동국악부』에는 「치술령鵄述嶺」과 「영천기迎茜旗」 두 편이 더 추가되어 있다.[78] 「동국악부」 30편의 제목과 내용을 순서대로 정리하면 다음과 같다.

76 강석중은 "비록 체계적인 史觀을 갖추지 않은 채 史話에 해당하는 것들을 문학적으로 부연한 것이기는 하지만, 父子가 같은 제목으로 나란히 국사에서 취한 소재로만 이루어진 영사악부를 남김으로써 역사에 대한 一門의 관심을 보이고 있다"고 하였다. 이에 대해서는 강석중, 「李匡師의 文論 硏究」, 서울대학교 석사학위논문, 1991, 19면 참조. 물론 강석중의 의견대로 이광사 父子의 『동국악부』 창작을 역사학에 대한 一門 관심으로 볼 수 있지만, 그보다는 文學을 통하여 민족의식의 자주적 각성을 확립하고, 국사학, 국어학 등의 영역으로 관심 영역을 확대해나갔던 이들 家門의 江華學의 학문적 저변과 영향 속에서 이해해야 할 것으로 보인다.

77 이광사와 이영익의 『東國樂府』 작품에 대해서는 정량완, 앞의 책, 1995, 413~543면 참조.

78 김영숙, 「朝鮮時代 詠史樂府 硏究」, 영남대학교 박사학위논문, 1988, 45면.

「東國樂府」 30편

제목	주제 및 내용
太伯檀	檀君神話 관련
黃河歌	箕子의 朝鮮封國을 축수한 故事
聖母祠	漢帝室女의 慶州仙桃山 定居說
林中鷄	알지왕의 탄생설화
憂息曲	朴堤上이 눌지왕의 두 아우를 고구려와 왜국에서 송환했던 故事
鵄述嶺	신라 박제상의 妻가 鵄述嶺에서 그를 기다리다 망부석이 된 故事
黃昌舞	신라 선덕여왕 때 黃昌이 劍舞를 추다가 백제왕을 죽인 故事
斬馬衖	신라 金庾信이 말의 목을 베었던 故事
王毋去	신라 金后稷이 眞平王의 田獵을 죽어서도 간언한 故事
陽山歌	신라 武烈王 때 金歆運이 백제와의 陽山전투에서 순국한 故事
破鏡合	신라 薛氏女와 嘉實의 사랑 이야기
朝蜀使	신라 경덕왕이 播蜀의 唐明皇에게 사신 보낸 일
玄鶴琴	신라 玉寶高의 거문고의 新詞를 제작한 故事
萬波息笛	신라 神文王의 萬波息笛 故事
月明衖	신라 處容의 傳說
上書莊	崔致遠이 신라의 멸망을 예견한 上書
鮑石亭	신라 景哀王이 鮑石亭에서 피살된 故事
釣龍臺	唐나라 蘇定方의 釣龍과 관련한 傳說
落花巖	백제 義慈王의 삼천궁녀가 落花巖에서 몸을 던진 故事
朝天石	고구려 東明王의 昇天과 관련한 傳說
薩水捷	고구려 乙支文德의 薩水大捷과 관련한 故事
城上拜	安市城主가 회군하는 唐太宗을 성 위에서 拜辭한 故事
迎茜旗	駕洛國의 許王后와 관련한 傳說
絶影馬	甄萱이 絶影馬를 고려 太祖에게 바쳤다가 되찾아 간 故事
昌瑾鏡	昌瑾이 거울을 弓裔에게 바친 故事
聖帝帶	신라 敬順王이 聖帝帶를 고려 太祖에게 바친 故事

文曲星	고려 姜邯贊의 탄생과 관련된 說話
百死歌	고려 鄭夢周의 殉節과 관련된 故事
女戴笠	고려 멸망 後 귀족 여성의 몰락과 관련한 이야기
杜門洞	고려 멸망 後 杜門洞에서 殉節한 선비들과 관련한 故事

「동국악부」는 동일한 제목 아래에 부친이 선창하고, 여기에 자식이 화답한 최초의 영사악부라는 점에서 다른 작가에 의해 차운次韻한 것이나 속편으로 이어진 영사악부들과는 또 다른 특성을 지니고 있다.[79] 이광사와 이영익의 「동국악부」가 다른 작가들의 작품과 달리 부자 간에 동일한 제목으로 지은 시이지만, 그 체제와 내용에는 많은 차이점이 있다. 이는 역사를 바라보는 작가의 시각과 역사적 사실에서 소재를 취하여 이를 시로 형상화하는 창작 경향의 차이에서 비롯된 것이다. 여기에서는 이점에 주목하여 이광사와 이영익의 「동국악부」를 대상으로 이들이 우리의 역사를 바라보는 시각과 이를 어떻게 시로 수용하여 형상화하였으며, 작품의 형식과 내용면에서 어떤 변별점을 지니는가에 대해 살펴보고자 한다.

선행 연구에서 이광사의 「동국악부」와 다른 작품에 대한 연구는 비교적 많이 진행되었으므로, 이광사의 「동국악부」 중 오광운의 「해동악부」보다 추가된 「치술령」과 「영천기」에 집중하여 이광사와 이영익의 「동국악부」를 고찰하기로 한다. 작품을 살피기 전에 먼저 다산茶山 정약용丁若鏞(1762~1836)이 이광사의 「동국악부」를 필사하고 남긴 발문跋文을 통해 그가 이광사의 「동국악부」를 어떻게 인식하고 평가했는지 살펴보자.

79 신장섭, 앞의 논문, 119~120면.

> 위의 「海東樂府」 1권은 薪智島에 유배되었던 故 李匡師의 저술이다. 이 詩는 李西厓(李東陽)의 樂府體를 모방한 것으로, 辭藻가 깨끗하여 즐길만하다. 李氏는 書法이 한 시대에 뛰어났는데, 「해동악부」는 더욱 得意한 글씨이다. 그러나 그 글씨는 얻을 수가 없었으므로, 그 詩만을 베껴 놓고 돌려주었는데, 사람들이 나에게 '궤만 사고 구슬은 돌려주었다[買櫝還珠]'고 하므로 내가 말하기를, "그렇지 않다. 설령 구슬이 궤만큼 아름답지 못하다고 하더라도 나는 그 구슬을 사는 사람이다."라고 하였다. 옛날 星翁(李瀷)도 저술한 것이 있으니, 이를 합해서 보면 아마 工拙을 알 수 있을 것이다."[80]

위의 발문에서 정약용이 「해동악부」라고 한 작품은 바로 이광사가 신지도薪智島로 이배되기 전 부령富寧에서 지었던 「동국악부」이다. 정약용은 어떤 경로를 통해 이광사의 「동국악부」를 구해 보았으며, 당대에 서법書法으로 이름을 날렸던 이광사의 득의작得意作이라 알려졌던 「동국악부」 글씨를 함께 얻어 보지 못한 것을 아쉬워하였다. 정약용은 성호星湖 이익李瀷(1681~1763) 역시 「해동악부海東樂府」를 지었던 사실을 알고 있었고, 성호의 「해동악부」를 이광사의 「동국악부」와 견주어 보면 공졸工拙을 알 수 있을 것이라 하였다. 그 뒤 정약용은 이러한 생각을 실행으로 옮긴다. 정약용이 죽란시사竹欄詩社의 일원이었던 한치응韓致應(1760~1824)에게 보낸 편지에 "장맛비가 갠 뒤 세검정洗劒亭의 놀이를 계획하자고 하면서 성호 이익의 「해동악부」를 좀 빌려 보았으면 하니, 인색하게 굴지 말기 바랍니다."[81]라고 한 내용을 보면, 정약용

80 丁若鏞, 『與猶堂全書』, 제1집 제14권, 「跋海東樂府」(『총간』 281, 307면). "右海東樂府一卷, 故薪州謫客李匡師之作也. 其詩倣李西涯樂府之體, 藻潔可喜. 李氏書法妙一世, 而海東樂府尤其得意筆, 然旣不可得, 聊寫其詩而還之. 人謂之買櫝還珠, 余曰不然, 寧珠之不如櫝之美, 吾其買珠者也. 昔星翁亦有所述, 合而觀之, 將工拙見."

81 丁若鏞, 『與猶堂全書』, 제18권, 「與韓徯父」(『총간』 281, 402면). "霖雨浹旬, 兄乃不巾

은 신해년(1791, 정조15)에 이익의 「해동악부」를 구해보았음을 알 수 있다. 그렇다면 정약용이 이광사의 「동국악부」를 구해보고 위의 발문을 지은 시기는 이 무렵이거나 그 이전임을 알 수 있다. 정약용 역시 이후에 신유사옥辛酉邪獄으로 강진康津에서 유배 생활을 할 적에 「탐진악부耽津樂府」를 남긴 점을 볼 때, 이광사의 「동국악부」와 이익의 「해동악부」가 정약용의 「탐진악부」 창작에 직접적인 영향을 미쳤음을 짐작할 수 있다.

위의 글에서 또 주목할 내용은 이광사의 「동국악부」가 이동양李東陽의 악부체樂府體를 모방하였고, 사조辭藻가 깨끗하여 즐길만하다고 한 정약용의 평評이다. 이동양의 악부체란 바로 명明나라 문인 이동양의 「서애악부西厓樂府」를 가리킨다. 「서애악부」가 조선에 확실히 알려진 것은 1617년 계축옥사癸丑獄事로 경상도 고성에 유배가 있으면서 지은 심광세沈光世(1577~1624)의 「해동악부」에서였다. 심광세는 「해동악부」의 서문에서 "조선의 학자들이 중국의 서적만 익히고 우리 서적은 제목조차 몰라 우리 사실에 어둡기 때문에 악惡을 자행하는 일이 있음을 개탄하였는데, 유배지에서 우연히 「서애악부」를 읽다가 그 말이 심금을 울리고 그 내용이 사람을 감발분기感發奮起하여, 초학初學을 도움이 되는 점이 많기에 동사東史를 읽다가 그중에서 찬영贊詠하거나 감계鑑戒가 될 만한 것을 골라 가시歌詩로 짓는다."[82]라고 하였다. 실제 심광세

不襪, 科頭坐快閣上, 只將碁譜江牌譜, 鋪來鋪去, 不知老之將至. 不知那裏有何意味? 晴後洗劍之遊, 不可不豫先料理, 若待邇叔出院, 已水落石出矣. 星翁海東樂府, 幸卽借示, 毋慳毋慳."

82 沈光世, 『休翁集』 권3, 「海東樂府幷序」. "吾東雖曰好學, 學者所習, 惟在中國書籍, 東國之書, 漫不識其題目. 故上下數千年善惡興亡之事, 懵然莫知, 豈可乎哉? 是以, 爲惡之人, 恣行不顧, 至有誰見東國通鑑之語, 余爲此痛. 逮蒙恩譴投荒, 魑魅之與遊, 魚蝦之爲侶, 無以自遣, 只以書籍爲娛. 偶讀西崖樂府, 愛其辭旨剴切, 引事比類, 勸戒明白, 能使人感發而興起, 有補於初學爲多. 間閱東史, 就其中可以贊詠鑑戒者, 除出若干條,

의 「해동악부」는 과거 우리나라의 역사와 인물, 제도, 설화 등을 소재로 새롭게 지어진 작품이 대부분이고, 그 체제에서 소재의 출전과 내용을 적은 것으로 그 후 지속적인 전통을 형성하였다.[83] 이러한 전통은 조선의 악부시를 창작한 후대 시인들에게 많은 영향을 끼쳤는데, 정약용이 보기에 이광사도 심광세의 「해동악부」와 이동양의 「서애악부」의 영향을 받았던 인물 중 한 명이었다. 정약용이 이광사의 「동국악부」가 이동양의 악부체를 모방했다고 말한 것은 '제목題目-사화史話-본시本詩'로 이루어지는 체제와 형식을 따랐다는 의미이지, 단순한 의고擬古 차원의 모방을 뜻하는 것은 아니다. 이광사는 심광세가 그랬듯이 우리 역사에 대한 주체적인 관심과 새로운 자각을 바탕으로 이동양의 「서애악부」와 전대前代 작가들의 영사악부를 수용하여 자신의 역사 인식과 문학적 역량을 「동국악부」로 형상화하였다.[84] '사조가 깨끗하다[藻潔]'는 정약용의 평 역시 이광사의 「동국악부」가 다른 작가들의 작품과 변별되는 특징으로 이해할 수 있다. 이 점에 유의하여 먼저 이광사와 이영익의 「치술령」을 살펴보자.

박제상이 왜국으로 갈 때 집에 작별인사도 하지 않자, 그의 아내가 栗浦까지 뒤쫓아 갔지만 만나지 못하였다. 세 딸을 데리고 치술령에 올라 왜국

作爲歌詩, 名曰海東樂府."

83 이혜순, 『전통과 수용: 한국 고전문학과 해외교류』, 돌베개, 2010, 159면. 심광세의 「해동악부」와 조선 영사악부의 「西涯擬古樂府」 수용양상에 대해서는 김영숙, 앞의 논문, 2011 참조.

84 이혜순은 조선 악부시의 『서애악부』 수용에 대해 소재를 명시하고 포폄을 명확히 한다는 점은 『서애악부』에서 받아들였으나, 이를 기반으로 영사악부의 유형과 내용을 새롭게 재탄생시켰을 뿐 아니라, 더 나아가 민가를 채집해 민정을 살피던 악부의 정신을 중시함으로써 詠史와 함께, 記俗, 음악, 지역, 악부 등 다양한 유형으로 재생산한 데에 의의를 부여하였다. 이 점에서 이광사는 특히 역사적인 측면에 주목한 작가라 할 수 있다. 이에 대해서는 이혜순, 앞의 책, 159~160면 참조.

을 바라보며 통곡하다가 죽어서 치술령의 神母가 되었다.[85]

누가 배를 만들어서 이별하도록 만들었나	孰造舟檝有離別
부디 거센 파도에 동아줄 풀리지 말기를	願爲惡濤毋解綷
누가 바닷물 가두어 돌아올 사람 가로막았나	誰蓄瀛海阻歸人
수월하게 오가도록 저 바닷물 없애 버렸으면	願殺海水利往還
누가 독사나 돼지 같은 왜놈 좋아하여 忠烈之士를 죽였나	孰嬖虺豕殪忠烈
바닷물 솟구치게 하여 오랑캐 섬을 가라앉게 했으면	願激海濤夷島沒
내 바다 건너가고 싶지만 큰 날개가 없으니	我欲渡去無廣翎
죽어서라도 솔개 되어 큰 바다를 훨훨 날았으면	願化爲鵄橫大溟
굳센 넋은 썩지 않고 반드시 故國으로 돌아오리니	毅鬼不腐必返國
鵄述嶺의 神이 되어 영원히 함께하리라	將作嶺神與終極[86]

이 작품은 신라新羅의 박제상朴堤上에 관한 역사적 사실史實과 설화說話를 바탕으로 지어진 시이다. 치술령鵄述嶺은 박제상이 왜왕倭王에게 잡혀 죽임을 당하자, 그의 부인이 남편을 그리워하다 슬픔과 그리움에 겨워 통곡하다가 죽었던 고개이다. 전반부의 서문에서 이광사가 박제상과 관련한 사실과 설화를 모두 수용하여 악부시로 창작했음을 알 수 있다. 작품의 특징으로는 부인을 화자話者로 내세워 남편과 이별한 안타까움과 한恨, 그리고 죽어서라도 남편을 만나기를 간절히 염원하는 부인의 애끓는 심정을 인위적인 억제와 꾸밈없이 진솔하게 표현한 점을 들 수 있다. 이는 유배시기에 이광사가 자신의 직설적인 감정을

85 李匡師, 『圓嶠集選』 권1, 「鵄述嶺」(『총간』 221, 432면). "朴堤上之倭, 不辭家, 其妻追至栗浦, 不及. 率三女, 上鵄述嶺, 望倭國哭, 死爲鵄述神母." 이는 체제상으로 볼 때 史話에 해당하는 부분이다.

86 李匡師, 위의 글. 鵄가 原文에는 '鵄'로 되어있으나, '鵄鵄鴟並同'이라는 註에 의거하여 鵄로 표기하였다.

토로하는 방식으로 아내나 딸 등 여성을 대상으로 지었던 작품에서 느낄 수 있었던 분위기 및 구기口氣와 비슷하다. 이광사는 이러한 표현 방식을 여성 화자와 관련한 악부시에도 적극적으로 활용한 것으로 보인다. 다음은 이영익李令翊의 작품을 보자.

> 박제상이 왜국으로 갈 때 집에 작별하지 않고 길을 떠났기에, 그 아내가 뒤따라 栗浦까지 갔지만 만나지 못했다. 그래서 세 딸을 데리고 鵄述嶺에 올라 왜국을 바라보며 통곡하다가 죽었다.[87]

신하는 임금을 위하고 아내는 지아비를 따라	臣爲君女從夫
바라보아도 만날 수가 없었네	瞻望不可須
아아! 어허!	噫嘻啨嗚
아내의 몸과 명성 지아비와 함께 하였으니	女身與名與君俱
아아! 치술령이여, 어찌한단 말인가	噫嘻鵄述嶺奈何乎

위의 서문에서 알 수 있듯 이광사와 이영익이 역사적 사실을 인식하고 받아들이는 데에는 차이가 있었다. 이광사는 박제상의 처가 죽어서 치술령의 신모가 되었다는 설화를 그대로 수용하였지만, 이영익은 근거 없는 사실은 믿지 않아 박제상의 처가 세 딸을 데리고 치술령에 올라 왜국을 바라보며 통곡하다가 죽었다는 사실만 말하고, 치술령의 신모가 되었다는 내용은 기록하지 않았다. 이 단편적인 사실에서도 부자간의 역사 인식에 견해 차이가 있었음을 알 수 있다. 이에 대해서는 이영익이 「동국악부」 서문에서 "사적이 황당하고 기이하여 상식에서 벗어나 의심스럽고 기롱할 만한 것은 반드시 편제篇題에 기록하고 시에

87 李令翊, 『信齋集』 1책, 東國樂府, 「鵄述嶺」(『총간』 252, 408면). "朴堤上之倭, 不辭家, 其妻追至栗浦, 不及. 率三女, 上鵄述嶺, 望倭國哭死."

드러내어, 굴원屈原이 「천문天問」을 지을 때의 뜻을 붙인다."[88]라고 하여 자신이 역사를 바라보는 견해를 명확히 드러내었다. 굴원의 「천문」은 『초사楚辭』의 편명으로, 우주의 모든 사실에 관해 의문점을 제기하여 하늘에 묻는 형식으로 지은 글이다. 이영익이 굴원의 「천문」을 언급한 것은 적어도 자신은 허황된 설화나 전설은 역사로 인식하지 않겠다는 의미이다. 시에서도 역시 치술령의 신모와 관련한 이야기는 배제하였으며, 그리움의 대상인 임금과 지아비를 만나지 못한 채 세상을 떠난 박제상과 그의 아내에 대한 작자의 안타까운 마음을 짧은 시구로 표현하였다. 또 셋째 구절에 '희희차오噫嘻唶嗚'라는 감탄사만으로 구성한 점이 특이하다. 다음으로는 이광사의 「영천기迎茜旗」를 보자. 5언 60구의 장편이므로, 서문과 시를 나누어 살피기로 한다.

> 漢光武 建武 8년 3월에 駕洛國의 九干이 上巳日에 물가에서 春禊를 지내며 술을 마시고 있었다. 龜背峯을 바라보니, 붉은 끈에 매달린 金合이 내려와 있었는데, 태양처럼 둥근 금빛 알 같은 것이 있기에 그 집에 모셔 두었다. 다음날 여섯 알의 껍질이 깨지더니 여섯 명의 동자가 나왔다. 십여일이 지났는데 키가 九尺이나 자라자 여러 사람이 한 사람을 받들어 드디어 王으로 추대하니, 바로 首露王이다. 오래도록 왕비가 없었는데, 建武 24년 7월에 阿踰陀國의 공주가 붉은 돛에 꼭두서니 빛 깃발을 단 배를 타고 바다를 건너왔다. 왕이 幔殿(장막으로 만든 임시 처소)을 설치하고 기다리자, 왕후가 배를 대고는 높은 봉우리에 올라 비단 바지를 벗어 산신령에게 예물로 바쳤다. 공주가 이르자, 왕이 幔殿에서 맞이하고 궁궐로 돌아와 왕후로 삼으니, 이 사람이 許王后이다.[89]

88 李令翊, 『信齋集』 1책, 「東國樂府序」(『총간』 252, 408면). "於其蹟之出於荒異不經, 可疑可譏者. 必志于篇題, 見于詩, 自附屈子「天問」之意."

89 李匡師, 『圓嶠集選』 권1, 東國樂府, 「迎茜旗」. "漢光武建武八年三月, 駕洛九干, 禊飮于水濱, 望見龜背峰, 有紫繩繫金合 而下. 有金色如卵, 圓如日輪, 奉置其家. 翌日, 六卵

위의 서문에서 알 수 있듯, 이 작품은 가락국駕洛國 수로왕首露王의 탄생 설화 및 아유타국阿踰陀國 공주와의 신행新行을 소재로 읊은 시이다. 허황후와 김수로왕의 혼인과정에 대한 기록은 『삼국유사』의 「가락국기駕洛國記」와 금관성金官城 파사석탑婆娑石塔 조條에서 볼 수 있는데, '건무建武 24년 7월'이라는 년도를 명기한 것으로 보아 이광사 역시 『삼국유사』에서 김수로왕과 허황후에 대한 전설을 알게 되었고, 이를 우리 역사의 일부로 인식하여 시로 형상화하였다.

1

김해 수로왕은	金海首露王
알에서 나와 덕이 높고 찬란했지	卵生多德輝
덕이 높아 짝을 찾기가 어려워	德多難爲配
나이 들어서도 왕비가 없었다네	年大無后妃
동해로 화려한 배 들어오더니	東海綵船來
붉은 닻에 꼭두서니 빛 깃발 펄럭였네	緋帆颺茜旗
아유타국의 공주를	阿陀國王女
하늘이 궁궐의 안주인으로 보내었네	天遣主闠闈

2

배를 대고는 높은 봉우리에 올라	維舟陟高嶠
바지를 벗어 산신령에게 예물로 바쳤네	解袴贄山靈
天一星이 앞서서 인도를 하고	天一前導引
太一神이 단 쌓기를 도왔다네	太一胥壇形
아름다운 일산엔 비취빛 깃 드날리고	華蓋撟翠羽

剖穀, 爲六童子. 歷十餘日, 身長九尺, 衆遂奉一人爲王, 卽首露王也. 久無配, 建武二四年七月, 阿踰陀國王女, 緋帆茜旗, 渡海而至. 王於宮中設殿候之, 后維舟䲭高嶠, 解綾袴贄王山靈. 及至, 迎入幔殿, 還闕立爲后, 是爲許王后."

봄의 신은 땅을 쓸어 고르게 했네	東皇掃地平
火星은 비단자리 깔아 놓고	熒惑攤錦茵
동해의 神은 금병풍을 쳐 놓았네	阿明撟金屛
司命星은 나가서 기다리고	司命出伺候
長庚星은 맞이하는 혼령 되고	長庚爲邀靈
泰顥星은 공경스레 자리를 깔고	泰顥敬薦藉
貪狼星도 기이한 향을 바쳤네	貪狼獻異馨
靑雲은 교령을 전하고	靑雲傳敎令
明月은 등잔대를 바쳤다네	明月擎燈檠
太極星이 아헌을 올리고	太極尊亞獻
混沌이 綠醽酒를 부었다네	混沌斟綠醽
蓬壺는 기린 육포를 보내고	蓬壺贛麟脡
瀛洲는 五侯鯖을 대접하였네	瀛洲享侯鯖
觀音이 떡 그릇을 바쳤고	觀音羞饎簋
鉤陳星이 죽과 국을 올렸네	鉤陳進鬻鉶
狙公은 개암과 밤을 바치니	狙公捧榛栗
차려진 것은 듣도 보도 못한 것	所見駭瞻聆
개암은 귤이랑 석류 만하고	榛大如橘榴
밤은 노구솥 만하네	栗大如鼎鐺
太上이 祝文을 읽으니	太上乃讀祝
때는 建武 24년이었네	建武廿四齡
일을 마치고는 왕궁으로 가서	事畢卽王宮
六禮 갖추어 혼례가 성사되었네	六禮婚姻成

3

용모며 자태는 온 나라에 빛났고	容姿燿一國
은덕은 봄빛처럼 따사로왔네	德澤似陽春
진귀한 음식은 산과 바다처럼 가득	珍羞如山海
威儀는 갖추어 말하기 어려웠네	威儀難具陳

밤 깊어 첫날밤을 보내니 夜闌同枕席
애틋한 사랑 비할 데가 없었네 情愛無比倫
이듬해 아들을 낳기 시작해 明歲始生男
아홉째까지 낳았네 遂至生九人
좋은 밭엔 쭉정이 없는 법이니 良田無惡實
하나같이 훌륭한 기린아들 箇箇玉麒麟
허황후는 마음이 언짢아 許后心不樂
왕에게 속내 아뢰기를 懷抱向王伸
"자식 낳음에 아비가 중하지만 生子父是重
어미도 천륜이긴 마찬가지지요 母亦爲天倫
자식들 모두 아비 姓을 따르고 子皆承父姓
소첩의 姓 따르는 이는 없으니 無人繼妾身
여인네 마음 유독 서글픈 것은 女心偏惆悵
古禮와는 전혀 같지 않아서지요" 古禮大不均
수로왕이 그 말을 애처롭게 여겨 君王憐其言
막내아들 어미 姓을 따르게 했네 末子母姓遵
지금껏 이천 년 세월 동안 至今二千年
김씨와 허씨 얼마나 번성했던가 二姓何振振
만나기만 하면 기뻐하며 相逢輒懽然
우리는 同姓의 친족이라하네 我是同姓親

압운押韻에 의해 전체 내용을 세 부분으로 나누어 살펴보면 1구~8구는 수로왕과 허황후의 만남을 읊었고, 9구~37구는 화려하고 휘황찬란한 혼인식을 묘사하였으며, 38구~70구는 김씨金氏와 허씨許氏가 동성친족同姓親族이 된 연유를 밝혔다. 수로왕의 결혼식과 허황후가 자신의 집안을 이을 아들을 요구하는 장면은 전혀 허황된 광경이 아니라 문헌에 전하는 단서端緖를 바탕으로 현실적으로 있을 법한 일을 작가의 상상력에 의해 재구성한 것이다. 다만 화려한 결혼식의 모습을 묘사한 장면에서 뭇 별을 의인화한 부분은 어느 정도 허구가 가미된 것이나, 둘 사이의 화려한 결혼식 자체는 있을 수 있는 이야기이다. 위의 시에서 허황후가 수로왕에게 자신의 집안을 아들을 청하는 부분처럼 장편 고체시에서 대화체를 삽입하거나, 자신의 상상력 및 설화로 시구를 구성한 예는 유배기에 창작한「연초烟草」에서도 보인다.[90] 다음은 이영익의 시를 보자.

> 漢光武 建武 8년 3월에 駕洛國의 九干이 上巳日에 물가에서 春禊를 지내며 술을 마시고 있었다. ……(중략)…… 우리나라 사람들은 허풍떨기를 매우 좋아하니, 수로왕의 事蹟 또한 모두 믿을 것이 못 된다. 게다가 이처럼 황당하고 기이한 일이 전하는 내용이 대부분 비슷하니, 어찌 괴이한 일이 아닌가.[91]

산에는 바위 있고 바다에는 파도 있네	山有石兮海有波
살랑살랑 부는 바람이 나를 보내주었네	風冉冉兮送余
만년토록 복과 편안함을 누리며	宜福綏兮萬年
우리 백성들에게 칭송받게 하려네	使我人兮說譽

서문의 내용은 이광사의 서문과 거의 동일하다. 그러나 끝부분에서 수로왕과 관련한 사적事蹟이 모두 믿을 만한 것이 못되며 황당한 일이라고 말한 부분에서 이영익이 이 기록을 어떻게 받아들이고 있는지를

90 李匡師,『圓嶠集選』권3,「烟草」. 이 시에서는 鬼國公主가 거의 죽을 지경에 이르러 풍습에 따라 산에 버려졌다가 담배 향기를 몇 일간 맡고 완쾌되어 곱고 건강한 모습으로 다시 돌아온 사실을 자신의 상상력으로 구성하였고, 공주가 나라 사람들에게 담배의 효능을 말해주는 장면을 대화체 형식으로 표현하였다.

91 李令翊,『信齋集』1책, 東國樂府,「迎茜旗」. "漢光武八年三月, 駕洛國九干, 禊飮于水濱. ……(중략)…… 東人好誇已甚, 首露王之事, 亦不宜盡信也. 且荒異如此者, 其傳舉多相似, 豈不怪哉?"

분명히 알 수 있다. 수로왕의 일 역시 이영익이 보기에는 황당하고 터무니없는 전설에 불과했다. 이는 「동국악부서문」에서 '사적이 황당하고 기이하여 상식에서 벗어나 의심스럽고 기롱할 만한 것은 반드시 편제篇題에 기록하고 시에 드러낸다.'고 했던 그의 의견이 그대로 실제 작품에 반영된 것이다. 이러한 인식 때문이었는지 이광사가 장편고시체를 활용하여 자신의 풍부한 상상력과 표현력을 마음껏 펼쳤던 것과는 달리 이영익은 허황후와 수로왕의 만남, 그들의 혼인과 관련된 일은 전혀 언급하지 않고, 단지 허황후가 배를 타고 가락국으로 온 사실과 그 이유가 복을 누리고 백성들에게 칭송을 받기 위한 것이라고 간략하게 말하였다. 이러한 작시 배경에는 가락국의 형성에 대한 전설이 아무런 고증이나 실증적인 고찰도 없이 미화되고 칭송되는 일에 대한 자신의 불편한 심기가 노골적으로 자리하고 있었기 때문이다.[92] 이는 바로 허황된 역사의 기록과 설화를 아무런 의심 없이 받아들이는 태도에 대한 우회적 비판이자, 포폄이다.

이상에서 이광사와 이영익의 「동국악부」 중 「치술령」과 「영천기」를 중심으로, 그들이 역사적 사실이나 기록물을 어떤 역사의식과 시각으로 바라보았으며, 작품에는 어떤 형태로 반영되었는지를 살펴보았다. 기본적으로 조선후기 영사악부 작가들이 그랬듯 이광사와 이영익의 악부시 창작 역시 우리 역사에 대한 관심과 주체적인 역사 인식에서 비롯된 것이다. 이는 우리의 역사, 민요와 시조, 방언, 등의 가치를 인정하여 시의 소재로 활용하였던 조선후기 소론少論의 창작 경향과도 그 맥이 닿아있다.[93]

92 신장섭, 앞의 논문, 138면.

93 이에 대해서는 김영주, 「소론계 문학이론의 특징 연구(1)」, 『퇴계학과 유교문화』, 35집, 2004 참조. 文學의 범주가 아니라 史書에 포함되어 이 장에서 다루지 않았지만,

이광사 부자가 우리 역사에 대한 주체적인 관심과 새로운 자각을 바탕으로 이동양의 「서애악부」와 전대 작가들의 영사악부를 수용하여 자신의 역사인식과 문학적 역량을 「동국악부」로 형상화하였으나, 전대 작가들과 구별되는 측면이 있다. 바로 전대에서 관심을 기울이지 않았던 다른 소재를 영사악부로 형상화했다는 점이다. 여기에서 살펴보았던 「치술령」과 「영천기」가 그에 해당하고, 여기에서는 다루지 않았지만 김종직金宗直(1431～1492)의 「동도악부」나 심광세沈光世(1577～1624)의 「해동악부」에서 다루지 않았던 단군신화에 주목하여 이를 「태백단太伯檀」으로 형상화한 것이 그 예이다. 물론 소재의 변별이 작가의 역사인식과는 관계가 없다고 볼 수도 있지만, 전대와 동시대의 다른 작가들이 영사악부의 창작에서 주로 동일 소재를 채택하여 의작擬作을 했던 점을 생각할 때, 영사악부에서 다른 작가들이 주목하지 않았던 사화史話에서 소재를 선택하여 시화詩化한 것은 바로 작가의 역사의식과 독창적인 창작의식에서 비롯된 것이라 하겠다. 이처럼 남다른 소재를 중심으로 문학적 역량과 역사의식을 적극적으로 반영하여 「동국악부」를 창작한 점을 볼 때, 이광사 부자의 「동국악부」 창작은 단순히 전대 영사악부의 모의 차원에서 이루어진 것이 아니라, 자신의 역사 인식과 독창적 창작 의식을 적극적으로 표출한 노력의 결과이다.

이상에서 살펴보았듯 이광사의 역사 인식이 표출된 대표작은 「동국악부」이지만, 다음 영사시詠史詩에서도 그 면모를 볼 수 있다. 이광사가 유배 생활하던 부령은 바로 세종世宗 때 여진족이 남하하는 것을 막기 위하여 김종서金宗瑞(1390～1453)를 시켜서 두만강 가에 설치한 육진六

이광사의 맏아들인 李肯翊이 기존의 왜곡된 역사 인식과 역사서술을 극복하기 위해 저술한 『燃藜室記述』 역시 江華學脈의 학문적 특성과 이긍익의 주체적인 역사 인식에서 비롯된 결과물이라 하겠다.

鎭 중 한 곳인데, 이러한 부령의 연혁과 내력을 알았던 이광사는 무심코 지나치지 않았다.

이 산하에 오래전부터 오랑캐 침입하여 진을 쳤는데	山河久入羯胡屯
大將이 남쪽에서 와서 수많은 깃발을 에워쌌었지	大將南來擁萬旛
더러운 기운 씻어내고 위엄 떨친 일 몇 세대 전인가	盪穢宣威知幾世
지금에도 위대한 공적은 백두산만큼 우뚝 하다네	至今偉績白山尊[94]

'병자丙子 오월五月 십사일十四日'이라는 간지干支와 날짜가 기록되어 있어 부령으로 유배를 온 다음 해인 1756년 5월 14일에 창작한 시임을 알 수 있다. 유배를 온 뒤 일 년이면 부령에 적응하고 자신의 마음을 추스르기에도 부족한 기간인데, 이광사는 부령이 김종서가 여진족을 정벌하고 육진을 설치했던 곳임에 주목하여 과거 역사의 현장에서 감회에 젖어 시를 지었다. 기구起句는 북방北方이 오랫동안 오랑캐의 차지였던 과거의 역사를, 승구承句는 김종서가 함길도 관찰사로 여진족과 대치한 상황을 읊었다. 전구轉句는 세종 때에 여진족을 우리 영토 안에서 몰아낸 김종서의 공적을, 결구結句는 지금까지 그 공적이 백두산만큼이나 우뚝함을 칭송하였다. 자신의 상상력과 표현이 위주가 되었던 「동국악부」와 달리 역사적 사실과 김종서의 공적에 대한 칭송을 짧은 절구로 담아내었다. 이 작품에서도 우리 역사에 대해 이광사의 역사 인식이 어떠했는지 그 일면을 볼 수 있다.

이러한 이광사의 역사 인식은 자신에게만 그친 것이 아니라, 그의 아들인 이영익과 이긍익李肯翊, 족질인 이충익李忠翊 및 후손에게 많은 영향을 끼쳤고, 후손 세대에 이르러 더 많은 저술과 저작으로 성과가

94 李匡師, 『斗南集』 2책, 「金相國宗瑞滅野人卽此地感古作」.

드러났다. 이들의 역사 인식과 국사國史에 대한 연찬硏鑽은 이긍익의 『연려실기술燃藜室記述』, 이충익의 「군자지과설君子之過說」, 이면백의 『감서憨書』와 『해동돈사海東惇史』로 계승되었으며, 이는 또 이면백의 아들인 이시원이 『국조문헌國朝文獻』을 남기게 하였고, 그의 손자 이건창에 의하여 『당의통략黨議通略』으로 집약되었다.[95] 특히 이건창은 「당의통략서黨議通略序」에서 "당의黨議를 우선한 것에 대해 말할 것이 있다. 우리 조정의 당폐黨弊는 역대에도 없던 것으로, 목릉穆陵(선조) 을해년(1575, 선조8)부터 원릉元陵(영조) 을해년(1755, 영조31)까지 180여 년 동안 공사 간의 문자에 기록된 것이 열에 일곱, 여덟은 요컨대 다른 일이 아니라, 누가 옳고 그른가, 누가 얻고 잃었는가, 누가 바르고 사악한가, 누가 충신이고 역적인가를 논할 것 없이 대개 당론黨論에서 벗어나지 않기 때문이다. 훗날에 정사正史를 쓰는 이는 반드시 먼저 당의를 추려 사마천司馬遷의 『사기史記』나 반고班固의 『후한서後漢書』를 모방해 따로 한 책을 만들어놓은 뒤라야 다른 것이 정리되어 문란해지지 않을 것이다."[96]라고 하여 자신이 『당의통략』을 저술한 목적을 분명히 밝혔다.

이광사에서 이건창의 『당의통략』으로 이어지는 역사 인식과 그들의

95 이에 대해서는 유준기, 「江華學派의 學脈과 思想史的 展開」, 『국사관논총』, 국사편찬위원회, 1989, 198면 참조. 이 논문에서는 이들의 주체적 사관 확립이 小論系의 입장에서 黨禍의 원인을 밝힌 정치사의 일단으로 엿볼 수 있도록 파악해 온 것이 학계의 일반적 경향이었음을 지적하고, 강화학맥의 역사적 배경을 살펴보면 조선후기 정치의 맥을 그 속에서 찾아야 할 필요성이 있음을 제기하였다.

96 李建昌, 『明美堂集』 권9, 「黨議通略序」(『총간』 349, 137면). "若其先之以黨議者, 抑有說焉. 國朝黨弊, 爲歷代所未有, 卽自穆陵乙亥, 至元陵乙亥, 一百八十年之間, 公私文字之所紀載, 十之七八, 要非佗事, 無論誰是誰非, 誰得誰失, 誰正誰邪, 誰忠誰逆, 大抵不出於黨耳. 他日修正史者, 必先撮畧黨議, 仿馬書班誌, 別爲一部, 然後其佗可整理而不紊."

저술에서 알 수 있듯, 이 집안의 역사 인식과 국사에 대한 연찬은 어느 개인의 차원에서 논할 수 있는 문제가 아니다. 이들의 역사 인식은 강화학의 연원에서 비롯하여 가학으로 깊이 뿌리를 내려 일정한 체계와 학맥을 형성하였다. 이들은 한 집안에서 여러 세대에 걸쳐 형성된 역사관 위에서 기존 관념에서 벗어나 냉철한 인식과 시각으로 우리 역사를 통시적으로 꿰뚫어 보았고, 저술을 통해 자신들의 의견을 적극적으로 개진하였다. 물론 이들의 역사 인식과 저술 의도에 조선시대 당화黨禍의 원인을 규명하는 부분이 전혀 없는 것은 아니지만, 조선후기 역사가 집권당을 중심으로 기록된 부분이 없지 않은 만큼, 여러 대에 걸쳐 형성된 이들의 역사관과 시각이 반영된 저술의 가치를 인정하여 올바른 역사 인식을 위한 자료로 삼을 만한 가치가 충분하다.

이 집안의 역사 인식은 국사國史 및 조정朝廷의 당론과 관련된 저술로 이어졌을 뿐 아니라, 가문의 역사와 인물의 정리로도 확장되었다. 몇 대에 걸쳐 왕실 종친에서 명문 사대부가로 자리매김했던 가문이 노론·소론 간에 벌어진 당쟁의 참화로 하루아침에 무너져 버린 모습을 목도했던 이들은 가문을 유지할 수 있는 가학을 정립하고 이를 체계화할 필요성을 느꼈다. 이진유李眞儒와 이진검李眞儉의 죽음으로 권력의 허무함을 지켜본 이들이 자신과 가문을 다잡고 후손들에게 전해 줄 수 있는 것은 바로 학문이었으며, 그 중심에는 정제두의 강화학이 있었다. 그와 함께 이들이 주목한 것은 가문의 역사와 내력에 대한 체계적인 정리와 그 속에서 본보기로 삼을 만한 인물과 그 덕목을 정리하여 후손들에게 남겨 교훈으로 삼는 일이었다.

그 예로 팔광八匡 당대에 정리된 저술로는 이광찬의 『팔세유칙八世遺則』[97]과 이광사의 『선세언행록先世言行錄』[98]을 들 수 있다. 이러한 전통은 후대에도 그대로 이어져 이양익李良翊은 부친 이광찬의 행적과 생평

生平을 『중옹실적中翁實蹟』 및 한글본 『선부군언행유사』로 남겼다. 특이한 점은 한글본 『선부군언행유사』는 『중옹실적』에 실려 있는 「선부군언행유사先府君言行遺事」와 아들 이양익이 쓴 발문에 해당하는 글을 한글로 번역한 글이라는 사실이다.[99] 이 기록에서는 투식에 맞추어 의례적으로 쓰는 행장이나 묘도문자에서는 보기 힘든 한 개인의 삶의 자취를 생생히 엿볼 수 있으며, 아울러 이양익이 '중옹실적中翁實蹟'이라고 이름 붙인 데에서 알 수 있듯이, 부친의 언행과 효행孝行 및 그와 관련한 실적을 후세에 전하여 집안의 교훈으로 삼으려는 의도를 읽을

97 『八世遺則』은 定宗의 아들인 德泉君을 비롯하여 여덟 先祖의 행적을 모아 李匡贊이 편찬한 것이다. 이 책에 기록된 인물은 德泉君 李厚生, 新宗君 李孝伯, 莞城君 李貴丁, 同樞公 李惟侃, 孝敏公 李景稷, 孝簡公 李正英, 參判公 李大成, 洗馬公 李眞伋 등 8명이다. 이에 대해서는 『古文書集成』 53, 鎭安 程川 全州 李氏 西谷 李正英後孫家篇(I), 한국학중앙연구원, 2002, 해제(안승준, 박용만)참조.

98 『先世言行錄』은 현존하지는 않으나, 이종묵 교수가 『원교집』(미국 버클리대학 동아시아 도서관(아사미문고 소장본)) 해제에서 밝혔듯 『원교집』에 실린 「先世言行錄序」를 통하여 이광사가 1732년(영조8)에 始祖 德泉君 이하 先祖의 언행록을 모아 『先世言行錄』 1책을 편찬하였음을 알 수 있다. 또 『先世言行錄』의 跋文에 해당하는 「書先世言行錄後(壬子)」가 이광신의 『先藁』 3책에 실려 있어 역시 『先世言行錄』이 존재했다는 사실과 壬子年(1732)에 이광신이 『先世言行錄』에 발문을 썼다는 사실을 알 수 있다. 이광신은 이 跋文에서 先代의 언행이 '捨華而務實'로 귀결된다고 하며, 여기에서 말하는 務實은 단순히 소박하고 검약하며 거친 음식과 거친 의복을 뜻하는 것이 아니라, 겸손하고 삼가하여 마음을 다잡고 순수하고 성실하게 처신하여 명예를 쫓아 밖으로 내달리는 일이 없는 것을 의미하며 이것이 곧 덕천군파 집안에 누대에 걸쳐 내려온 家法이라고 하였다. 이 글에서 말하는 務實은 곧 이광신과 이광사가 정제두의 강화학에서 주목했던 '精深篤實한 內修'와 일맥상통한다. 아울러 이광신은 이광사가 음식과 의복에는 검소하지만, 詩文을 즐기고 암송에 마음을 뺏겨 교유를 즐기고 담론을 좋아하여 남들보다 돋보이는 경향이 있음을 경계하고, 선대의 언행록을 엮어 '實心實行'의 바탕으로 삼으려 한다면 먼저 義利와 名實을 분별하라고 당부하였다.

99 『中翁實蹟』 및 한글본 『선부군언행유사』의 구성과 차례에 대해서는 『古文書集成』 53, 鎭安 程川 全州 李氏 西谷 李正英後孫家篇(I), 한국학중앙연구원, 2002, 해제(안승준, 박용만)에 자세하며, 한문본과 한글본이 함께 전하고 있는 이 자료의 특수성과 가치에 대해 처음으로 소개하였다.

수 있다. 한문본뿐 아니라, 한글본까지 별도로 작성한 점은 이 집안의 전통과 특징이라 할 수 있는 국문國文에 대한 애착과 관심에서 비롯된 것으로 보인다.

이상에서는 팔광八匡이 정제두에게 받아들여 학문의 바탕으로 삼고 가학으로까지 전승했던 강화학이 이들의 문학에 어떤 양상으로 변용變容되었으며, 실제 시문 창작에는 어떤 형태로 드러나는지에 주목하여 실제 그들의 시론詩論과 한시를 대상으로 시상詩想, 시재詩材, 시체詩體, 역사 인식의 측면에서 살펴보았다. 그 결과 이들의 시론과 실제 창작된 시에서는 어느 정도 공통점을 발견할 수 있었고, 이를 강화학의 학문 성향과 관련하여 논해보았다. 이는 팔광八匡의 창작의식과 한시를 대상으로 강화학과 관련된 흔적을 찾아보려는 시도였으며, 팔광八匡을 과연 하나의 시 집단으로 논할 수 있는가 하는 의문을 해결하기 위한 과정이었다. 여기에서 확인한 사실로 볼 때, 팔광八匡을 충분히 하나의 시 집단詩集團의 범주에서 논할 수 있는 여지가 있다고 생각한다. 다음으로 살펴볼 시세계詩世界의 양상과 특징에서는 이를 바탕으로 이 시기 팔광八匡의 삶의 궤적과 그들의 한시가 당시 정치권에서 소외된 사대부 계층의 삶과 의식을 여실히 보여준다는 점에 주목하여 실제 비슷한 삶의 궤적을 보이는 인물들끼리 묶어 그들의 한시를 살펴보려 한다. 이를 통해 팔광八匡이 서로 다른 창작 배경 속에서 각자의 시정詩情과 시경詩境을 어떻게 형상화했는지 확인할 수 있을 것이며, 그 속에서 18세기를 소외된 지식인으로 살아가야만 했던 그들의 실제 모습과 그들이 전하려고 했던 메시지를 파악할 수 있으리라 본다.

제3부
시세계詩世界의 양상과 특징

1. 유배流配의 슬픔과 공간의 형상화

팔광八匡의 삶과 그들의 문학文學을 논하면서 빼놓을 수 없는 키워드는 바로 유배流配이다. 앞에서 살펴본 것처럼 이들은 이진유李眞儒의 죄에 연좌되어 광자匡字항렬 종형제가 모두 북변北邊 혹은 남변南邊으로 기약할 수 없는 유배에 처해졌다. 경상도 기장機張으로 유배된 이광현李匡顯을 제외하고 나머지 종형제들은 모두 北關지역으로 유배되었다. 이광명李匡明은 갑산甲山, 이광정李匡鼎은 길주吉州, 이광찬李匡贊은 명천明川, 이광사李匡師는 부령富寧으로 유배되었으며, 이광사는 그 후에 전라도 신지도薪智島로 이배移配되었다. 팔광八匡 중에 유배 생활을 하면서 시문詩文을 남긴 인물은 이광사와 이광명뿐이다. 이광사는 유배 이전에 지은 시는 몇 편에 지나지 않으며, 이광명은 유배 이전에 지은 시가 전혀 남아 있지 않다. 이광사와 이광명의 유배시流配詩가 그리 많은 편은 아니지만, 그들의 시세계詩世界를 엿볼 수 있는 유일한 자료이기에 더욱 의미하는 바가 크다. 이광찬과 이광현은 유배된 이후로 의도적으로 시를 짓지 않았다. 이광찬은 유배기 동안 아들 이양익李良翊을 칠보산七寶山으로 전송하며 아쉬운 심정을 담아 「송아유칠보산

送兒遊七寶山」이라는 5언 고시 1수만 지었으며,[1] 이광현 역시 경상도 기장機長으로 유배된 뒤로 그 지역에 사는 김생金生이란 사람을 위해 시 1수를 짓고는 시를 거의 짓지 않았다.[2] 이들은 유배기에 시를 창작하지 않아 그들의 시를 논할 수 없지만, 이광명과 이광사가 유배 시기에 남긴 시를 고찰함으로써 비슷한 처지에 있었던 그들의 정경情境을 엿볼 수 있다.

이전 시기와 당대의 유배는 어떻게 보면 사대부들이 겪을 수 있는 일상적인 고난 가운데 한가지라 할 수 있지만, 팔광八匡이 체감했던 유배의 처절함은 남달랐다. 노론・소론 간에 벌어진 당쟁의 여파로 화를 입어 가문 전체가 몰락할 위기에 처했는데도, 정작 자신들은 가문의 유지를 위해 그 어떤 일도 하지 못하고 다시 돌아올 기약이 없는 유배길에 올랐기 때문이다. 이광사는 부령과 신지도에서, 이광명은 갑산에서 각기 23년, 24년이라는 긴 세월 동안 유배 생활을 하였으며, 죽고 나서야 그토록 그리던 고향으로 돌아가게 된다.

이들이 유배 생활을 하면서 겪었던 좌절과 고독, 한恨, 울분, 그리움의 정서情緒는 기본적으로 얼마 후 해배解配가 되리라는 희망을 품을 수 있었던 여느 유배객과는 그 층위가 달랐는데, 자신의 복잡한 심사心思를 주로 서정시抒情詩를 통해 표출하였다. 또 한 가지 주목할 점은 이들은 유배지를 새로운 창작공간으로 인식하여 그 지역의 풍물과 지역민에 대해 관심을 가지고 이를 적극적으로 한시에 담아내었다는 점이다. 북관은 도성 사대부 출신인 이들에게는 낯선 곳이자 호기심이

1 李良翊, 『中翁實蹟』. "府君在謫後, 未嘗一有吟詠, 是日枕上偶思誦, 爲不肖."

2 沈魯崇, 『南遷日錄』 上. "金生笑曰, ……(중략)……問帖來有酬, 去詩篇曰, 無之, 未嘗爲吟咏漫浪事. 端坐讀經書, 如小兒課學. 相遇書贈一詩, 詩曰, 村花明小屋, 官柳覆高墻, 閉戶緣多病, 偸閒豈是狂, 樵童簪未發, 茱女折方長, 溪上悄然坐, 君來勸一觴."

가득한 곳이었기에 이들의 한시를 통해 당시 북관의 실제 모습과 그 지역에 대한 이들의 인식을 엿볼 수 있다. 여기에서는 이광사의 『원교집선圓嶠集選』, 『두남집斗南集』과 이광명의 『증참의공적소시가贈參議公謫所詩歌』에 실린 유배기流配期 한시를 중심으로 이들의 시세계를 살펴보려 한다.

1) 유배流配 체험과 진정眞情의 토로

유배지에서 창작된 문학 중에는 시가문학詩歌文學이 많은데, 그 이유는 시가문학이 유배를 당한 억울한 처지와 분노를 직설적인 감정으로 호소하기에 적합한 장르이기 때문이다. 그중에서도 가장 많은 양을 차지하는 것은 한시漢詩인데, 특히 자신의 체험을 바탕으로 창작한 서정시가 많다. 서정시가 본질적으로 '자기 상황의 발언'이라는 점에서 시인의 사실적 체험은 일종의 '확실한 체험'이라고 할 수 있다. 그 가운데 정치적인 이유에서 비롯되는 유배 체험은 사실적 체험이면서 동시에 확실한 체험으로 볼 수 있다.[3] 유배는 모든 외부 공간과의 단절을 의미하므로, 그 공간 속에서 겪는 좌절감, 고통, 울분, 한, 가족에 대한 그리움 등은 오롯이 시인 개인이 감내해야 할 몫이었다. 이광사와 이광명에게는 유배 체험을 하면서 겪는 복잡한 내면의 감정과 갈등이 한시 창작의 모티브가 되는데, 그들은 이를 적극적으로 활용하여 한 인간이 낯선 공간과 극한의 고통 속에서 느낄 수 있는 감정의 층위와 진정眞情을 고스란히 서정시에 담아내었다. 먼저 유배기 동안 서정시를 창작하게 된 동기를 읊은 한시를 보자.

3 최재남, 『체험서정시의 내면화 양상 연구』, 보고사, 2012, 154면.

1

죽고 이별하는 한	死喪離別恨
나는 말하고 싶지 않다오	吾欲不提挖
입이 아프다 한들 어찌 멈추랴	舌弊寧能已
창자가 에여도 어찌할 수 있으랴	膓摧可那何
마음 터놓고 도리나 말하고	放懷談道理
멋지게 써서 시가를 지을 밖에	奮藻叙詩歌
……(중략)……	
쓸쓸히 홀로 지내자니 회포가 많아	離索多懷抱
마음 다해 글을 갈고 닦는다오	區區附切磋[4]

2

변방에서 보내는 노년 무슨 수로 견디나	絶域那堪送暮年
바람 부는 가을 짝이 없어 홀로 시 읊네	秋風無伴獨吟篇
퇴고하는 버릇 생겨 세상 걱정 삭히고	叩槌成癖消塵慮
붓 놀리는 소리로 낮잠을 깨네	落筆有聲破晝眠
울적함 달래는데 세상일 들먹일 필요 있으랴	暢鬱何須鳴世間
괜히 번거로울까 남들에겐 전하지 않는다오	畏煩不欲向人傳
이곳엔 더불어 詩格을 논할 사람도 적으니	此中少與言詩格
홀로 읊고 홀로 즐기다 홀로 연민할 밖에	自唱自聊更自憐[5]

1은 이광사가 1756년 2월 10일에 명천明川에서 유배살이 하는 종형 이광찬에게 보내는 시의 전반부이고, 2는 이광명이 이산夷山(함경도 갑산) 유배지에서 지은 시이다. 두 작품 모두 자신들이 유배지에서 시를 지을 수밖에 없는 이유를 말하고 있다. 그 이유는 무엇인가? 이광사는

4 李匡師, 『斗南集』 2책, 「上從父兄明川謫中」.
5 李匡明, 『增參議公謫所詩歌』, 「獨吟」.

죽음과 이별의 한을 말하자면 고통을 견딜 수 없기에 사람 사는 도리나 말하며 자신의 감정을 멋지게 시로 읊는다고 하였고, 이광명은 쓸쓸히 변방에서 노년을 보내는 가운데 시를 아는 사람이 적어 수창酬唱할 이도 없는 터라 홀로 시를 읊고 즐기다 홀로 연민한다고 하였다. 이들은 자신의 울적한 심사를 달래기 위해 굳이 세상일을 들먹일 필요도 없고, 유배객의 처지로 괜히 다른 사람들과 말을 섞었다가 경을 치를 수도 있었기에 절로 몸을 움츠릴 수밖에 없었다. 할 수 있는 일이라고는 자신의 심경을 시로 읊어 울적한 마음을 토로하고 스스로를 위로하는 일뿐이었다. 표현상 특징으로 보자면 ①에서는 첫 구에서부터 '사상이별한死喪離別恨'이라고 하여 자신의 울적함을 직설적인 시어로 표출하였고, ②에서도 독獨, 울鬱, 번煩, 련憐 등의 침울하고 직설적인 시어를 사용하여 자신의 울적한 심정을 숨기지 않고 그대로 드러내었다. 특히 미련尾聯에서 '자自'를 반복적으로 써서 음률적인 효과와 함께 주위에 아무도 없는 고독한 자신의 처지를 절실하게 표현하였다. 두 편의 시 모두 유배지에서 겪는 자신의 숙명적인 고통과 외로움을 꾸밈없이 토로하였는데, 이를 통해 앞으로 살펴볼 이들의 시에서 숙명적 비애悲哀의 심상이 주조主調를 이루리라는 것을 짐작할 수 있다. 다음은 유배지에서 느낀 개인적 감회를 읊은 시를 보자.

빼어난 글씨 조화옹의 솜씨 이루려 했고	研精翰墨造天工
뛰어난 문장으로 大東을 빛내려 했건만	意貢文明耀大東
변방에 던져진 백발 신세로 살 계책 막막해	白首投荒無活計
소금과 쌀 몇 되에 목숨 부지할 요량만	事居鹽米斗升中[6]

6 李匡師, 『斗南集』 2책, 「自感」.

도를 닦으며 낮게 처신하면 허물 적으니	爲道守雌寡過尤
사람이 범처럼 두려워 교유를 끊었지	畏人如虎息交遊
속세의 시비는 아이들 장난으로 보고	塵間黑白看兒戲
외부의 벼슬은 험한 물결로 여겨 피했네	身外朱緋避險流
만사에 간여 않고 다투지도 않으며	萬事不干仍不競
일생 동안 세상일 잊고 근심도 잊었건만	一生忘世亦忘憂
누가 알았으랴 궁액 속에서 곤액 만나	誰知窮戹反罹厄
나이 육십에 모친 곁을 떠나 두 해 보낼 줄을	六十離闈二載秋[7]

두 편의 시 모두 과거에 대한 회상과 유배에 처해진 현재 모습을 읊어 자신의 과거와 현재를 대비적으로 그려내고 있다. 위의 시에서도 알 수 있듯이 이광사와 이광명은 상반된 삶을 살았다. 이광사는 젊은 시절부터 백하白下 윤순尹淳을 사사師事하여 서예로 명성을 드날렸는데, 이광려와 심노숭沈魯崇의 말에 의하면 그는 시문에도 많은 노력을 기울여 자부심이 컸던 것으로 보인다.[8] 반면 이광명은 일찍부터 도道에 뜻을 두고 남들과 교유를 끊었으며, 벼슬길에는 전혀 마음을 두지 않았다. 이광명은 부친 이진위李眞偉를 여의고 나서는 모친을 따라 어린 나이에 강화도로 이주하여 양명학陽明學의 거두巨頭였던 하곡霞谷 정제두鄭齊斗의 문하에서 수학하였으며, 도성에는 발길을 끊고 농사를 지으며 살았다.[9] 또 정제두와 사제師弟 간의 인연으로 그의 손녀사위가 되었다. 이광사도 강화도에 들어가 정제두에게 학문을 수학하였으며, 정제두의

7 李匡明, 『斗南集』 2책, 「世難」.

8 李匡呂, 『圓嶠集選』, 「圓嶠先生墓誌」. "字句詩文, 皆氣厚而力大, 句奇語重, 深見菁華, 識者謂員嶠但以其文, 亦足傳後名世云."; 沈魯崇, 앞의 글. "余嘗聞李匡師在島種匏, 及熟, 鑿其腹, 手書所爲文納其中, 以蠟緘口, 放流潮頭曰, 同文之地, 有獲而見者, 知海東有李匡師, 足矣. 其心可謂良苦, 而一切名念, 猶不能自忘."

9 이광명의 행적은 李忠翊, 앞의 책, 「先考妣合葬誌」에 자세하다.

손녀를 자신의 며느리로 삼았다. 글씨와 문장으로 세상에 이름을 떨치고자 했던 이광사도, 세상사와 벼슬길에 마음을 두지 않고 평범한 삶을 살고자 했던 이광명도 결국 백부伯父 이진유李眞儒에 연좌되어 노년에는 변방에서 끼니를 걱정하고 노모를 걱정하는 쓸쓸한 유배객의 신세를 면하지 못하였다.

두 편의 시 모두 담담한 어조로 말하는 듯하지만, 그 속에 담겨 있는 회한悔恨과 울분鬱憤을 짐작하고도 남음이 있다. 이광사의 「독좌獨坐」, 「서회書懷」, 「견민遣悶」, 「유감有感」과 이광명의 「견회遣懷」, 「광가狂歌」 등이 위의 시와 비슷한 부류의 작품이다. 다음의 시에서는 유배객의 고독, 슬픔, 적막감을 주위 정경을 중심으로 표현하였다.

늦가을 변방 산골에 달마저 그믐달　　秋暮陰山月復晦
텅 빈 숲속 객당이 더욱 캄캄하기만　　空林黑夜客堂深
쓸쓸히 홀로 앉아 짝할 사람 없는데　　悄然孤坐無人伴
깜빡이는 등불에 유독 마음 쓰이네　　明滅殘燈獨有心[10]

새벽꿈 깨고 보니 생각이 많기도 해　　曉夢醒多思
창문 밀고 동창이 밝아 오길 기다릴 제　　排窓耿候明
저 멀리 하늘에는 희미한 달빛　　遠天微月色
깊숙한 숲에는 두견새 소리만　　深樹杜鵑聲[11]

두 편의 시는 '등불[燈]'과 '꿈[夢]'이라는 일상적인 소재를 활용하여 단형短型의 7언 절구와 5언 절구로 유배객의 숙명적인 고독을 압축적으로

10 李匡明, 『贈參議公謫所詩歌』, 「對燈」.

11 李匡師, 『斗南集』 2책, 「曉夢」. 강준흠, 『三溟詩話』, 민족문학사연구소 한문분과 옮김, 소명출판사, 2006에는 「曉思」라는 제목으로 실려 있으며, 둘째 句의 '排'가 '推'로 되어있다.

표현하였다. 앞에서 살폈던 시와의 차이점은 직설적인 감정보다는 시어와 적막한 정경을 통해 자신의 고독과 슬픔을 증폭시키고 있다는 점이다. 주위 정경의 장면 제시에 집중하여 살펴보면 첫 번째 시는 변방 산골의 그믐달→빈 숲속의 객당→홀로 앉아 있는 자신→눈앞에 꺼져가는 등불로, 먼 곳에서 점차 가까운 곳으로 이동하는 작가의 시선에 따라 장면을 제시하였으며, 두 번째 시는 꿈에서 깨어 근심에 잠긴 자신→어둠으로 가득한 창밖→먼 하늘의 희미한 달빛→적막한 숲속의 두견새 울음으로, 가까운 곳에서 점차 먼 곳으로 이동하는 작가의 시선을 중심으로 장면을 제시하고, 한을 상징하는 '두견새 울음' 이라는 청각적 요소를 복합적으로 제시하였다.

두 번째 시는 강준흠姜浚欽의 『삼명시화三溟詩話』에도 실려 있는데, 강준흠은 '시상이 참으로 고고高古하여 원망을 품은 선비의 시름겨운 뜻이 담겼으니, 글자 하나마다 눈물이라 하겠다.'[12]는 평을 하였다. 이는 이광사가 시를 창작할 때에 내면의 진정眞情을 어려운 용사用事나 의도적인 꾸밈없이 평범한 언어로 진솔하게 표현하여 극진한 정情의 세계를 추구한 데서 비롯된 결과이다.

유배지는 유배객에게 자신의 울분과 고독뿐 아니라, 고향과 가족들에 대한 그리움과 우수憂愁를 일으키게 만드는 낯선 공간이었다. 이광명과 이광사는 유배 생활 내내 고향과 가족에 대한 그리움을 잠시도 잊을 수 없었다. 개인적 차원의 고독, 비애와 함께 가족들에 대한 그리움은 유배 기간 동안 이들이 서정시를 창작하는 중요한 모티브가 된다. 더구나 몰락의 위기에 몰린 집안을 수습한 겨를도 없이 거의 쫓기다시피 북관으로 기약 없는 유배를 떠났던 그들이기에, 가족 및 동기 간처

12 강준흠, 앞의 책, 앞의 글. "思致高古, 眞有怨士愁人之致, 可謂一字一淚."

럼 친밀했던 종형제에 대한 애틋한 그리움과 걱정은 남다를 수밖에 없었다. 다음의 시를 보자.

늦게 얻은 딸이라 내 끔찍이도 사랑했더니	此女晩出我絶愛
두 눈썹은 그린 듯 얼굴은 예쁘고말고	雙眉如畫多妙態
병든 어미 모시길 제법 잘하고	扶護病母能適宜
어른 물음에 대답도 잘해 가르칠 것 없었으니	應對敏給無煩誨
부모는 널 아끼기를 세상에 드문 보배처럼	父母寶若希世珍
서로 자랑하느라 입가에는 침이 질질	相矜口角雙流津
좋은 사위 가려 늘그막에 낙 삼고자 했더니	擬選佳婿娛晩景
뉘 알았으리, 나이 여덟에 부모 다 잃을 줄	誰謂八齡訣兩親
나야 생이별에 애가 마디마디 끊기지만	我今生離腸寸毁
네 어미 어이 차마 널 버리고 떠났을까	汝母何忍棄汝死
저승에서도 응당 두 눈 감지 못하리니	泉下之目應不閉
속의 응어리 말하려다 문득 절로 말문 막히어라	欲說攤胸遽自止[13]

가을바람 꿈속에서도 옛 모습 그대로이니	秋風一夢尙依然
예전에 사라져 버린 넋 변방에서도 아련해	昔日息魂憾朔天
마음이야 구천에서 달려와 모시고 싶겠지만	意欲晨昏來九地
몸은 내 곁을 떠난 지가 어느덧 삼 년째구나	身違香火倏三年
누가 있어 나를 따라 변방으로 온단 말이냐	誰從隻影千山裏
칠보상 앞에서 뛰어난 재주 늘 부러워하였지	每羨白眉七寶前
멀리서 시중들 아들 없는 어머니 생각하자니	遙憶親傍無侍子
지금 네 생각에 하염없이 눈물만 흐르는구나	到今思汝淚懸泉[14]

13 李匡師, 『斗南集』 1책, 「答女兒西瓜子」. 번역은 강준흠, 앞의 책을 참고하여 수정하였다.

14 李匡明, 『贈參議公謫所詩歌』, 「夢亡子」.

나이 예순에 팔순의 노모 떠나와	六十別來八耋老
삼천리 밖에서 어느덧 두 해째	三千里外二年徂
涪江에서는 학업 손 놓은 채 머릿결만 풍성	學蔑涪江髭髮勝
못 가에선 시 읊느라 얼굴빛이 수척	吟來澤畔色容枯
몸은 오랫동안 색동옷 입지 못하고	身邊幾曠萊衣着
뜰에서는 늘 부모님 앞을 오가는 생각뿐	庭下長思鯉對趨
이별의 한에 창자 에이느니 죽는 게 더 낫지만	離恨摧腸寧溘逝
잠시라도 말미 얻어 한 번만 뵈었으면	尙希一覲假須臾[15]

첫 번째 시는 이광사가 서울에서 딸이 보낸 수박씨를 받고 그에 대한 답으로 보낸 시로, 위의 구절은 그 후반부에 해당한다. 전반부는 어린 딸이 이광사가 본래부터 즐겨 먹던 수박씨를 잊지 않고 아비를 찾아가는 오빠 편에 전하게 된 과정과 수박씨를 까먹으며 자신에게 보낼 수박씨를 장만하느라 애썼을 딸에 대한 회상이다.[16] 늘그막에 얻은 딸자식이라 애정이 남달랐는데, 한 해 사이에 어미를 잃고 아비까지 먼 부령 땅으로 유배를 떠났기에 어린 딸을 돌봐줄 사람은 두 명의 오라비 내외뿐이었다.[17] 눈에 넣어도 아프지 않을 딸을 남겨 두고 생이별을 한 아비의 심정이 어떠했을까? 더구나 아비 생각에 고사리 같은 손으로 아비가 좋아하던 수박씨를 장만해 보냈으니, 편지와 함께 받아보았을 때의 심정은 말로 다할 수 없었을 것이다. 인용한 시구에서는 그 어떤 꾸밈과 수식을 배제하고 딸에 대한 자신의 마음을 직접 말을 건네는 형식으로

15 李匡明, 『贈參議公謫所詩歌』, 「陳情」.

16 이 시는 김동준, 「부령 유배기 이광사 한시의 내면과 진정의 지평」, 『한국한시연구』 13, 한국한시학회, 2005, 343~347면에서 眞情의 문학적 형상 측면에서 언급된 바 있다.

17 이광사의 부인 文化柳氏는 1755년 이광사가 의금부에 투옥되고 나서 3월 11일에 목을 매어 자결하였다. 이광사의 두 아들은 『燃藜室記述』을 지은 李肯翊(당시 20세)과 李令翊(당시 16세)이다.

표현하였다. 딸을 그리워하고 염려하는 애틋한 아비의 진정이 시 한 구절 한 구절에 묻어난다. 이광사의 딸에 대한 그리움은 이 시 한 수에 그치지 않고 유배 기간에 드물지 않게 보인다.[18] 강준흠의 『삼명시화』에서도 이 시를 기록하여 아비의 꾸밈없는 진정을 드러낸 시라고 높게 평가하였다.

두 번째 시는 이광명이 죽은 아들에 대한 꿈을 꾸고 지은 시이다. 이광명의 양자인 초원椒園 이충익李忠翊이 쓴 「선고비합장지先考妣合葬誌」를 참고하면, 이광명과 정씨 부인鄭氏夫人 사이에는 두 명의 딸만 있고 아들이 없어 종형제의 아들인 정효庭孝를 양자로 들였는데, 장가들기 전에 죽었다. 정씨 부인이 세상을 떠난 뒤에는 다시 정효의 종형제인 이충익을 양자로 들였다.[19] 이충익이 1816년(순조16)에 세상을 떠났으니, 이 시에 등장하는 죽은 아들은 바로 처음 양자로 들였던 정효이다. 위의 시로 미루어 보면 정효는 이광명이 갑산에 유배 오기 3년 전에 세상을 떠났다. 슬하에 아들이 없어 정효를 양자로 들였는데, 장가도 가기 전에 아들이 세상을 떠났으니, 뛰어난 재주를 지니고 요절夭折한 아들을 잃은 아비의 그리움과 슬픔은 말로 다할 수 없다. 더구나 유배객의 처지에서 다시 볼 수 없는 아들에 대한 그리움은 더 애틋하고 간절하기에 꿈에서나마 아들의 모습을 보았다. 꿈속 아들의 모습은 예전 모습 그대로이다. 죽은 아들에 대한 그리움은 이내 고향 집에서 쓸쓸히 자신을 그리는 모친에 대한 걱정으로 이어진다. 죽은 아들의 빈자리로 인한 슬픔이 강화도 고향 집에서 시중들 아들 없이 혼자 지낼 노

18 「寄幼女 2首」, 「婦女思」, 「二月晦日, 感疾伏枕, 倍念幼女, 情不自聊, 繞膝牽裾, 嬌憐在目, 强病臥草, 須便遠寄五百字」, 「憶幼女」, 「十五夜, 見月寄女兒」, 「憶女」, 「寄女」 등이 이러한 부류이다.

19 李忠翊, 앞의 책, 앞의 글. "有二女無子, 嘗以從父弟子庭孝爲子, 未娶死. 先妣沒後, 復子庭孝之從弟, 卽忠翊."

모老母 생각으로 이어지면서 아들의 부재에 대한 공허함이 더욱 크게 느껴진다.

세 번째 시는 강화도에 있는 모친을 그리워하며 지은 시이다. 유배를 온 지 두 해가 된다고 한 것을 보면 이 시가 지어진 시기는 1757년(영조 33)이다. 이광명이 갑산으로 유배될 당시 나이는 55세였으며, 모친 송씨宋氏의 나이는 75세였다. 더구나 곁에서 모친을 돌볼 사람은 아내인 정씨밖에 없었는데, 부인도 육십 가까운 나이에 몸도 성치 않았으니, 모친과 부인에 대한 걱정은 유배 기간 동안 그의 뇌리에서 한순간도 떠날 수가 없었다. 함련에서는 송宋나라 때 부주涪州에서 귀양살이했던 정이程頤와 초楚나라 때 강남江南으로 쫓겨나 못 가에서 시를 읊던 굴원屈原에 자신을 비유하여 쓸쓸한 유배객의 처지를, 경련에서는 색동옷을 입고 부모를 기쁘게 해드렸던 노래자老萊子와 뜰 앞에서 공자孔子에게 시예詩禮의 가르침을 받던 백어白魚에 자신을 비유하여 가까이서 모친을 봉양하지 못하는 안타까운 심정을 정밀한 대구對句로 표현하였다. 미련에서는 죽음보다 견디기 힘든 창자를 에이는 생이별의 고통과 꼭 한 번만이라도 모친을 뵈었으면 하는 간절한 심정을 직설적인 어조로 말하고 있다. 이 외에도 「몽배자당夢拜慈堂」, 「사가思家」를 비롯한 고향과 모친을 그리는 시가 이러한 부류에 속하는 작품이다. 모친을 그리는 이광명의 비애는 타자에 대한 따스한 연민으로 확대되어 유배지에서 목도한 사물과 지역민에게도 투영된다. 다음의 시를 보자.

어미 닭과 떨어진 병아리	鷄兒失母處
밤새도록 애달피 우는듯하여	似欲長夜哀
측은한 마음 견디지 못해	不忍惻然感
아이 불러 결국 놓아 주라고	呼僮竟放棲[20]

촌구석의 할멈 누구인가　　何物一村媼
얼핏 보기에 칠순 남짓　　年當七十餘
백발로 외로이 서 있는 모습에　　無依垂白立
주르르 눈물 흘러 소매가 흠뻑　　使我淚盈袪[21]

첫 번째 시는 이웃집에서 보내준 닭을 소재로 읊은 시로, 닭과 병아리에 자신의 감정이 투영되어 있다. 어미 닭과 떨어져 밤새도록 울어대는 병아리의 처지가 바로 모친과 수천 리 변방에 떨어져 통곡하는 자신임을 발견하고는 측은함을 느껴 결국 이웃집으로 돌려보낸다. 두 번째 시는 이웃집 할멈을 소재로 읊은 시로, 이웃집 할멈에게서 강화에서 자신을 그리는 모친의 모습을 발견한다. 얼핏 보니 이웃집 할멈의 나이가 일흔을 넘긴 모친의 나이쯤 되어 보이는데, 새하얀 백발로 홀로 우두커니 서 있다. 그 모습을 보고 있자니 어느새 모친 생각에 주르르 눈물이 흘러 옷소매를 흠뻑 적신다. 두 편의 시 모두 짧은 5언 절구의 형식을 취하여 내면의 감정을 사물에 투영해 압축적이고 효과적으로 표현했다는 점이 특징적이다. 이광명은 이처럼 그리워해 마지않던 모친을 살아서는 다시 만나지 못했다.

이광명의 모친은 1764년 강화에서 세상을 떠났는데, 국법으로는 유배된 죄인이라 해도 부모의 상喪을 당하면 고향에 돌아가서 상을 치를 수 있었다. 그런데 이광명은 당시 권력자들이 이를 가로막았던 탓에 강화도로 가서 모친의 상을 치르지 못하였으니, 그가 할 수 있는 일은 그저 밤낮으로 남쪽을 향해 통곡하는 일뿐이었다.[22] 이 사실만 보아도

---

20 李匡明, 『贈參議公謫所詩歌』, 「歸隣雞」.

21 李匡明, 『贈參議公謫所詩歌』, 「感隣媼」.

22 李忠翊, 앞의 책, 앞의 글. "……(중략)…… 後四年而宋夫人卒. 國法本聽流人歸葬親, 而爲當路所遏, 先考號慟如不欲生, 每朝夕南向臨哭. 聞者爲之流涕."

유배지에서 이광명의 운신運身과 처지가 어떠했을지 충분히 짐작할 수 있다. 여기에서는 이광명의 한시를 위주로 고찰하였지만, 이광명이 지은 한글 가사인 「북찬가北竄歌」 역시 사모곡思母曲의 정수라 할 수 있다.[23]

이광명과 이광사가 고향과 가족만큼 간절히 그리워했던 대상은 바로 자신들과 함께 유배에 처해졌던 종형제이다. 어렸을 때부터 서대문 반송방盤松方 가까이에 살며 유난히 형제간에 우애가 좋았고, 가문이 몰락의 길로 접어든 노년에는 유배형을 받아 함께 고통을 겪는 처지였으니, 서로를 그리워하는 마음은 그만큼 간절했다. 그러나 그 마음을 전할 수 있는 방법은 진정을 담은 시뿐이었다.

1

하늘은 무슨 생각으로	天公以底意
준걸들 한 집안에 모아놓고선	俊彦一家裒
운명엔 어찌 그리도 인색하여	命道獨何嗇
곤궁함과 이별의 근심 안겼나	貧困仍離憂
죽은 이는 차마 꼽지 못하고	化者不忍擧
남은 이들만 차례로 세어보네	餘人第歷籌

2

여섯째 형님은 기골이 훤칠한데다	六兄好氣骨
국량도 보통사람을 능가하지	器局超凡流
義에 처해서는 지식 알 수 있고	當義見知識
임기응변에도 능하다오	臨機運暑猷

23 「北竄歌」는 이광명의 『贈參議公謫所詩歌』 첫 부분에 제목 없이 실려 있는 국문가사로, 鄭琦鎬 교수가 처음 「北竄歌」라는 假題를 붙였는데, 여기에서도 그대로 따른다.

시골살이 삼십 년에	鄕居三十年
서울로는 발길 끊었네	城府足不投
대청에 올라선 진미로 모친 봉양	上堂葳滫瀡
밭에서는 씨 뿌리고 곰방메 질	出壟擽耬耰

3

우리 형님은 차례로는 일곱째	吾兄序居七
성품 어질기로야 기린과 봉황의 짝	仁性麟鳳侔
사물을 볼 때 늘 혹여나 다칠세라	視物常如傷
사람에 대한 사랑 어찌 후하지 않을까	愛人豈不優
집에 있을 적엔 다스림 볼만하고	居家政可觀
문장 지을 적엔 이치 잘 미루었지	爲文理善抽
친소를 구분하지 않고	勿分疏與戚
아름다운 옥구슬처럼 좋아하였지	好之如瓊球

4

여덟째 형님은 상서로운 세상의 준걸	八兄瑞世英
넉넉한 국량은 용과 같았네	德器龍其猶
儒佛仙의 근원을 다 궁구하고	三敎盡窮源
性과 命을 함께 탐구하였지	性命仍雙修
뛰어난 재주 시험할 수 없었기에	才高無可試
마음껏 유유자적하였네	所以恣浮游
문장을 업으로 삼지는 않았으나	文章不事事
말을 꺼내면 王安石과 歐陽脩도 묻히지	發言掩王歐

5

열째 아우는 천성이 인자하고 어질며	十弟慈良資
才藝가 모두 정통하였지	才藝擧精遒
일이 닥치면 미리 마음을 굳게 하고	遻事已契心

이치를 관찰하면 문득 눈이 빛났지	觀理便開眸
득실에 마음 얽매이지 않고	得喪懷無礙
마음속에 物我의 구분이 없었네	物我胸不留
만약 財用이 넉넉했더라면	若使財用足
온 집안 그 은택 입었으리	九族蒙庇庥[24]

위의 시는 이광사가 부령에 유배된 다음 해인 1756년 5월 10일에 함께 유배에 처해진 종형제들을 그리워하며 지은 작품으로, 인용한 부분은 자신이 기억하는 종형제의 모습을 하나하나 떠올리는 장면이다. 제목에서도 알 수 있듯 유배지에서 쓸쓸히 잠 못 이루는 달밤에 종형제들이 생각나서 50운韻의 장편으로 그리운 심정을 읊었다. 내용상 다섯 부분으로 나누어 살펴보자. [1]에서는 뛰어난 인물들을 한 집안에 모아 놓고, 집안을 몰락의 길로 들어서게 하여 빈곤과 고통의 가혹한 운명을 맞게 한 하늘에 대한 원망으로 도입부를 열었다. [1]에서 말한 것처럼 시에서 말하고 있는 인물들은 광자匡字항렬 종형제들로, 1755년 을해옥사 이전에 세상을 떠난 이들은 언급하지 않았다. [2]에서는 갑산의 육형六兄 이광명을, [3]에서는 길주의 친형 이광정을, [4]에서는 명천의 팔형八兄 이광찬을, [5]에서는 기장의 십제十弟 이광현을 읊었다. 자신이 기억하고 있는 종형제들의 인물됨과 그 성격을 남에게 말해주듯 하나하나 정밀하게 묘사하고 있는 점이 특징적이다. 보고파 마지않던 종형제들의 모습을 그리며 써 내려간 한 구절 한 구절에서 이광사의 간절하고 애틋한 심정을 읽을 수 있다. 이광사와 달리 이광명은 5언 절구로 자신의 心懷를 압축하여 말하였다.

24 李匡師, 『斗南集』 2책, 「對月不寐, 歷想舊遊, 愴悒齎咨, 情不可聊, 曉起作五十韻詩, 致同竄諸兄弟」(『총간』 221, 455면).

어릴 때 한 이불 덮고 지냈건만 幼少長衾樂
당시에는 그 즐거움 몰랐네 當時不自知
경주와 뇌주는 멀기만 하니 瓊雷相望遠
늘그막에 모두 가슴 에이네 遲暮共堪悲[25]

짧은 시구 안에서 과거와 현재의 공간 대비, 비悲와 락樂의 감정 대비, 유년과 노년의 시간 대비를 절묘하게 표현한 점이 특징적이다. 절구인데도 전구에서 소식蘇軾이 경주 별가瓊州別駕로 좌천되었을 적에 뇌주雷州에 있던 아우 소철蘇轍과 형제간에 편지를 주고받으며 서로를 위로했던 전고를 인용하여 자신들의 처지를 그들에게 비유한 점이 눈에 띈다. 이렇게 간절한 마음 때문이었는지 이광사는 이 시를 짓기 이전 부령으로 유배될 때 길주에서 막내 형 이광정을 만나고 난 뒤, 8년 후에 부령에서 신지도로 이배될 때 다시 길주에서 형을 만나 며칠을 함께 보내기도 한다.[26] 이광명 역시 종형제는 만나지 못하였지만, 명천에 유배된 부친 이광찬을 뵈러 갔다가 자신에게 들러준 조카 이양익을 만나서 너무나 고맙고 기쁜 심정과 다시 헤어져야 하는 아쉬움을 시로 읊었다.[27]

위에서 살펴보았듯 이광사와 이광명이 유배지에서 창작한 시는 유배생활을 하면서 한 인간으로서 겪는 좌절과 고독, 한, 울분, 그리움의 정서를 직설적으로 표현한 서정시가 주류를 이루었다. 그리고 주된 창작의 모티브는 바로 자신의 내면에서 일어나는 꾸밈없는 진정眞情이었

25 李匡明, 『贈參議公謫所詩歌』, 「憶諸從」.

26 李匡師, 『圓嶠集選』 권9, 「叔兄艾叟先生記實文」(『총간』 221, 549면). "匡師蒙恩釋, 赴謫富寧, 路過吉州, 不見纔五旬. 肌肉素豊而已盡脫, 髭髮全白矣. 後八年匡師移配湖南絶島, 復會數日, 遂訣焉."

27 李匡明, 『贈參議公謫所詩歌』, 「良姪(李良翊-필자주-)來過志懷」.

다. 다른 유배객들이 창작한 서정시에도 진정이 드러나지 않는다고 할 수는 없지만, 이들의 시에서 느껴지는 감정의 층위와는 같은 범주에서 논할 수 없다. 그 원인은 몇 대를 걸쳐 내려온 대표적인 경화세족京華世族으로 소싯적부터 어느 누구 부럽지 않은 행복을 누리다 중년 이후로 가문의 쇠퇴와 가문의 몰락을 경험하고 20년이 넘는 종신 유배형으로 여생을 마감했던 운명의 장난 같은 이들의 불우한 삶과 그 낙차에 있다. 서정시가 이들의 유배기 한시에서 주를 이루게 된 것은 이와 같은 창작 배경과 실제 창작에서 정감情感의 표현을 중시한 시 지향詩指向에서 그 원인을 찾을 수 있다. 요컨대 이광사와 이광명이 창작한 시의 특징적 면모는 심노숭이 기장 유배지에서 이광현이 남긴 한 수의 시를 보고 "고통으로 가득한 정경情境이 시를 읽는 이로 하여금 다 읽지 못하게 만든다."[28]라고 했던 평으로 귀결된다고 하겠다.

2) 북관北關의 풍토와 지역민의 포착

유배형에 처해진 시인들은 유배를 겪는 동안 자신이 대면한 낯선 현실과의 괴리에서 오는 불안감, 울분, 그리움 등 내면의 정서를 시로 드러내기도 하지만, 또 한편으로 새로운 환경과 문화를 체험하면서 좀 더 적극적인 자세로 유배지의 풍광이나 풍속, 그리고 그 지역민과 그들의 삶에 주목하여 이를 시로 형상화하기도 한다. 서정시와 아울러 이광명과 이광사의 유배기 한시에서 주목할 만한 시는 지역적 색채를 담아낸 시들이다. 이광명과 이광사가 유배 생활을 했던 곳은 어디인가? 북관에서도 가장 궁벽한 곳으로 꼽히는 갑산과 부령이었다. 북관은 조선

28 沈魯崇, 앞의 글. "書贈一詩, 詩曰, '村花明小屋, 官柳覆高墻. 閉戶緣多病, 偸閒豈是狂. 樵童簪未發, 茱女折方長. 溪上悄然坐, 君來勸一觴.' 今其詩草, 可覽索見斷簡中, 行草嬌姸流動, 尹白下特其流亞. 詩卽其家門法程, 而情境苦絶, 令人不堪讀."

을 건국한 태조太祖 이성계李成桂의 고향이 있던 곳이라 표면적으로는 중시되고 있었지만, 조선후기까지 사대부들에게는 여전히 지리적으로나 문화적으로 가장 낙후된 주변부로 인식되었다. 더구나 이곳은 극변極邊의 유배지가 많았던 곳이다. 이러한 이유로 북관은 자연히 사대부들의 관심에서 벗어나 있었으며, 거의 알려지지 않은 곳이었다.

북관 지역이 문학 공간으로 재인식될 수 있었던 것은 바로 이광명과 이광사 같은 유배객들에 의해서였다. 함경도에서도 북관은 19세기까지 개별 읍지邑誌가 제대로 만들어진 적이 없어 기본적인 지역 사정을 알려주는 기록이 많지 않다. 이러한 점을 고려할 때 유배객들이 북관에서 남긴 문학 작품들은 북관의 풍속과 삶에 대해 알려주는 '풍토기風土記'와 '세시기歲時記'의 성격을 지니며, 작품의 주제 역시 일반적인 풍광에 대한 묘사나 개인의 소회에 그치지 않고 환경과 생활양식, 풍속과 지역민이 망라되어 있다.[29] 여기에서는 이러한 특징을 보이는 시들을 중심으로 고찰해 보려 한다.

여기 富寧은 옛날 야인의 땅	維寧古野人
오래도록 성과 촌락 없었네	舊無城社建
오랑캐 소탕하여 경계 넓혔으니	盪狄拓我疆

29 이광사와 이광명보다 뒤에 북관의 유배객이 되어 마찬가지로 북관의 낯선 풍토와 지역민을 포착하여 시로 형상화한 18세기 시인들로는 朴齊家(1750~1815)와 金鑢(1766~1821)가 있다. 김려는 함경도 富寧에서, 박제가는 鐘城에서 자신의 감회와 유배지의 정경을 각각 『思牖樂府』와 『竟信堂夾袋』라는 詩集으로 남겼는데, 이들의 시에 부령에서 유배 생활을 했던 이광사에의 이야기도 등장한다. 이광사와 이광명은 시기적으로도 볼 때 이들보다 앞서 북관의 유배문학을 개척했다고 할 수 있다. 박제가와 김려의 유배기 한시에 대해서는 박종훈, 「楚亭 朴齊家의 竟信堂夾袋 小考」, 『한국한문학연구』 40, 한국한문학회, 2007; 안대회, 「朴齊家의 竟信堂夾袋와 北關風情」, 『한국한시연구』 12, 한국한시학회, 2004; 김려 지음, 박혜숙 옮김, 『사유악부 선집-부령을 그리며』, 돌베개, 1996 참조.

큰 업적의 시작은 세종대왕 때부터라네	鴻績始莊憲
내 여기 와서 남겨진 자취 찾아보아도	我來訪遺躅
풍속 거칠어 옛일 상고할 수 없네	俗椎莫稽遠
백두산은 우리나라의 진산이라	長白爲國鎭
북동쪽에 우뚝하게 솟아 있네	雄峙據癸艮
강과 벌판은 깊고도 험해	川原邃且嶮
사나운 물살 세차게 흐르네	悍湍驟溘溘
너른 땅은 모두 척박한 바위	邊陸盡磝硌
풀과 나무는 여린 것 없네	草樹無輭嫩
팔월에도 날씨는 차갑기만 하고	八月候滭沷
매서운 바람에 무릎이 시리네	風鋩謝脆鈍
냉랭한 기운 옷깃에 스며들고	冷氣緣衣褎
할퀴는 듯이 얼굴을 스치네	有觸若搯挍
이 때문에 사람들 사는 집	所以居人屋
겹겹 둘러싼 짐승 우리 같네	週塞類獸圈
마룻대와 추녀는 도끼질 않고	棟宇不施斤
땔나무가 서까래와 마루를 덮었네	亂柴覆椽檼
벽은 진흙만 바르고 종이를 바르지 않아	壁泥紙不黏
옷의 먼지 털자니 수고롭기만	襜袘勞拭摧
갈대 거적으로 흙방을 덮어	蘆簟拚土房
발자국 옮기면 흙먼지 희뿌옇네	移武漲塵坌
금방 쓸어도 금방 똑같아	方掃方復然
아이는 먼지 터느라 수고롭네	童兒疲除糞
판벌레 이리저리 기어 다니고	蟏蛸紛侵逼
벼룩과 모기도 제멋대로 날아드네	蚤蚊姿親近
깨진 창에는 빗장을 가로막아도	破窓連扂縫
밤에는 서리 이슬 뿜어내는 듯하네	霜瀣夜如潠
호랑이와 표범 마구 날뛰어	帍貔肆縱橫

으르렁거리며 사납게 설치네	吼喝耀勞劬
더운 여름에도 저녁이면 문을 닫으니	炎夏昏杜戶
찌는 열기 가마에 불을 지핀 듯	蒸熱甚窯焮
집이 가난해 부릴 일꾼도 모자라고	家貧乏使役
계집종과 사내종도 없다네	未隨婢僮們
찌든 때는 숯 그을음 같고	衣垢若煤炭
헤진 부분 꿰맨 것이 한자 한 치	縫罅或尺寸
누가 빨래하고 바느질하랴	誰澣誰綴䅌
한번 입으면 바래도록 벗지 않네	一著未卸褪
밤에도 등잔엔 기름이 없어	夜釭況無膏
관솔불로 어둠을 밝히네	松炬燃借焴
연기 자욱하게 베어드니	烟氣鬱透漤
잠시 사이에 그을음이 끼네	頃刻盡黕燻
옷이야 빨면 괜찮다지만	服涴尙可成
흉년에 끼니를 어찌 하나	凶歲底繼餫
장맛비에 물살 높게 솟구쳐	積潦勢稽天
지나간 뒤엔 밭두둑이 사라졌네	過後齋塍畈
밭과 들엔 푸른 빛 사라져	壟埜無靑色
매몰된 모습이 불타버린 듯	埋沒如經焌
부잣집에 자식 팔아 치워도	富戶鬻子女
집집마다 문서를 만들지 않네	千家無立券
팔도가 다 흉년으로 곤궁하니	八路皆歉敝
어디에서 곡식 운반하랴	何地可漕輓
이곳에는 쌀이라고는 없어	此方無秔稻
조와 기장이 최고의 먹거리네	粟稷列上飯
여러 번 뭉쳐야 한 숟가락 뜨고	屢團謹引匙
소반에 흩어진 낟알 밀어 올리네	散盤疑推捆
하늘에서 낸 것이라 남겨서는 안 되니	天物不宜殘

주워 모아 손가락으로 긁어먹네　　捃拾手指揥
숨 쉴 적에 자잘한 것 코로 들어가　　隨息細透鼻
속에서 가려워 재채기 나오네　　裏癢成嚔歕
가을 지나면 낟알조차 없으니　　秋後絶顆粒
무엇으로 한 끼를 때울꼬　　何由喫一頓
구맥과 보리 싸라기 죽은　　瞿麥和麧䴬
물리도록 먹어 권하질 않네　　飽歠不須勸[30]

위의 시는 5언 174구에 이르는 오언장편五言長篇으로, 시제詩題인 영산寧山은 이광사의 유배지였던 부령의 고호古號이다. 인용한 부분은 이광사가 유배지에 도착해 눈으로 목도한 서북지역의 험준한 지형 및 추운 기후와 백성들의 열악한 생활을 사실적으로 묘사한 전반부에 해당한다. 후반부에서는 척박한 부령 땅의 환경과 유배지에서 자신의 생활을 읊었다. 첫 부분은 이 지역이 세종대왕 때부터 국토로 편입된 연혁 및 험난한 지형과 기후를, 두 번째 부분은 지역의 가옥과 열악한 주거환경을, 세 번째 부분은 지역민의 궁핍한 살림살이와 장마와 흉년이 겹쳐 들판에는 푸른 빛조차 찾아보기 힘든 참혹한 광경을, 네 번째 부분은 본래 쌀이 나지 않는 척박한 환경과 흉년에 먹거리가 부족해 조와 기장의 낟알조차 주워 먹어야 하는 처참한 모습을 묘사하였다.[31]

30 李匡師, 『斗南集』 2책, 「寧山行」. 번역은 박준호, 앞의 논문, 282~284면을 참고하여 수정하였다.

31 이 시에서 말하고 있는 부령의 모습은 18세기 남인 인물인 李重煥(1690~1756)의 『擇里志』에서 함경도를 험악한 산천, 사나운 풍속, 추운기후, 부족한 식량 등 모든 생활 여건 면에 있어서 사람이 살아가기에는 척박하고 열악한 곳이라고 설명한 부분과 일치한다. 이중환은 이 글의 말미에서 '이런 까닭에 서북 방면의 함경·평안 두 도는 살 만한 곳이 못된다.[是故西北咸平二道不可居]'고 단적으로 말하였는데, 『擇里志』의 저술 성격으로 볼 때 이는 이중환 개인의 생각이 아니라, 이 시기 사대부가 북관에 대해 지니고 있던 일반적 인식이라 할 수 있다. 이광사의 부령에 대한

북방 유배지의 처참한 환경과 함께 이광사가 눈여겨본 것은 굶주림과 추위에 시달리고 생계를 위해 자식까지 팔아치우는 궁핍한 이 지역 사람들의 광경이다. 서울 사대부 출신인 이광사의 눈에 비친 부령의 광경은 하나하나가 문화 충격 그 자체였다. 그러나 이광사는 자신에 눈에 비친 부령의 모습을 크게는 기후와 환경부터 작게는 지역민이 밥을 먹는 모습까지 놓치지 않고 자세히 그려내었다. 그와 함께 처참하고 참혹한 현실의 고통 속에서 살아가야 하는 지역민에 대한 연민을 담아내었다. 시에 담아낸 내용으로 볼 때 한편의 '부령 풍토기'라 해도 지나치지 않다. 위와 같은 지역민의 현실은 직접 유배 체험을 한 사람이 아니면 창작할 수 없는 시이고, 장편고체시에 특장이 있었던 이광사가 아니면 지을 수 없는 시이다. 다음으로 갑산의 가옥을 읊은 이광명의 시를 보자.

빼곡히 들어선 시골 마을 평야와 나란하고	荒村撲地等平郊
몇 개의 골방에 정주간은 단지 하나	多少洞房只一庖
樺木으로 지붕 덮어 바람에 기와 날릴 걱정 없고	蓋樺虞除風捲瓦
丹砂를 발라 낮에 이엉 엮는 수고를 덜었네	被砂工省晝爲茅
얼핏 보기에 겹겹이라 거처할 곳 없더니만	汎看壘壘居無處
가까이 들어가니 방마다 각기 공간이 있네	近入旁旁各有巢
사방에는 진흙 발라 눈과 추위를 막았으니	四壁杇泥防雪沍
겨울 내내 변방 혹한은 피할 수 있을 듯	三冬能免朔寒撓[32]

이 시는 이광명이 자신이 갑산에서 셋방살이하며 살았던 가옥을 묘사한 7언 율시이다. 그가 유배생활을 했던 갑산은 우리나라에서 가장

인식도 이중환과 크게 다르지 않다.

32 李匡明, 『贈參議公謫所詩歌』, 「寓舍」.

험한 산골이라 일컫는 '삼수갑산'의 바로 그 갑산이다. "북쪽 끝자락은 백두산, 우리 땅에서 가장 외진 곳. 성의 형세는 천 겹 만 겹, 사냥하는 오랑캐와 이웃 사이.[極北白頭山, 吾東孤絶地. 城色千重裡, 獵胡一帶間.]"[33] 라고 한 이광명이 시에서 갑산이 그에게 어떤 곳으로 인식되었는지 알 수 있다. 북관은 남쪽 지역과는 지형과 환경이 다른 곳이었기에 의식주도 다를 수밖에 없었으며, 이는 유배객의 이목을 끌기에 충분했다.

갑산에서 이광명의 눈에 들어온 것은 함경도 특유의 가옥 구조였다. 함련과 경련에서 대구를 사용해 가옥의 외형과 내부구조를 잘 표현하였다. 시에서 말한 화목樺木은 함경도 지방에서 생산되는 자작나무이다. 이광명이 눈에 들어온 함경도 가옥은 강원도의 너와집처럼 지붕을 기와 대신 자작나무로 덮고, 초가집처럼 이엉으로 엮어 짚을 고정시키는 대신 화목 위에 단사丹砂를 덧발랐다. 밖에서 얼핏 볼 때는 겹겹의 구조로 거처할 만한 것이 없는 것 같더니 안으로 들어서자 방마다 각기 공간이 있다고 하였는데, 이는 바로 겹집구조로 정주간(부엌)과 방들의 일부가 전田 자형으로 구성된 함경도의 전통 가옥의 실제 모습이다. 그리고 사방 벽에는 진흙을 발라 눈과 추위를 막는다고 하였다. 이광명은 이 시에서 처음 유배지에서 마주한 갑산의 가옥이자 자신이 지내야 할 집의 구조를 상세하게 묘사하였다. 다음은 이광명이 북관의 토산물에 대해 기록한 시를 보자.

변경에 오니 삼나무보다 좋은 물건은 없어	入疆好産莫過杉
곳곳마다 숲을 이루어 바위는 뵈지 않네	處處成林不見巖
도끼든 나무꾼은 날마다 가서 대나무 쪼개듯	樵斧日趨如破竹
정주간에선 겨울 난방 위해 삼나무를 패네	鼎廚冬煐或披杉

33 李匡明, 『贈參議公謫所詩歌』, 「夷山誌韻」.

가난한 백성은 삼나무 없이 집짓기 어렵고	貧氓無此難治廈
뱃사공은 삼나무 없이 돛을 걸 수 있으랴	舟子未斯欲掛帆
화로 속의 숯은 연기 쉬이 잡혀서 좋고	罏炭莫嫌燃易歇
재가 되지 않는 특성도 희한하다네	不灰其性亦非凡[34]

고달픈 변방 객살이에	作客苦滯地
南草라 애칭되는 풀이 있네	有草愛稱南
북인들의 譚把鬼가	北人譚把鬼
남쪽엔 집채만큼 쌓여있지	南土積至菴
下品의 담바고라	品劣啖頗九
연기 독해 세 모금에	氣猛吸止三
몽롱함도 포만감도 없고	不醉且不飽
신맛도 단맛도 없지만	非酸亦非甘
마음에 들기는 금란과 같아	會心如金蘭
선물로 받으면 귤보다 좋고말고	見饋勝柚柑
밥 먹고는 입가심으로 그만	飯迄易安口
잠이 깬 뒤엔 가래 제거에 좋다오	睡起貴破痰
잠 못 이루는 밤엔 근심 살라주고	無寐夜燒愁
여름 장마엔 嵐氣를 막아주지	經霖夏障嵐
뒷간에서는 악취 막아주고	廁上闢臭惡
눈 속에선 훈훈한 연기 내뿜지	雪中吐煙酣
손님 맞을 땐 차 대신 대접하고	延賓代進茶
기생 옆에선 농담 건네기 좋지	引妓好接談
시 읊을 적엔 맑은 운치 돋우고	吟詩助淸致
잠깐 사이에 마음의 짐 덜어주기도	假隙卸重擔
양반이나 상놈이나 서로 꾸어대어	尊卑互求乞
다급하면 체면과 부끄러움도 잊기 마련	渴急忘陋慚

34 李匡明,『贈參議公謫所詩歌』,「杉」.

값 요구할 때면 주머니 뒤적뒤적	索價輒探囊
화로 앞에서는 말을 멈추기가 일쑤	逢爐數停驂
주린 배 참고서 空竹 한 모금 하고는	忍飢含空竹
속으로는 저녁밥 권하기를 바라네	謀得賣夕餤
입이 없는 사람이야 없다지만	天下口雖同
진정한 맛을 아는 이는 드문 법	滋味鮮能諳
물은 끊을 수 있을지 몰라도	斷飮猶或可
담배를 끊기가 가장 힘들다오	絶火最難堪
만일 그 옛날에 맛보았더라면	若出嘗百世
『本草經』에서 필시 감초라 했겠지	本草必先苷[35]

두 편의 시는 모두 북관의 대표적 토산물이라 할 수 있는 '삼나무[杉]'와 '담배[南草]'를 소재로 하고 있는데, 단순히 대상에 대한 서술보다는 그 특성과 실제 효용성을 포착하여 세밀하게 묘사한 점이 주목할 만하다. 이는 곧 이광명이 대상을 어떤 시각으로 바라보고 있는가의 문제와 연결된다. 구체적으로 살펴보자.

첫 번째 시는 첫 구에서부터 삼나무가 북관에서 가장 좋은 재목材木이라는 사실을 부각하였고, 이어 날마다 대나무 쪼개듯 쉽게 삼나무를 도끼질하는 나무꾼의 모습과 겨울 난방을 위해 정주간에서 삼나무를 패는 지역민의 모습을 대비적으로 묘사하였다. 경련에서는 삼나무가 가난한 백성들의 일상생활에 없어서는 안 될 필수적인 목재임을 다시 환기시켰고, 미련에서는 땔감으로서도 그만인 삼나무의 효능을 말하였다. 이광명의 눈에 비친 삼나무는 타고 남은 숯마저도 버릴 것이 없는 필수적이면서도 신기한 물건이었다. 빽빽한 삼나무 숲으로 둘러싸인 북관의 피상적인 정경 묘사에 머물지 않고, 훌륭한 재목과 땔감으로서

35 李匡明, 『贈參議公謫所詩歌』, 「南草歌」.

삼나무가 지닌 효용성을 포착하여 적극적으로 시에 담아낸 것은 일상적인 사물에도 가치를 부여할 줄 아는 그의 가치관과 북관 백성들의 궁핍한 삶을 따뜻한 시선으로 바라보는 그의 인간적인 면모에 기인한 것이다.

두 번째 시는 자신이 체험한 담배의 효능과 그 폐해를 시시콜콜하다고 할 만큼 자세히 그려내었다. 그 어떤 허위와 가공적인 요소를 배제하고 온전히 자신의 경험과 눈에 비친 실상만을 드러내었다는 점이 특징이다. 이광명의 유배지였던 갑산은 실제 조선후기에 담배의 생산지로 이름났던 곳이다. 하지만 품질은 평안도에서 나는 서초西草가 으뜸이었고, 갑산을 비롯한 관북에서 나는 담배는 맛이 독하기로 유명했다.[36] 이광명도 갑산에서 나는 담배는 연기가 독해 세 모금에 숨이 막히며, 몽롱함과 포만감도 없다고 하였다. 그러나 담배를 바라보는 이광명의 시각은 매우 호의적이다. 하품下品의 담배조차도 유배객인 그에게는 귀하디귀한 귤보다 마음이 가는 기호품이었기 때문이다. 이어서 자신의 체험담을 빌어 밥을 먹고 나서 피우는 입가심의 용도부터 마음의 큰 짐을 덜어주는 담배의 효능을 하나하나 말하였다. 말미에는 담배가 주는 여러 가지 효능과 담배 한 모금이 주는 황홀한 맛 탓에 물은 끊을 수 있어도 담배는 결코 끊을 수 없다고 하며, 만일 오래전에 담배가 나왔다면 필시 신농神農 황제의 『본초경本草經』에서 먼저 '감초'라 칭했을 것이라고 담배에 의미 부여를 하였다.

이광사도 「연초烟草」라는 제목 아래에 5언 108구의 오언장편으로 담배를 읊은 시가 있는데,[37] 담배의 전래 과정과 당시의 값어치로 시작하

36 이에 대해서는 안대회, 『담바고 문화사』, 문학동네, 2015 참조.

37 李匡師, 『圓嶠集選』 권3, 「烟草」. "烟草近始出, 農黃不得道. 吾東百年前, 聞自日本島. 擧世無不嗜, 重之甚醴.貊. 我家素排斥, 立法曾王考. 世遠俗漸靡, 邇來頗乖撓. 余從中

여 자신의 집에서는 담배를 가법家法으로 금했으나 주위 사람들이 가래에 좋다고들 하여 처음 시험 삼아 피웠다가 곤욕을 치렀던 자신의 경험담을 이야기하였다. 생략된 중반부에서는 귀국공주鬼國公主가 거의 죽을 지경에 이르러 풍습에 따라 산에 버려졌는데, 주위에 있던 담배 향기를 며칠간 맡고 완쾌되어 곱고 건강한 모습으로 다시 돌아왔다고 하며 담배의 효능을 공주가 나라 사람들에게 말해주는 대화체 형식으로 구성하여 담배에 관한 설화를 삽입하였다.

후반부에서는 "연초 담아 불붙이고 들이마시면, 일시에 곧 하늘과 하나 되네. 회충은 절로 사라지고, 장기와 습기는 절로 마르며, 사람들 적당히 취하고 깨게 만들고, 굶주림과 배부름 조절하게 하네.[盛草吸燒烟, 一時遍同昊. 蟲蟲自銷滅, 瘴溼自利燥. 令人適醉醒, 又能調飢飽.]"라고 하여 담배의 몇 가지 효능을 말하고서, 이내 세상에 떠도는 담배에 관한 효능은 모두 허황된 말이라 하며 곡식을 심을 땅에 담배를 재배하는 폐단이 술로 인한 폐해보다 심하여 식량난으로 허덕이는 당시 현실에

歲後, 濇痰恣孽狡. 膲膈梗不通, 造次將難保. 親愛競來告, 是草斯爲妙. 困急試火攻, 乍若旋麾旄. 稍稍狃爲常, 撫舊增媿懊. 家憲盡墜廢, 徒欲察幺眇. 思之足大傷, 本末已顚倒. 齊斬安稻錦, 踈屬愼練縞. 又如東周人, 並失豊與鎬. 輕重擴人問, 守鼎獨爲寶. 留羊望復禮, 意悲亦自好. 一從投斗南, 欌庭人跡掃. 相半只瓦罏, 焫烟慰悼恅. 比有中國人, 妝辭足本草. 鬼國無倫彝, 乃在東海表. 不分君親尊, 無得室廬殀. 人病命垂絶, 擔擡棄山嘌. 國王有女病, 如是使自勦. 三日遽還來, 容色更嬈狡. 擧國盡驚怪, 鬼物故訌擾. 自言經一昔, 知覺忽了了. 異馨搶鼻聞, 開眸試轉瞭. 有草葉如席, 叢蔚若羽葆. 猗儺彌山阿, 迸馥淸髓腦. 一薰一回蘇, 氣體漸和佼. 移身臥其中, 飫香達昏曉. 朝來益强直, 所以歸來早. 國人感且歎, 往驗傾黧老. 賜名曰反魂, 家家傳栽肇. 銀銅製爲器, 中間合細篠. 盛草吸燒烟, 一時遍同昊. 蟲蟲自銷滅, 瘴溼自利燥. 令人適醉醒, 又能調飢飽. 其餘讚詡語, 功力勝仙棗. 其說皆過實, 其害蓋不少. 良田幾萬頃, 不種粱與稻. 公然種妖荄, 畢境歸烟燎. 爲國先大體, 通計事理皦. 言利甚茫昧, 爲弊良大浩. 前年有聖教, 禁民釀酒醥. 凶歲米價平, 野外無餓殍. 君子反謹厚, 小人免詾攪. 聖人一言化, 大哉若天造. 烟草害甚酒, 何由聞冕璪. 諸侯戍卒什, 周官並探討. 誰復采風雅, 可收遷人藻. 遷人草與友, 失此增煩惱. 增煩惱至死, 有裨於億兆. 榮耀已甚矣, 詎敢悔恨抱."

대한 우려를 표하였다. 주로 담배의 유용한 효능에 대해서만 말한 이광명과는 달리 이광사의 담배 시는 당시 담배로 인한 폐해를 임금께 고할 수 없는 자신의 처지를 체념하며 백성들에 대한 걱정으로 끝을 맺고 있다. 여기에서 눈앞에 마주한 현실의 폐해를 우려하는 지성인의 우환의식과 백성들을 걱정하는 따뜻한 인간미를 엿볼 수 있다. 이광명은 북관의 풍속에 대해서도 관심을 지니고 시로 읊었다. 다음의 시를 보자.

이곳 풍속 매달 초이레엔	土俗月初七
밤중에 부엌 신에게 비네	夜中媚竈王
등불 밝아 나그네 잠에서 깨면	明燈起客寢
번번이 남은 떡 맛보라니 어찌할까	輒勸奈餘嘗[38]

갑산에서는 매달 초이레에 부엌 신에게 제사를 지내 복을 빌던 민간 풍속이 있었는데, 부엌 신에게 제사를 지낼 때 제수로 올리는 음식이 토병土餠이었다. 한밤중에 제사를 지내느라 밝은 불빛 탓에 잠이 깨는 일이 이광명에게는 곤욕스러운 일이었다. 그러나 매번 제사를 지내고 남은 떡을 권하는 지역 사람들의 순박한 모습과 후한 인심을 고마운 시선으로 바라본다. 또 이광명은 「격불覡祓」[39]이라는 7언 절구에서 박수무당의 푸닥거리에 대해 읊기도 하였다. 이광사는 북관 지역에 극심한 무당의 폐해를 시가 아니라 '무당을 물리치다[絀巫]'[40]라는 산문으로 기록하여 그에 대한 자신의 생각을 드러내었다.

38 李匡明, 『贈參議公謫所詩歌』, 「進祀土餠」.

39 李匡明, 『贈參議公謫所詩歌』, 「覡祓」.

40 李匡師, 『斗南集』 2책, 「絀巫」.

다음으로는 북관의 지역민들을 읊은 시를 살펴보자. 이중환李重煥(1690~1756)의 『택리지擇里志』에서는 함경도를 "국속이 문벌을 중하게 여겨 서울 사대부는 서북지방 사람과 혼인을 하거나 벗으로 사귀지 않았다. 서북 사람 또한 감히 서울 사대부와 더불어 동등하게 여기지 못하였다. 그리하여 서북 양도에는 드디어 사대부가 없게 되었고, 서울 사대부들도 그곳에 가서 사는 자가 없게 되었다."[41]라고 하였다. 조선중기 이래 사대부 지식인들이 함경도와 그 지역 인물들을 어떻게 생각했는지 알 수 있는 대목이다. 실제 조선 중기 이래 지식인들의 머릿속에는 서북지방에는 사족士族 계층이 없고 무사武士만 존재한다는 인식이 뿌리 깊게 박혀있었다. 이는 곧 이 지역 사람들을 문명인으로 받아들이지 않았음을 의미한다. 더욱이 일반 백성들에 대한 인식은 그저 기질만 억센 오랑캐와 다를 바 없었다. 무지한 백성들을 일깨우려는 다음의 시를 통해 이광명이 함경도 백성들을 어떻게 인식했는지 알 수 있다.

천지가 개벽하고 많은 세월 흘렀건만	天開地闢幾更塵
소박함 아직 남아 산골 인심 순박하기만	大樸猶存峽俗淳
음식과 옷 변변찮아 내다 팔 궁리 않고	惡食惡衣無計沽
文武를 그릇되다 여겨 자신 돌보지 않네	非文非武不謀身
단지 두더지를 찾아 기이한 재화로 여기니	只探野鼠爲奇貨
어찌 높이 나는 꾀꼬리에 특별한 봄을 알랴	豈識高鸎有別春
조정에서 넉넉히 구제하는 뜻 몸에 새겨서	須體朝廷優恤意
더욱 충신에 힘써 어진 임금께 보답해야지	益加忠信答君仁[42]

41 李重煥, 『擇里志』(朝鮮光文會), 「八道總論, 咸鏡道」. "且國俗重門閥, 京城士大夫, 不與西北人爲婚娶平交, 西北人亦不敢與士大夫抗禮, 而西北兩道, 遂無士大夫, 士大夫亦無往居者."

42 李匡明, 『贈參議公謫所詩歌』, 「警民」.

이광명은 서울 사대부들이 오랑캐와 다름이 없다고 여기는 갑산의 백성들을 무시하지 않고 연민 어린 시선으로 바라본다. 오히려 그들에게서 태초의 사람들이 지녔던 소박함과 순박한 인심을 발견하고, 좋은 먹거리와 의복이 없어서 장사를 할 생각도 없고 문무文武를 그릇되다 여겨 인간다운 삶을 추구하지 않는 사람들에 대해 안타까워한다. 또 먹고 살 걱정에 두더지를 잡는 일을 큰 횡재로 여기고, 봄날에 들리는 꾀꼬리 울음소리에는 전혀 귀를 기울일 줄 모르는 무지한 사람들에게 조정에서 백성들을 구휼하려는 뜻을 몸에 새겨 임금에게 더욱 충신忠信으로 보답해야 함을 일깨우고 있다. 분명 이광명은 기존 사대부들과는 다른 시선으로 북관의 백성들을 바라보고 있다.

북관 지역이라고 해서 전혀 시문을 하는 사람들이 없었던 것은 아니었다. 특히 서울에 살던 사대부가 유배 왔다는 소식을 들으면 조금이라도 시문을 배우려는 자들은 유배객을 찾아오기가 일쑤였다. 이광명에게는 단천端川의 김생金生과 북청北青의 오생吳生이 그런 인물이었다. 그러나 이광명은 국법으로 금한다는 이유를 들어 자신에게 글을 배우러 온 유생들을 물리친다.[43] 역적으로 유배와 있는 처지이니, 혹시라도 외부인을 맞아 글을 가르친다는 소문이 나면 어떤 고초를 겪게 될지 모를 일이었기 때문이다. 이광명은 북관의 선비들을 맞아 가르치지는 않았지만, 갑산에서 교유했던 인물들을 종종 시로 읊었다.

용진에 훌륭한 선비 있으니 　　庸珍稱望士
나이는 고희를 지났다오 　　亨筭洽稀齡

43 李匡明, 『贈參議公謫所詩歌』, 「端川金生」. "有客方來敢自隨, 空山無伴獨居時. 杜門只恐違邦禁, 莫往挾書更訪纍"; 「北青吳生」, "世棄君平日, 賢胡問楚纍, 挾書有禁令, 林下亦須知."

원로들 위한 시험 열린다면　　若展耆英試
장원의 영광 斗北을 밝히리　　魁光斗北熒[44]

왕실 자손 오래전에 갈라졌지만　　璿潢餘派幾年分
하늘 끝 변방에선 여태 만난 적 없지　　涯角未曾影響聞
천리타향에서 다행히 백대의 情誼 나누니　　千里幸伸百代誼
북으로 와서는 그대만한 벗이 없다오　　北來知舊莫如君[45]

두 편의 시에서는 자신이 유배지에서 교유했던 인물을 담았다. 두 사람 모두 관직명인 별감別監과 중군中軍으로 기록되어 성명은 알 수가 없다. 첫 번째 시에 등장하는 이 별감李別監은 칠십을 넘긴 나이로 용진庸珍에서 명망이 있었던 인물이며, 북관에서 원로들을 시험이 열린다면 장원을 차지할 수 있을 것이라는 이광명의 말로 미루어 보면 시문에도 꽤 능했음을 알 수 있다. 두 번째 시에 등장하는 이 중군李中軍은 이광명처럼 종실의 자손으로, 전주 이씨全州李氏였다. 먼 북방에서 전혀 생각지도 못한 종친宗親을 만나 더할 수 없이 기뻤고, 마음이 맞는 벗이라 그에게는 더없이 소중한 인물이었다. 이 외에도 팔십 나이를 넘기고서도 학문에 열중한 박남해朴南海라는 인물을 읊은 시와 그에 대한 만시輓詩를 비롯해 박중군朴中軍에 대해 쓴 시가 있어 이광명이 유배지에서 교유했던 인물들을 알 수 있고, 기존의 북관 사람들에 대한 편견에서 벗어나 그들의 인간적인 면모를 시에 담아내려 했던 이광명의 마음을 엿볼 수 있다.

한편 이광사는 「오군영五君詠」에서 수촌水村 권재權宰라는 부령의 인물을 시로 읊었다.[46] 권재의 인물됨과 그에 대한 이광사의 마음은 「제

44 李匡明, 『贈參議公謫所詩歌』, 「李別監」.
45 李匡明, 『贈參議公謫所詩歌』, 「李中軍」.

권재지재문祭權在之宰文」[47]에도 잘 드러난다. 그는 이광사가 신지도로 이배된 후에 칠십을 넘긴 고령으로 여섯 차례나 매년 찾아올 만큼 돈독한 우정을 나눈 사이로, 이광사에게는 잊지 못할 벗이었다. 이광사가 유배에 처해지자 모든 벗들이 등을 돌리고 몸을 사릴 때에도 그는 주위의 시선에 아랑곳하지 않고 이광사를 보고 싶은 마음에 먼 길을 마다않고 신지도를 방문했다. 또 장한좌張漢佐라는 인물에 대해서는 시가 아니라 전傳의 형식을 빌려[48] 그의 가계와 인물됨을 상세히 말하고, 세상에 쓰일 만한 재목임에도 불구하고 북관에서 태어나고 자랐다는 이유로 영락한 삶을 살 수밖에 없는 현실 세태에 감개를 토로하였다.

이들의 유배기 한시에서는 한 인간으로서 겪는 좌절과 고독, 한, 울분, 그리움의 정서를 직설적으로 표현한 서정시가 주류를 이루었지만, 위에서 살펴본 것처럼 북관의 낯선 풍광이나 풍속, 그리고 그 지역 사람과 그들의 삶에 주목하여 지역적 색채를 담아낸 작품들도 상당한 비중을 차지했다. 이는 이광명과 이광사가 사대부들의 관심에서 벗어나 있으며 거의 잘 알려지지 않았던 북관을 문학 공간으로 재인식하여 그 속에서 소재를 취하여 적극적으로 한시에 담아내려고 했던 노력의 결과이다. 그들의 시 속에는 북관의 풍토, 기후, 의식주, 새로운 인물 등 이들과 같은 유배객이 아니면 담아낼 수 없는 18세기 북관의 사실적 풍정이 고스란히 그려져 있다. 또 북관이 문화적으로 낙후한 곳이라는

46 李匡師, 『斗南集』 2책, 「五君詠」. 유배지에서 다섯 명의 벗을 그리며 지은 시로 그 대상은 權在之, 金章卿, 李子明, 權善之, 李子翼이다.

47 李匡師, 『圓嶠集選』 권6, 「祭權在之宰文」(『총간』 221, 511면). "余有知心友, 水村權翁, 以大耋, 比六歲. 歲訪我于窮溟, 至今歲壬辰三月矣. 是冬, 復爲見我南下, 至錦南茅山病. 十月庚寅告復, 十一月戊戌, 赴至壽北, 北臨慟哭. 越四日昧爽, 復經而哭, 摛文須伻, 使子肯翊設酒殽."

48 李匡師, 『斗南集』 2책, 「張漢佐傳」.

기존의 선입견에서 탈피하여 북관을 있는 그대로 바라보고 지역 사람들에게서 순후하고 순박한 인간미를 발견하였다. 이는 이광명과 이광사가 20년이 넘는 세월을 북관에서 지내며 그들의 삶을 생생하게 목도하고 따스한 시선으로 바라보았기에 가능했던 일이다.

실제 조선후기에는 현실주의와 사실주의적 경향을 띄는 한시가 많이 등장하는데,[49] 이러한 창작 경향은 유배를 경험한 문인들이라고 해서 예외는 아니다. 오히려 유배를 경험한 문인들이 유배지의 풍정과 인정세태를 정밀히 포착하고 그 속에서 소재를 취해 자신의 눈 앞에 펼쳐진 세계를 더욱 더 사실적으로 그려내었다. 이광명과 이광사보다 한 세대 뒤에 전라도 강진과 경상도 김해에서 유배 생활을 했던 정약용(1762~1836)과 이학규李學逵(1770~1834)와 같은 문인들이 유배지에서 창작한 시들이 그에 해당한다. 조선후기 유배시의 범주에서 보더라도 이광사와 이광명이 유배 체험을 통해 창작한 북관의 '풍토기風土記'와 같은 시는 정약용과 이학규에 앞서 유배지의 현실과 유배 지역의 문화, 생활, 풍속 인물 등 다방면에 걸친 특징을 지역민의 생활 속에서 포착하여 그 당시 지역민의 현실과 생활상을 담아내었다는 점에서 큰 의의가 있다.

2. 시사詩社의 결성과 지식인의 갈등

팔광八匡 중에 이광신李匡臣과 이광찬李匡贊은 18세기 시사詩社와 관련하여 주목할 만한 인물이다. 이들은 이광찬의 부친인 서천西泉 이진

49 이조후기 현실주의와 사실주의 경향을 띄는 한시에 대해서는 임형택, 『이조시대 서사시』 (상),(하), 창작과 비평사, 2002; 진재교, 『이조후기 한시의 사회사』, 소명출판사, 2001 참조.

급李眞伋을 중심으로 서천매화사西泉梅花社를 결성하여 활발한 창작활동을 펼쳤다.[50] 이광신의 『선고先藁』와 이광찬의 『중옹유고中翁遺稿』에 실려 있는 한시는 상당수가 매화사 모임에서 창작된 작품이다. 당파黨派로 보면 소론少論에 속하는 이진급은 소론뿐 아니라 당색을 뛰어넘어 서대문 인근에 거주하던 남인南人과 함께 매화사를 결성하여 활발한 시사활동을 이어갔는데, 그 주축이 된 인물은 바로 서주西州 조하망曺夏望과 국포菊圃 강박姜樸이다.

서천매화사는 당시 치열했던 노론老論・소론少論 간의 당쟁에서 밀려나거나 정치권에서 소외된 소론계와 남인계 문인이 함께 결성했던 시사라는 점에서 큰 의미를 찾을 수 있지만, 이진급을 비롯해 서대문 인근에 살던 팔광八匡이 함께 참여했기에 그들의 교류 양상과 시작詩作을 엿볼 수 있다는 점에서도 의미가 있다. 여기에서는 그들의 시를 고찰하여 정치적으로 소외되었던 당시 지식인들이 어떤 시각으로 현실을 바라보았고 이를 어떻게 시로 표출하였으며, 한시 창작을 통해 지향하고자 한 바가 무엇이었는지에 대해 규명해 보려 한다. 그 중심이 되는 것은 『선고』와 『중옹유고』에 실린 이광신과 이광찬의 한시이다.

1) 동인同人의 결속과 진의眞意의 추구

시사詩社는 시 창작을 지향하는 인물들이 모여 만든 동인同人들의 모임이다. 18세기 시사는 이전 시기의 시사와는 차원이 다르게 활성화되

50 西泉梅花社에 대해서는 심경호, 앞의 논문, 1997, 246~250면에서 '이광신의 교유관계와 西泉詩社'에 관한 연구에서 처음 소개되었고, 부유섭, 앞의 논문, 2009, 84~85면에서 菊圃 姜樸의 교유관계를 다루면서 언급되었다. 그 후 이승용, 앞의 논문, 2015에서 이광찬의 생애와 시세계를 연구하면서 西泉梅花社의 결성 시기와 배경, 구성원에 대해서 더 자세히 밝혔다.

어 크고 작은 많은 시사가 결성되어 활동하였다.[51] 이 시기에 활성화된 시사 중에는 이전의 다른 시사와 달리 당파의 폐쇄성이 와해된 시사가 등장하기도 하는데, 서천매화사가 그에 해당한다. 시회詩會가 이루어진 곳은 '서천매화사'라는 시회의 명칭에서 알 수 있듯 국중國中의 명품名品 매화梅花가 있던 이진급의 가택家宅[52]을 비롯해 대부분 서대문 근처에 있는 매화사 구성원들의 가택과 원정園亭이었다.[53] 시사는 창작을 위한 모임이란 시사의 기본 성격을 잃지 않으나 오로지 창작을 위한 모임이 아니라 정치적 결사의 동인회同人會의 성격, 과거 공부나 경전 공부를 위한 강독회講讀會의 성격, 매화나 국화와 같은 화훼를 감상하는 화류회花柳會의 성격, 좋은 철 명승지 나들이를 겸한 야유회野遊會의 성격, 집안 친족이나 친구들과 친목을 도모하는 친목회親睦會의 성격, 서화골동이나 음악의 감상을 겸하는 감상회鑑賞會의 성격까지 겸하고 있다.[54] 그렇다면 서천매화사는 어떤 성격의 모임이였던가? 이광찬이 그의 동생 계행季行 이광민李匡敏(1715~1737)을 위해 지은 묘지명墓誌銘과 이광신이 매화사가 처음 결성되던 날 읊은 시에서 그 성격을 유추할 수 있다.

---

51 18세기 詩社의 현황과 전개 양상에 대해서는 안대회, 앞의 논문, 2013 참조. 18세기를 비롯해 조선후기에 활동했던 시사에 대해서는 심경호, 「조선후기 시사와 동호인 집단의 문학 활동」, 『民族文化硏究』 31, 고려대학교 민족문화연구원, 1998 참조.

52 李良翊, 『中翁實蹟』. "西泉公畜梅二本, 國中名品也. 與諸老人結契爲眞率會, 名曰梅花社. 伯子丘嫂每營辦治具罇爵靜潔, 間以糕臛鹹鱐, 府君與諸兄弟列侍杖屨, 肆筵授几, 進退有序, 油油翼翼, 座客艶歎之, 比之荀氏八龍, 酒數行, 出詩令, 諸父爲在陰之和, 府君卽席篇就, 曺西州[夏望參議], 姜菊圃[樸通政]諸公, 咸却筆, 推詡以宗匠."

53 이광신의 『先藁』에 의거하면 詩會가 이루어진 園亭 가운데 燕超亭은 曺夏望의 亭子이며, 園逋亭과 更佳亭은 李匡臣의 亭子이다. 西泉梅花社 모임이 이루어졌던 장소에 대해서는 『附錄』 참조.

54 안대회, 앞의 논문, 427면.

> 先君(李眞伋-필자주-)께서는 만년에 盆梅 두 점을 기르셨다. 오래된 등걸에 구불구불 서려 있는 모습이 금 규룡과 오래 묵은 이무기 같았는데, 國中의 名品이었다. 선군께서 돌아보고 흐뭇해하며 이웃에 사는 두세 명의 詩人과 함께 감상하며 시를 짓곤 하셨으니, 이른 바 "梅花社"이다. 우리 從兄弟 열 명도 모두 줄지어 늘어서서 모시고 酬唱하였는데, 매화 향기가 짙게 풍길 때면 참담한 마음에 시를 짓는데 골몰하였다. 季行이 弱冠의 나이로 가장 어렸는데, 바람 안은 돛단배와 軍陣의 말처럼 거침없이 붓을 놀려 여러 老兄들은 뒤에서 눈만 휘둥그레졌다. 曺西州 雅仲과 姜菊圃 子淳은 당대에 詩로 자부하던 분들인데, 늘 입이 닳도록 아우의 뛰어난 재주를 칭찬하였다.[55]

문단에서 우뚝하신 서주와 국포 어른	西州菊圃蔚詞林
평생 처음 만나 무슨 마음 들었던가	傾蓋居然有底心
교분 맺어 금세 青眼으로 기뻐하고	交契已爲青眼喜
詩情은 훌쩍 푸른 구름 속으로 들었네	詩情翻入碧雲深
旗亭의 빼어난 곡조 선후 가릴 수 있으랴	旗亭妙曲誰先後
石鼎의 높은 가락 예나 지금이나 마찬가지	石鼎高吟自古今
白戰의 맹주들이 의기를 집중할 때	白戰主盟偏意氣
小梅는 거문고 곁에서 빙긋이 웃음 짓네	小梅含笑傍瑤琴[56]

위의 글과 시에서 서천매화사의 결성 동기와 성격 및 참여 인물을

---

55 李匡贊, 『中翁遺稿』, 「亡弟季行墓誌銘」. "先君晚年, 蓄二盆梅, 古査蟠挐, 如金虯虯老螭, 蓋國中名品也. 先君顧而樂之, 與隣曲二三詩人, 同賞吟詠, 所謂梅花社也. 吾群從十人, 亦皆雁行, 列侍爲在陰之和. 當其花香馥郁, 匠心慘憺. 季行以弱冠最少, 風檣陣馬, 筆墨橫飛, 諸老兄瞠乎後也. 曺西州雅仲, 姜菊圃子淳, 詩眼空一世, 未嘗不嘖嘖歎其絶才."

56 李匡臣, 『先藁』 1책, 「家叔父邀曺西州姜菊圃於梅下爲詩會, 是日兩詞伯傾蓋初也, 自此遂結梅社」. 이 시는 심경호, 앞의 논문, 1997, 248면에서 처음 인용되었는데, 매화사의 결성과 관련하여 중요한 작품이므로 재인용 하였다.

알 수 있다. 먼저 참여 인물을 보면 서천매화사의 사백詞伯은 조하망과 강박이며, 주된 구성원은 서천 이진급과 그 자제인 이광찬 형제, 서대문 지역에 거주하던 종형제, 조하망, 강박이었다.[57] 조하망과 강박은 나라 안에서 명품으로 소문이 났던 매화 두 그루가 있는 이진급의 집에서 처음 만났는데, 이진급의 집은 서대문 초미우물 인근에 있었다. 두 사람은 이날 처음 만났지만, 예전부터 알고 지낸 친구처럼 그 자리에서 의기투합하였다. 그 자리에는 이광신과 이광찬을 비롯한 팔광八匡 종형제들도 함께 있었다.

서천매화사는 이진급의 집에 있는 매화를 구경하며 서로의 친목을 도모하고자 결성된 모임이기에, 화류회와 친목회의 성격을 동시에 갖는 시모임이라 할 수 있다. 또 정치적 결사로 보기에는 어려운 점이 있지만, 집권 세력인 노론에 동일한 정치적 입장을 지니고 뜻을 같이하는 동인들의 모임으로 볼 수 있다. 서천매화사는 매화를 감상하고 시를 창작하는데 일차적인 목적이 있었지만, 동일한 정치적 입장을 지닌 구성원들의 결속과 친목 도모 역시 시회 결성의 중요한 요인이었다. 결론적으로 말하자면 서천매화사의 결성에는 동인의식同人意識이 기저基底로 작용한 셈이다.

그렇다면 매화사가 시 창작을 통해 지향한 점은 무엇이며 이는 어떻게 시로 표출되었는가? 매화사에서 드물지 않게 보이는 연구시聯句詩의 창작에서 그 일면을 일볼 수 있다. 이들은 기미년(1739, 영조15) 상원일上元日에 이진급의 집에서 시회를 열었는데, 이날 모임에는 남인에 속하는 강필경姜必慶과 강필연姜必淵도 참석하였다. 강필경과 강필연은 사촌이며, 모헌慕軒 강필신姜必愼(1687~1756)과는 육촌지간이다. 강필신

57 이 밖에도 西泉梅花社에는 강박의 친척인 姜必慶과 姜必淵, 조하망의 조카인 曺命采 등도 드물게 참여한 것으로 보인다. 이에 대해서는『附錄』참조.

은 강박을 비롯한 남인들의 시 모임인 연사蓮社의 일원이었기에 강필경과 강필연은 강박과의 인연으로 매화사에 참여한 것으로 보인다. 이날의 모임에서는 돌아가며 연구시를 지었다.

매화사 잊기가 어려워	難忘梅花社
西泉으로 달구경 하러 왔네 [강박]	西泉踏月來 [菊圃]
좋은 밤 봄빛 고요하고	春光良夜靜
좋은 계절에 보름 돌아왔네 [이진급]	佳節上元回 [家大人-李眞伋]
그림자는 새해로 가득 들고	影入新年滿
남은 향은 묵은 해 열어주네 [이광찬]	香餘舊歲開 [己-李匡贊]
마음 맑아 졸음 쏟아지고	心淸寫着睡
승경에 술잔을 머금어보네 [강필연]	景勝可含盃 [姜靜叔-必淵]
고요한 합문 볼 만하고	靜閤看方足
큰길 역시 흥을 재촉하네 [이광신]	長衢興亦催 [園逋-李匡臣]
둥근 달빛에 새해인 줄 알겠고	圓光知有歲
暖律 불어 잿가루 날리네 [강필경]	暖律又移灰 [姜善應-必慶]
늘그막에 풍류 즐기니	遲暮風流在
태평성대의 기상 있구나 [강박]	昇平氣象恢 [菊圃]
함께 洛社耆老會 즐기며	同遊洛社老
다시 建安의 재주 떠올리네 [이진급]	還憶建安才 [家大人]
大樹가 무슨 필요 있으랴	大樹何須設
玉山이 무너지려 하는데 [이광찬]	玉山且任頹 [己]
손님 맞아 음식 가득한데	留賓盤有饌
시 짓느라 촛농은 쌓이네 [강필연]	覓句燭成堆 [靜叔]
경물에는 원래 금하는 것 없으니	景物元無禁
마음 역시 시샘이 없네 [이광신]	襟懷也不猜 [園逋]
濟南에서 한 명이 준다고 한들	濟南雖減一
모두 雪樓(李攀龍)의 재주라네 [강필경]	俱是雪樓材 [善應][58]

연구시는 두 사람 또는 여러 사람이 각각 지은 시 구절을 연결하여 만든 시이다. 이유원李裕元(1814~1888)은 연구시를 두고 "사람의 의기意氣가 서로 투합하고 필력筆力이 서로 걸맞은 연후에 가능한 일이다. 그렇지 않으면 개 꼬리를 담비 꼬리에다 붙여 놓는 것과 같아서 후세 사람들의 비평을 면하기가 어렵다."[59]고 하였다. 연구시는 특히 시회에서 자주 쓰이는 시 형식으로 친목과 결속을 다지는데 유용한 형식이지만, 구성원들의 결속과 필력이 뒷받침되어야 지을 수 있는 시 형식이라는 말이다. 최초의 연구시는 1인 1구로 매구 압운每句押韻한 한무제漢武帝 때의 「백량대柏梁臺」이다. 1인 1구에 압운하는 백량대체柏梁臺體 외에 이익李益 등의 「천진교연구天津橋聯句」와 같은 1인 1구 격구 압운隔句押韻 형식, 가충賈充 등의 「여이부인연구與李夫人聯句」와 같은 1인 2구 격구 압운 형식, 백거이白居易 등의 「희청연구喜晴聯句」와 같은 1인 4구 격구 압운 형식 등이 뒤이어 나왔다. 이외에 한유韓愈와 맹교孟郊가 지은 「성남연구城南聯句」처럼 한 사람이 기구起句를 지으면 다음 사람이 대구對句와 다음 연의 기구를 짓고, 다시 다음 사람이 앞사람의 기구를 받아 대구와 다음 연의 기구를 지어 내려가 마지막 한 사람이 대구만을 지어 마무리하는 독특한 형식도 만들어졌다.

위의 시는 「여이부인연구」처럼 격구 압운의 형식으로, 강박 → 이진급 → 이광찬 → 강필연 → 이광신 → 강필경의 순서로 1인 2구씩 정월 대보름 밤의 즐거운 정취를 읊었다. 첫 구의 서천西泉은 이진급의 집이 있던 서대문 미천尾泉으로, 이진급의 호號이기도 하다. 시의 내용으로

---

58 李匡贊, 『中翁遺稿』, 「上元梅下聯句」.

59 李裕元, 『林下筆記』 권2, 「瓊田花市編」. "聯句詩起自柏梁, 人各一句, 集以成篇. ……(중략)…… 然必其人意氣相投, 筆力相稱然後能爲之. 否則狗尾續貂, 難乎免於後世之議矣."

보면 이날의 모임을 송宋나라 때의 고상한 모임이었던 낙사기영회洛社耆英會에 견주었고, 참여 인물을 문학으로 이름이 높았던 후한後漢의 건안칠자建安七子와 명明나라 문인으로 제남濟南 출신인 이반룡李攀龍에 견주었다. 옥산玉山이 무너지려 한다는 말은 술에 흠뻑 취했다는 뜻으로 죽림칠현竹林七賢의 한 사람인 혜강嵇康의 고사를 인용한 것이고, 촛농이 쌓인다고 한 것으로 보아 이날은 불을 켠 초에다 금을 그어 놓고 그 금에 닿을 동안에 빨리 시를 짓는 각촉부시刻燭賦詩의 방식을 쓴 듯하다. 이로 볼 때 매화사의 연구시는 곧 구성원들의 결속력과 필력을 대변하는 시라 할 수 있는데, 서천매화사 모임에서는 연구시를 드물지 않게 창작하였고, 때로는 창작한 연구시에 각각 차운시를 짓기도 하였다.[60]

매화사 모임에서 선호했던 연구시의 창작은 팔광八匡의 시모임에서도 자주 활용하였으며, 이 집안의 부자 혹은 숙질 혹은 형제 종항 간에도 한시 창작에서 연구를 자주 활용하였다. 다음의 예에서 이를 확인할 수 있다.

봄에 병든 형을 위해 병문안 길 나서니 [匡彦]	新春爲訪病兄來 [伯]
아득히 보이는 북한산 북쪽엔 아직 눈 쌓여있네	漠漠華陰雪不開
셋은 나란히 말 타고 나머지 셋은 뚜벅뚜벅 [匡贊]	三騎聯翩三步屧 [仲]
한 차례 숲을 통과하고는 한 차례 배회하네	一林穿過一徘徊
수척한 얼굴로 우선 한 해의 이별 위로하고 [匡尹]	衰顔且慰經年別 [任]
정담 나누고는 기약대로 이틀 밤 묵고 돌아오네	情話仍期信宿回
반나절 교외 길은 온통 진흙탕으로 뒤범벅 [匡呂]	半日郊行霑濕盡 [載]

60 李匡臣, 『先藁』 1책, 「梅下聯句」; 「泉社聯句仍各步韻」; 「上元夜泉社聯句各步韻」 등이 이러한 종류이다. 이광신과 이광찬은 매화사 모임뿐만 아니라, 八匡의 모임과 기타 少論 인물과의 모임에서도 연구시를 창작하였다. 이에 대해서는 『附錄』 참조.

자주 차가운 술잔 쥐고서 봉놋방 화로에 데우네 [匡彦] 店爐頻把煖寒杯 [伯][61]

위의 시는 바로 연구시가 팔광八匡의 연대의식을 대변하는 시라는 점을 말해준다. 이 집안은 광자匡字 항렬과 그 아래 항렬인 익자翊字 항렬이 주로 일가 간의 모임이나 시회에서 자주 연구시를 지어 친족 간의 결속과 우의를 다졌으며, 연구제문시聯句祭文詩, 연구회문시聯句回文詩 등 다양한 장르에 창작 방법을 모색하였다.[62] 이 시는 종형제가 경기도 고양高陽 삼휴리三休里에서 병을 앓고 있던 무망헌無妄軒 이광태李匡泰[63](1693~1754)에게 문안을 갔다가 돌아오는 길에 지은 작품으로, 을해옥사가 일어나기 이전에 종항 간의 우애를 엿볼 수 있는 시이다.[64] 함련을 보면 이날 동행한 인물들은 여섯 명인데, 시를 지은 네

61 李匡贊, 『中翁遺稿』, 「新春雪中與諸兄弟或騎或步訪三休病兄馬上聯句, 辛未年(1751)」. 각각의 인물이 지은 詩句의 말미에 字를 기록하였는데, 襄仲은 李匡贊, 聖任은 李匡尹(匡呂의 兄), 聖載는 李匡呂이다. 伯은 처음에 左伯 李匡輔로 보았으나, 이 때에 이광보는 세상을 떠났으므로, 李匡贊의 큰 형인 李匡彦을 말하는 것으로 보인다.

62 이 집안의 聯句詩와 그 특징은 박용만, 앞의 논문, 2004에서 자세히 다루었다. 이 논문에서는 『篋中集』을 중심으로 八匡 아래 翊字 항렬인 天翊(匡敏의 子), 肯翊(匡師의 子), 令翊(匡師의 子), 文翊(匡顯의 子), 忠翊(匡顯의 子, 匡明의 後嗣)간에 지어진 聯句를 중심으로 논하였는데, 이 책에서는 이를 확장하여 이광찬의 『중옹유고』와 이광신의 『선고』에 실린 八匡의 聯句를 위주로 논하도록 한다. 이는 八匡의 文學的 전통이 翊字항렬에게 그대로 계승되었다는 점을 밝히는 데에도 의미가 있다.

63 李匡泰는 이 책에서 처음 언급되는 인물로, 이광사의 큰형이다. 字는 和甫, 號는 無妄軒으로, 雙湖 金載海의 문하에서 수학하였으며, 1727년(영조3) 靖陵參奉에 제수되었으나 나아가지 않았다. 晩年에 중풍을 앓았다고 하는데, 위의 시가 지어진 시기가 이광태가 죽기 3년 전인 신미년(1751)이므로, 이 당시에 이미 병세가 깊었던 것으로 보인다. 이광사가 모친의 묘지명[先妣貞夫人坡平尹氏墓誌]에서 "先公屛居高陽三休里."라고 말하였으므로, 高陽 三休里는 이광사의 부친 角里 李眞儉이 한때 거처하던 곳인데, 맏아들인 이광태가 계속 머물러 살았던 것으로 보인다. 이광태에 대해서는 이광사가 지은 「無妄軒先生墓誌銘」(『圓嶠集選』 권7(『총간』 221, 524면))에 자세히 보인다. 이광찬의 「중옹유고」에서 '參奉兄'이라 일컫는 인물이 이광태이다.

64 이들은 인근에 살았던 종형제 뿐 아니라, 宗族들과도 관계가 돈독하였다. 『先藁』의

명 이외에 두 명의 종형제가 더 있었음을 알 수 있다. 위의 연구시는 7언 율시의 형식을 취하여 4명이 한 구 혹은 두 구씩 나누어 지은 것이다. 이영익李令翊(광사의 자子)의 『신재집信齋集』에 실려 있는 「연기왕간동천종형병, 도중연구, 회문체聯騎往看洞泉宗兄病, 途中聯句, 回文體」라는 작품은 위에서 팔광八匡이 창작하였던 7언 율시의 연구형식을 활용하여 강화江華 통진通津의 동천洞泉에 살던 세익世翊(광태匡泰의 자子)을 문안하러 갔던 동일한 정황에서 지은 시이다. 이 작품은 분연分聯을 달리하여 회문체回文體의 방식을 취하였는데, 여기에서 팔광八匡의 후대가 한시를 창작할 적에 선대先代의 문학적 전통을 계승하는 동시에 새로운 변화를 추구했다는 사실을 분명하게 엿볼 수 있다.[65]

「荷西宗會」와 『중옹유고』의 「荷西宗會呼韻敬次」를 통해 이진급과 6촌간이었던 荷西 李眞淳의 집에서 宗會가 열렸음을 알 수 있고, 『중옹유고』의 「義郎宗人挽 代家大人作」과 『이참봉집』의 「義朗宗人挽詞代作」을 통해 그 사실을 확인할 수 있다. 義郎은 덕천군파 系派의 시조인 德泉君 李厚生(1397~1465)의 祠宇가 있는 公州 儀朗面을 가리킨다. 의랑면은 후에 儀堂面으로 명칭이 개정되었다. '義'와 '儀'의 글자 차이가 있지만, 이는 표기에서 일으킬 수 있는 관습적 오류이다. 덕천군의 묘소는 본래 남한산성 서문 밖에 있었는데, 근래에 이곳으로 옮겨졌다. 덕천군의 신도비명은 이광사가 지었다. (『圓嶠集選』 권7, 「始祖德泉君神道碑銘」(『총간』 221, 514면).

65 「聯騎往看洞泉宗兄病, 途中聯句, 回文體」를 제외하고 『篋中集』에 실린 聯句의 제목과 작자를 살펴보면 다음과 같다. 「寒井聯句」: 이 작품은 敬仁(李匡彦 子-榮翊), 性源(李匡敏의 子-天翊), 純士(李匡顯의 子-文翊), 長卿(李匡師의 子-肯翊), 幼公(李匡師의 子-令翊)이 번갈아 가며 읊어 자기들의 그리움과 괴로움을 李匡師에게 전한 것이다. 「立春聯句」: 이 작품은 이광사와 이영익이 읊은 것으로, 이것은 임금의 은혜를 봄에 비유한 이광사의 感恩이 담겨있다. 「晩秋聯句」: 이 작품은 이광사와 그의 두 아들 이긍익, 이영익이 함께 읊은 것이다. 「清潭聯句」: 性源(李天翊), 長卿(李肯翊), 幼公(李令翊)이 清潭의 아름다움을 읊은 것이다. 「憫旱聯句」: 이 작품은 가뭄을 안타까워하는 聯句로 性源, 虞臣(李忠翊), 幼公이 비가 내리기를 바라며 지은 작품이다. 「喜雨聯句」: 이 작품은 幼公과 性源이 비가 내리는 것을 기뻐하며 지은 것이다. 「椒園次韻」: 「喜雨聯句」에 李忠翊이 차운한 시이다. 「祭獻納族兄」: 이 작품은 李天翊, 李忠翊, 李令翊이 족형인 李重海의 祭文으로 지은 聯句이다. 「秋盡日中林景質林景朝同會」: 이 작품은 性源, 虞臣, 幼功이 함께 읊은 것이다. 「立巖聯句」: 이 작품은 性源, 林景質, 林景朝, 虞臣 네 명이 읊은 것이다.

연구시는 다른 시와는 달리 여러 명이 하나의 운韻을 써서 한 편의 시를 완성해야 한다는 제약이 있다. 따라서 시를 짓는 구성원들의 창작 능력이 무엇보다 중요하다. 앞 사람이 제시한 시상을 이어받아 뒷사람에게 연결해야 하고 주로 유희의 시회에서 지어지는 특성상 즉흥적인 순발력이 절대적인 만큼 개개인의 능력이 요구된다.[66] 그러나 연구시의 형식적 제약에 크게 구애받지 않고, 드물지 않게 친척들 간의 모임이나 시회에서 연구시를 활용한 점에서 이들의 뛰어난 창작 능력과 실험적 시도를 다시 한번 확인할 수 있다.

이광찬에 의하면 매화사는 '명상아시命觴哦詩, 이사연울以寫悁鬱'하는 것이 목적이어서 여러사람들과 창화唱和하고 즉사卽事와 즉경卽景을 취하여 '진의난만眞意爛漫'을 취하였을 뿐, 시를 지으며 신기新奇를 다투지 않았다고 한다.[67] 이는 시를 연마하거나 시기詩技를 다투기보다는 매화를 감상하며 술자리와 시회를 열어 답답한 가슴 속의 심사를 쏟아내며 불우한 자신들의 처지를 위로하는 데 의의를 두었다는 뜻으로, 매화사 구성원들 및 이광찬과 이광신의 시가 추구하는 창작의 특징과 지향점을 대변하는 말이기도 하다. 매화사의 일원이었던 조하망의 시에서도 이러한 특징과 지향점을 엿볼 수 있다. 다음의 시를 보자.

西崦 앞머리에 사는 네다섯 이웃들	西崦前頭四五隣
늘 幽事로 세속을 초월함을 즐기네	一般幽事喜超塵
난초 곁에서 술잔 나누며 절기에 화답하고	杯傳蘭葉應酬節

66 박용만, 앞의 논문, 2004, 417면 발췌 요약.

67 李匡贊, 『中翁遺稿』, 「先考宣略將軍行世子翊衛司洗馬府君行狀」. "至臘之交, 花香馥郁, 滿室超室, 超然對賞, 有孤山淸灞之想, 與隣曲二三韻士, 命觴哦詩, 以寫悁鬱, 名之曰, 梅花社. 於詩律不甚從事, 喜與社中人酬唱, 取其卽事卽景, 眞意爛漫而已, 不欲刻削務新奇以作詩." 이에 대해서는 심경호, 앞의 논문, 1997, 248면에서 처음 언급되었다.

매화사 결성하여 함께하기로 맹세했네　　契托梅花已誓神
홍취 깨져 오히려 문밖 수레 소리에 놀라고　　敗意猶驚門外轍
詩를 평하며 도리어 책 속의 사람은 저버렸네　　評詩却負卷中人
언제쯤이면 손 이끌고 깊은 산속에 들어가　　何當携手深山裏
한가한 구름만이 이 몸 찾게 할 수 있으려나　　只許閑雲訪此身[68]

위의 시는 이진급이 바닷길을 나섰다가 돌아오자[69] 조하망이 강박과 함께 이진급의 집을 방문하여 그가 지은 연구시에 차운한 작품으로, 그 두 번째 시이다. 시 전체에서 유사幽事를 즐기는 한사閒士의 일상을 느낄 수 있다. 서엄西崦 앞에 사는 네다섯 이웃은 자신을 비롯하여 강박, 강필경, 서천 이진급 등 서천매화사의 구성원을 가리킨다. 함련에서 서천매화사를 결성하기 전부터 이들은 이웃의 벗으로 지내며 유사의 한가로 시주를 즐겼다는 사실을 알 수 있다. 경련은 속세의 사람들이 불쑥 찾아와 홍취가 깨지고 서책을 내팽겨 두고 시를 평하는 일상을 보내는 자신들의 모습을 그리고 있다. 미련에서는 일시적 탈속적인 삶이 아닌 세속과 완전히 단절된 산속의 은거를 희망하고 있다. 다음으로는 이광찬의 시를 보자.

매화 아래 열 번 모여도 남은 정취 있으니　　十回梅下有餘情
眞率會처럼 바가지 술에 맑은 술 단지　　眞率匏尊小酒淸
사람들은 꽃가지에 기대어 덩달아 곱고　　人倚花枝同玉貌

68 曺夏望, 『西州集』 권3, 「西泉泛海歸, 與菊圃同就, 次其聯句韻. 其二」

69 1735년 이광찬이 강화도에 우거하고 있을 때, 이진급이 子弟들과 강화도에 간 적이 있는데, 그때의 일을 말하는 것으로 보인다. 이때 홍중성이 江華經歷으로 재직하고 있어 傳燈寺에서 함께 詩會를 가졌다. (李良翊, 『中翁實蹟』. "府君寓居沁都詩, 芸窩洪公以經歷頻相從與府君 ……(중략)…… 府君與諸兄弟陪西泉公, 會芸窩於傳燈寺, 命觴呼韻."; 李匡贊, 『中翁遺稿』, 「陪家大人與芸窩會傳燈寺 乙卯年」.)

시는 새 소리에 앞서 봄소식을 알리네 詩先禽氣欲春聲
백 년의 문장은 平臺에서 융성했고 百年文藻平臺盛
한 시대의 선비들 洛社에서 이름 날렸네 一代衣冠洛社名
너무 즐기며 노년 허비한다 말하지 마오 莫以太康虛歲暮
즐거이 담소 나누며 여생 보내는 것이니 好將談笑到鐘鳴[70]

좋은 모임 오래도록 없었는데 良會居然曠
반가운 손님 웃으며 찾아왔네 嘉賓莞爾來
세상에서 우리의 道 곤궁하지만 乾坤吾道厄
풍우에도 이 모임은 열리네 風雨此筵開
정원의 붉은 자두 찬물에 잠겨있고 園果沈朱李
섬돌 위의 꽃은 푸른 이끼 덮었네 階花覆綠苔
시비는 구름처럼 흘려보내고 是非雲過眼
오래도록 詩酒를 마주하노라 詩酒且悠哉[71]

두 편의 시 모두 서천매화사 모임에서 지은 시이다. 첫 번째 시의 수련과 함련은 오랫동안 시회를 갖지 못했던 차에 동인들이 자신의 집으로 찾아왔고 오도吾道가 위태롭고 비바람이 부는 상황에서도 구애받지 않고 시회를 열고 있는 모습을, 함련과 경련은 찬물에 자두를 담아두고 꽃구경을 하며 세상의 시시비비是是非非를 잊은 채 동인들과 오래도록 시주로 시간을 보내는 자신의 일상을 읊고 있다.

두 번째 시의 계절적 배경은 봄이다. 소박한 술자리에 진솔한 마음을 시로 나눌 수 있는 모임이라 열 번이나 넘는 모임에도 여운이 남는다. 경련과 미련에서 이광찬은 자신들의 모임을 한나라 양효왕梁孝王이 추

70 李匡贊, 『中翁遺稿』, 「梅社拈韻」.
71 李匡贊, 『中翁遺稿』, 「梅社敬次」.

양鄒陽, 매승枚乘 등 문사들과 노닐었던 평대平臺의 모임과 당나라 백거이白居易와 송나라 문언박文彦博의 낙사洛社에 견주고 있다. 미련에서는 자신들이 시주에 빠져 노년을 허비한다고 비난하는 사람이 있을지 몰라도 자신들은 그저 담소를 즐기며 여생을 보내는 것일 뿐이라 변명 아닌 변명을 하고 있다. 위의 시에서 이광찬이 서천매화사 모임을 통해 지향한 것은 세속의 시비를 잊고 그때그때 눈 앞에 펼쳐지는 계절의 변화와 정경을 읊으며 시주로 세월을 보내는 일이었음을 알 수 있다. 다음은 이광신의 시를 보자.

은거하며 대나무 심고 화초도 가꾸니	幽居蒔竹又栽花
편안히 지내는 것은 자신을 위한 일만은 아니라네	康濟非徒爲自家
세속 떠나서도 좋은 객을 맞이할 수 있어	逃世尙能延好客
작은 정자에서 취기 올라 두건이 삐뚤어졌네	小亭留醉葛巾斜[72]

대사립 주위로는 좋은 나무와 꽃다운 정원	嘉樹芳園擁竹扉
정자에 오르자 謝玄暉의 옛일이 떠오르네	登臨却憶謝玄暉
벗님네들은 숲 아래로 아련히 모여들고	故人林下依依至
술잔에 비친 봄 경치는 차츰차츰 걷히네	春色杯心冉冉歸
거닐 적엔 풀물이 살포시 나막신에 배어나고	行處草痕輕染屐
앉은 자리엔 꽃 그림자 은은히 옷에 비치네	坐來花暉細侵衣
아무 일 없는 벌은 내 마음과 마찬가지이니	幽蜂與我一般意
꿀 따느라 풍기는 꽃향기에 오래도록 날지 않네	喋唼生香久不飛[73]

첫 번째 시는 졸수재拙修齋 조성기趙聖期(1638~1689)의 문집에 있는

72 李匡臣, 『先藁』 1책, 「菊圃獻窩過園亭, 家叔父亦臨, 次拙修齋韻各賦」.
73 李匡臣, 『先藁』 1책, 「會更佳亭」.

시에 차운한 작품으로, 강박과 강필경, 이진급이 자신의 원포정園逋亭에 들렀을 때 지은 작품이다. 짧은 7언 절구의 형식에 원포정에서 대나무와 화초를 가꾸며 조금이라도 세속에서 떨어진 곳에서 은거하는 자신의 일상과 뜻을 같이하는 동인들이 자신을 찾아주어 두건이 삐뚤어질 정도로 술을 마실 수 있는 즐거움을 말하였다.

두 번째 시는 갱가정更佳亭의 모임에서 동인들과의 일상을 읊은 작품이다. 수련은 갱가정 주위의 경관을 묘사하였고, 이어 선성 태수宣城太守로 나가서 수려한 경치를 감상하며 청아한 시를 지었던 남제南齊의 시인 사조謝朓의 고사를 떠올렸다. 함련은 하나둘씩 숲 아래로 모여드는 벗들의 모습과 술잔에 비쳤다가 사라지는 봄 경치를, 경련은 거닐 때 나막신에 풀물이 배어나는 현상과 앉아 있을 때 꽃 그림자가 옷에 비치는 광경을 시선의 이동과 움직임의 대비를 대구의 형식으로 정밀히 묘사하였다. 미련에서는 꽃에 내려앉아 꿀을 따고 향기에 취해 꼼짝하지 않는 한가한 벌을 보며 그 속에서 하는 일 없이 갱가정의 정취와 술에 취한 자신의 모습을 발견한다. 즉사와 즉경을 취하여 '진의난만'을 추구하는 이러한 시 지향詩指向은 서천매화사 모임뿐 아니라, 종형제들과의 모임에서 창작한 시에서도 그대로 나타난다. 다음의 시를 보자.

맑은 봄날 달빛에 밤이슬 은은하니	桂宇春晴露氣微
오늘 밤처럼 한가히 앉았기도 드문 일	此宵閑坐也應稀
큰 거리엔 분주히 오가는 연등 그림자	九街去去來來影
천 리에는 곳곳마다 달빛으로 환하네	千里往往蕩蕩輝
휘황찬란한 연등을 더할 필요 있으랴	火樹銀花何用剩
시각 알리는 물시계 歸家를 재촉 않네	銅壺玉漏莫催歸
함께 노니는 데다 형제들의 모임이라	同遊又是連枝會
감영에서 布衣로 취한 나를 받아주네	公館容吾醉布衣[74]

천지 사이에 근심 많아 웃는 일 드물지만　天地愁多一笑稀
좋은 계절 놀이와 연회가 빠질 수야 없지　佳辰遊讌莫相違
복사꽃 떨어질 무렵 복어는 살집 오르고　桃花欲落河豚大
수양버들 잎 싹 틔울 적에 꾀꼬리 날지　柳葉初舒黃鳥飛
韋氏의 당 앞에는 봄빛이 한창 무르익고　韋氏堂前春冉冉
謝家의 못 가에는 방초가 무성하여라　謝家池上草菲菲
지금 우선 향기로운 술 한 동이 비우고　如今且盡芳樽酒
해가 지면 연등 구경하러 높은 언덕에 오르세나　日暮觀燈上翠微[75]

첫 번째 시는 기영畿營(경기감영)에서 열린 보름달 모임에서 읊은 시이다. 이때에 이광찬의 족숙族叔 이진순李眞淳이 경기도 관찰사로 부임하여 종형제와 함께 경기감영에서 시회를 열었던 듯하다. 이진순은 이덕성李德成(1655~1704)의 아들로, 신임사화辛壬士禍가 일어났을 때 육촌형인 이진유, 이진검과 노론의 축출에 가담하였다가 1724년 영조가 즉위하여 노론이 집권하자, 벼슬을 삭탈 당하고 유배에 처해졌다. 이후에 풀려나 한성부 우윤漢城府右尹, 대사헌大司憲, 경기도 관찰사京畿道觀察使 등 요직을 두루 거쳤다. 이들이 모임을 가졌던 경기 감영은 경기도 외곽이 아니라 바로 서대문西大門 인근에 있었으므로,[76] 이들의 집과는 가까운 거리였다. 더군다나 정월 보름날은 달이 훤하고 연등회까지 열렸기에 모임을 갖고 시를 짓기에는 더없이 좋은 날이었다.

작품을 살펴보면 눈 앞에 펼쳐진 정월 보름날의 연등회 정경과 종형

74 李匡贊, 『中翁遺稿』, 「畿營上元會各賦 丙辰年(1736)」.

75 李匡臣, 『先藁』 1책, 「偶吟程諸宗氏」.

76 경기 감영이 있던 자리는 현재의 종로구 평동의 서울적십자병원과 서대문우체국 일대인데, 조선시대에는 서대문 밖이었다. 현재 서울적십자병원 정문 옆 도로변에 이곳이 경기감영 터였음을 알리는 표지석이 서있다. 경기감영은 1393년(태조2) 설치되어 1896년에 수원으로 옮겨갈 때까지 이 자리에 있었다.

제들의 모임을 마음껏 즐기는 작자의 흥취가 잘 묘사되어 있다. 칠언 율시의 형식을 취하였기에 함련과 경련의 대구에 심혈을 기울였다. 함련은 등불과 달빛을 대상으로 거거래래去去來來, 왕왕탕탕往往蕩蕩와 영影, 휘輝의 시어를 써서 절묘하게 대구를 이루었으며, 경련은 당唐나라 소미도蘇味道가 정월 대보름의 정경을 읊은 「원소元宵」의 시에서 수련의 "화수에 은화가 모였고, 성교에 자물쇠가 열렸네[火樹銀花合, 星橋鐵鎖開.]"와 미련의 "금오에서 야간 통행 막지 않으니, 옥루를 재촉할 것 없다오.[金吾不禁夜, 玉漏莫相催.]"라는 표현을 원용援用하여 정월 보름의 화려한 정경과 여운을 절묘하게 대구로 표현하였다.

두 번째 시는 종형제들과 함께했던 완연한 봄날의 흥취를 읊은 시이다. 첫 구절에서 천지 사이에 근심이 많아 웃는 일이 드물다는 말로 무겁게 시상을 열었지만, 이내 가신佳辰과 유연遊讌이 빠질 수 없다는 말로 분위기를 전환하였다. 이 작품 역시 7언 율시로, 수련과 함련에서 대구의 묘미를 잘 살려내었다. 함련은 봄날의 정경을 직접적인 감회로 읊지 않고 봄을 상징하는 동식물을 장면으로 제시하여 절묘하게 묘사하였다. 복사꽃 떨어질 무렵 살이 오르는 복어와 수양버들 싹을 틔울 때 하늘을 나는 꾀꼬리가 바로 그 광경이다. 관암冠巖 홍경모洪敬謨(1774~1851)의 「동국세시기東國歲時記」를 보면 3월의 시식時食으로 "복사꽃이 떨어지기 전 복어에 파란 미나리와 기름과 간장을 섞어 국을 끓이면 그 맛이 진기하다."[77]라는 기록이 있는데, 위의 시구와 정확히 일치한다. 경련은 종형제들의 모임을 당唐나라 위원韋園의 화수회花樹會에 비유하고, 자신의 집안을 사영운謝靈運과 사혜련謝惠連 등 출중한 인물들이 많았던 진晉나라 사씨謝氏 집안에 비유하여 춘염염春冉冉과

77 洪敬謨, 『東國歲時記』, 「三月」 月內. "桃花未落, 以河豚和淸芹, 油醬爲羹, 味甚珍味."

초비비草菲菲라는 봄날의 정경과 함께 대구로 묘사하였다. 미련은 다시 모임의 본래의 목적인 주연酒宴으로 화제를 전환하여 술을 비우고 해가 지면 높은 곳에 올라 연등 구경을 하자는 제안으로 끝을 맺고 있다. 시에서 말하는 시기로 보아 늦봄이므로, 미련에서 말한 연등 구경은 사월 초파일의 연등회를 말하는 것으로 보인다.

위에서는 이광찬과 이광신의 시 가운데 서천매화사 모임에서 동인들과 함께 지은 연구시와 수창시酬唱詩 및 서대문 팔광八匡 종형제와 시모임에서 창작한 시를 중심으로 그 특징과 지향에 대해 살펴보았다. 서천매화사 구성원들이 표방한 삶은 문언박의 낙사나 한나라 양효왕이 문사들과 노닐었던 평대平臺의 모임처럼 세속의 시비를 잊고 그때그때 눈 앞에 펼쳐지는 계절의 변화와 정경을 읊으며 시주로 세월을 보내는 일이었다. 그 결과 서천매화사 모임에서 창작된 시들은 창화을 목적으로 즉사와 즉경을 취하여 자신들의 진의眞意를 추구하는 시들이 주류를 이루었다. 서대문에 거주하던 팔광八匡 종형제와의 모임에서 창작한 시도 이와 비슷한 경향을 지닌다.

이들이 서천매화사 모임을 통해 예전 낙사와 평대의 모임처럼 술을 마련하여 동인들과 시를 창화하고 즉사와 즉경을 취하여 진의난만을 추구한다고 하였지만, 서천매화사 결성의 실제 목적은 "명상아시命觴哦詩, 이사연울以寫悁鬱"에 있었다. 그러므로 그들이 처한 처지와 상황은 자신들이 표방하는 낙사와 평대의 모임처럼 마냥 세속을 떠나 시주로 한가한 세월을 즐기는 삶과는 거리가 있었다.

2) 우울한 내면內面의 응시와 갈등 표출

이광찬과 이광신의 시에서 또 하나 주목할 점은 현실정치에서 소외된 지식인의 갈등과 연울悁鬱한 정서가 시의 중심을 이루고 있다는 사실이다. 이는 '명상아시命觴哦詩, 이사연울以寫悁鬱'을 목적으로 하는 서천매화사의 결성 동기와도 일맥상통하는데, 그 원인은 이들이 맞닥뜨렸던 당시 현실과 삶의 궤적에서 찾을 수 있다. 이들의 삶은 궁인窮人에 가까웠고, 강박은 자신의 시에서 매화사의 구성원들이 대부분 궁인이라고 직접 말하였다.[78] 1735년 매화사를 결성하고 활동할 무렵과 그 이후 이들의 삶은 정치권과는 더욱 멀어졌다. 더욱이 이광찬을 비롯한 팔광八匡에게 을해옥사 이후의 삶은 유배와 고통으로 점철된 삶이었다. 뛰어난 재주를 지녔음에도 노론·소론 간 당쟁의 피해로 가난家難을 겪고 낙척불우落拓不遇한 삶을 살았기에 이들의 내면은 개인적 자아실현 욕구의 좌절로 인해 겪는 현실 속에서의 갈등과 울분으로 가득 차 있었고, 연울한 정서는 자연스레 그들의 시로 표출되었다. 다음의 시를 보자.

달빛에 높은 정자에 앉았노라니	高軒月在席
좋은 가르침 자세히 들려오네	良誨細聞來
名利는 걸출한 남아 그르치고	名利奇男誤
文章은 근세에 퇴락하였으니	文章近世頹
고인의 공부에 마음을 두어	有心古人業
젊고 재주 있을 때 노력해야 한다고	努力少年才
이 몸은 부끄러움에 땀 흥건한데	吾有通身汗
하염없이 귀밑머리만 희끗희끗	悠悠鬢欲皚[79]

새봄은 감개에 젖기에 충분하니	感慨新春足

78 姜樸, 『菊圃集』 권11, 「梅花辭」(『총간』 070, 218면). "嗟乎, 社中人多窮, 而社以梅花名, 其名甚淸, 以窮者居淸名, 宜其爲命物者之忌, 如此也."

79 李匡贊, 『中翁遺稿』, 「燕超亭夜會 二首」, 其一.

젊은 시절 허튼 도모 돌이켜 보네	狂圖點檢來
文章은 그저 음풍농월로 치부하고	詞章歸月露
功業은 국가 경륜도 작게 여겼지	事業小雲雷
불로장생의 비법 꿈꾸어 왔건만	夢想還丹秘
흘러가는 세월에 머리털만 엉성해	光陰短髮催
초심을 죄다 내팽겨 버린 채	初心眞自負
책과 검 사이를 배회하는 꼴이란	書劍兩徘徊[80]

우뚝 솟은 숲속의 정자에서	特起林亭在
때때로 좋은 손님 맞는 신세	時邀好客來
높은 뜻 천하에 두었건만	靑霞曾四海
늘그막엔 平臺에서 노니는구려	白首有平臺
답답함에 자주 칼을 바라보고	鬱鬱頻看劍
쓸쓸함에 그저 매화를 읊는다오	寥寥只賦梅
于鱗은 공허하기 그지없으니	于鱗太空蕩
開元과 天寶를 배움이 어떠하오	何如學天開[81]

감실의 매화 고운 빛깔 자랑하고	梅閣姸姸色
잔에 담긴 椒酒엔 봄빛 일렁이네	椒觴灩灩春
어느새 또 한해 흘렀건만	星霜又一歲
천지 사이에 나는 누구란 말인가	天地我何人
책에는 시커먼 먼지만 수북하고	竹素架塵暗
丹藥에도 흰머리는 늘어가기만	金丹鬢雪新
조용히 앉아 남은 재 끄적이다 보니	書灰坐默默
이웃 마을에서 이미 닭이 울어대네	鷄唱已村隣[82]

80 李匡贊, 『中翁遺稿』, 「燕超亭夜會 二首」, 其二.

81 李匡臣, 『先藁』 1책, 「超亭之會有故未赴, 用其韻以屬西州菊圃兩詞伯」.

82 李匡贊, 『中翁遺稿』, 「梅下拈耐齋集韻謹賦」.

첫 번째 시는 이광찬의 시로, 조하망의 연초정燕超亭에서 있었던 야회夜會에서 지은 두 수 중 첫 수이다. 이광신이 모임에 참석하지 못해 뒤늦게 시를 지어서 강박과 조하망에게 붙였다는 세 번째 시의 제목을 보면 이날 연초정의 모임에는 조하망, 강박, 이광찬 등이 참여했음을 알 수 있다. 그 자리에는 집안의 젊은 자제들도 참여하였던 것으로 보인다. 수련에서 말한 '좋은 교훈'이란 매화사의 사백詞伯이라 할 수 있었던 조하망과 강박이 젊은이들에게 말해준 내용으로, 함련과 경련에서 말한 것처럼 재주 있는 젊은 시절에 명리名利와 문장文章에 집착하지 말고 고인古人의 공부에 힘을 쏟아 부지런히 노력하라는 충고이다. 그 자리에 있던 이광찬은 이 말을 듣고 이와 상반된 젊은 시절을 보낸 자신을 돌아보니, 어느새 등줄기에 땀이 흐른다. 그 이유는 나이가 들어가면서도 젊은 시절에 그랬던 것처럼 명리와 문장에 미련을 버리지 못한 자신의 모습을 발견했기 때문이다.

두 번째 시는 첫 번째 시에 이어 젊은 시절 가슴 속에 큰 뜻을 품었던 자신에 대한 성찰과 무심한 세월 속에 흰 머리만 늘어난 현재의 모습을 그리고 있다. 젊은 시절 이광찬은 문장은 음풍농월 거리로 치부해 버렸고, 공업功業은 나라를 경영하는 것조차 하찮게 여겼다. 그 시절의 포부를 '광도狂圖'라고 표현한 데에서 과거에 그가 지녔던 자부심과 큰 뜻을 알 수 있다. 이는 허세와 과장이 아니다. 실제 이광찬은 시문으로 당대에 남구만南九萬과 조태억趙泰億으로 이어지는 소론의 문한을 이어갈 인물로 평가받았다. 그러나 그 포부와 꿈은 경종과 영조 교체기에 있었던 정치적 사건과 가화家禍로 인해 무참히 꺾여 버리고 말았다. 연단술로 불로장생도 꿈꿔보았지만 어느덧 자신은 머리털이 엉성해진 중늙은이가 되어버렸다. 미련은 초심初心은 죄다 저버리고 서검書劍 사이를 배회하며 펼쳐보지 못한 포부에 미련을 떨치지 못하는 우울한 자화상이다.

세 번째 시는 이광신이 조하망의 연초정에서 있었던 매화사 모임에 참석하지 못하여 그 후에 강박姜樸과 조하망曺夏望에게 붙인 시이다. 연초정의 모임을 한나라 양효왕이 문사들과 주연을 즐겼던 평대의 모임에 비유하여 청운靑雲의 큰 뜻을 품었던 시절은 지나버리고 어느새 머리가 희끗희끗해진 자신을 돌아본다. 이는 궁사窮士라 할 수 있는 강박과 조하망의 모습이기도 하지만, 이광신 및 매화사 구성원들의 모습이기도 하다. 뛰어난 재능과 원대한 포부를 펼치지 못하여 가슴 속에 쌓인 울분 탓에 자주 검을 돌아보지만, 자신이 할 수 있는 일은 매화를 바라보며 쓸쓸한 마음을 시로 읊는 것뿐이다. 경련의 울울鬱鬱과 요요寥寥는 이들의 심정을 대변하는 핵심적인 시어로, 형식뿐 아니라 의미상으로도 절묘하게 대구를 이루고 있다. 미련은 그가 지향하는 시의 일면을 볼 수 있는데, 공허한 이반룡의 시보다는 개원開元·천보天寶 연간의 성당시盛唐詩를 배울 것을 제안하고 있다.

네 번째 시는 이광찬이 매화를 감상하며 홍태유洪泰猷(1672~1715)의 『내재집耐齋集』에 차운한 시이다. 홍태유는 이광찬의 증조부인 이정영李正英의 외손자이다. 고운 자태의 매화와 초주椒酒를 언급한 것으로 보아 새해를 맞이하며 지은 시이다. 눈앞에 매화가 아름답게 피고 초주에 봄빛이 감도는 정경을 보면 다가올 완연한 봄에 대한 기대와 흥취, 혹은 눈앞의 풍경을 읊는 것이 일반적인 시인의 정서이다. 그러나 함련과 경련에서 알 수 있듯 이광찬의 시선은 보통의 시인들과 다르다. 그 시선은 주위의 아름다운 경물이 아닌 자신에게로 향해 속절없이 흘러가는 세월 속에서 자기 정체성을 찾고 반문한다. 고인의 공부에는 뜻을 두지 않아 서책엔 먼지만 가득하고, 머리카락은 서리가 내린 것처럼 희끗희끗하다. 우울한 자신의 모습에 비탄하다가 조용히 재를 끄적이다 보니 어느새 새벽닭 울음소리가 들려온다. 미련은 작자의 우울한 심경과 함께 쓸쓸한 분위기를 더 배가시킨다.

그렇다면 이광찬과 이광신의 시에 내면의 갈등과 연울한 정서가 중심을 이루는 것은 무엇 때문인가? 당시 조정의 권력 구도와 이들이 처했던 현실에서 그 해답을 찾을 수 있다. 서천매화사가 결성될 무렵인 1735년(영조11)에는 영조의 즉위와 함께 조정에 진출한 노론과 소론 탕평파蕩平派가 정국政局을 주도하였다. 서천매화사에서 연장자에 속했던 이진급, 강박, 조하망은 조정의 정치권과는 거리가 멀었다. 이진급은 소론 명문가 출신임에도 불구하고 젊은 시절 노론이 의도적으로 일으켰던 임진과옥壬辰科獄에 연루되어 관직 진출을 포기한 채 평생동안 꽃을 기르고 시를 읊으며 궁한 삶을 살았다.[83] 더욱이 이 무렵에는 준소峻少에 속했던 친형 이진유와 이진검이 김일경의 소하疏下에 역적으로 지목되어 당화黨禍를 입은 뒤라 가문이 기울고 있었다. 이진급과 함께 서천매화사를 이끌었던 강박과 조하망의 처지도 크게 나은 편은 아니었다.

강박은 영조 초에 준소가 남인과 연대하여 완소緩少 및 노론과 대립하는 형세를 이루었을 때 약산藥山 오광운吳光運(1689~1745)과 함께 남인의 수장 역할을 하였으며, 소론과도 어느 정도 교유가 있었다. 당시 사람들에게 "방외문형方外文衡"이라 일컬어질 정도로 문명文名이 있었지만,[84] 노론이 득세하고 나서는 정치적 입지가 확고하지 못했다. 1728

83 李建昌, 『明美堂集』 권15, 「本生六代祖考洗馬府君家傳」(『총간』 349, 217면). "英祖二年老論當國, 壬辰科, 復被削. 府君(李眞伋-필자주-)在鄉聞之, 貽書家人曰, 吾心如脫濕衣矣. 時吳遂元已爲承旨, 李獻英獻章居玉堂, 悉奪其紅牌及前後告身, 獨府君無所可奪. 當是時, 雖老論, 亦無不以府君爲高. 上每與筵臣言府君事, 輒稱善不已. 自此黨日起, 判書公(李眞儉-필자주-)謫卒, 北谷公(李眞儒-필자주)殞於獄. ……(중략)…… 府君晩歲家居, 悲傷畏約, 惟灌花賦詩以自遣."

년 이전까지는 삼사三司의 관직을 두루 역임하였으나, 1728(영조4) 무신년에 일어난 서소문 괘서 사건의 주범인 이순관李順觀(?~1728)의 적생질嫡甥姪이라는 이유로 1737년까지 관로의 진출이 막혀버렸다.[85]

조하망은 소론의 명가로, 서천매화사가 결성된 무렵인 1736년(영조12)에 정시문과에 장원을 하였으나 그 뒤로는 내직보다는 외직을 전전하였으며, 현달하지는 못했다. 조하망과 관련하여 주목할 점은 젊은 시절부터 문재가 있었으며, 당대 명사들인 곤륜崑崙 최창대崔昌大, 서당西堂 이덕수李德壽, 관양冠陽 이광덕李匡德, 노촌老村 임상덕林象德, 풍원豐原 조현명趙顯命, 체천棣泉 오수채吳遂采, 사천槎川 이병연李秉淵 등과 시문으로 교유하였다는 점이다. 이들은 대부분 당대 소론의 명사이자 시문으로 이름이 났던 인물들이고, 특히 사천 이병연은 노론이자 최고의 시인으로 일컬어졌던 인물이다. 그러나 성질이 굳세고 강직하여 뜻을 꺾은 적이 없었으며, 세상과 어긋나 용납되지 못했다.[86]

이광찬은 이진급의 아들이었기에 이진급의 처지와 크게 다를 바가 없었다. 이광찬은 1728년(영조4), 3월에 반시泮試에서 급제를 하고도 이인좌李麟左의 난과 백부 이진유의 일로 십여 년 동안 전시殿試에 부거赴擧하지 못하다가 1738년에야 당시 영의정이었던 이광좌李光佐와 예조판서였던 윤혜교尹惠教의 주청에 의해 전시에 부거하여 문과에 급제하

84 姜浚欽, 『三溟詩話』. “菊圃姜公詩名滿世, 而官止三司. 一時文士知與不知, 多以文就質. 性莊重寡許. 少得推奬. 輒爲知名士. 時人以爲方外文衡.”

85 『英祖實錄』 14년 6월 4일 기사.

86 申緯, 『石泉遺稿』 권3, 「西州集序」(『총간』 279, 543면). “公少以高才, 激礴驚芬, 詞華錦叙, 逸氣雲浮, 貴游素交, 咸所歎詠. 于是崔昆侖昌大, 李西堂德壽, 李冠陽匡德, 林老村象德, 趙豐原顯命, 吳棣泉遂采, 李槎川秉淵, 皆一時賢雋, 詞垣皷吹, 相與爲文會友. 每賓主一席, 高談驚座, 酒酣意動, 虞翻之傲骨骯髒, 陳亮之勝氣崢嶸, 曾不撓屈. 知公者愛其淸峻, 不知公者以爲慢也. 世間不知者多, 故鑿枘不合, 十載緋玉, 爵袠未加, 亦無瞢焉.”

였다. 그 후 1749년(영조25)에 부사과副司果에 임명되었으나 관직에 나아가지 않았다. 이광신 역시 백부 이진유가 죽고 나서는 과거 공부를 단념하고 강화江華로 들어가 정제두鄭齊斗에게 양명학陽明學을 배웠으며, 서울로 돌아온 뒤에는 서대문에 있던 집 뒤편에 원포정園逋亭 짓고, 원정주인園亭主人을 자처하며 지냈다.

위에서도 알 수 있듯 매화사의 주된 구성원이었던 이진급, 강박, 조하망의 행적을 살펴보면 공통적인 면이 있다. 상대적인 차이가 있기는 하지만 당대에 문장으로 이름이 났음에도 불구하고 당색 혹은 가계로 인해 당시 정치권에서는 소외되어 불우한 삶을 살았다는 점이다. 이광신과 이광찬도 이점에서는 마찬가지였다. 현실정치에 참여할 수 있는 길이 막힌 당시 사대부들이 할 수 있는 일은 이진급의 평생에서도 알 수 있듯 은거하며 화훼를 가꾸거나 시를 창작하는 일뿐이었다. 그러나 이진급을 비롯한 연장자들은 몰라도 젊은 축에 속했던 이광찬과 이광신이 현실정치에 뜻을 접고 궁인으로 살아가기는 쉽지 않았다. 매화사 모임에서 창작한 시뿐 아니라, 혼자 읊은 시나 벗들과 읊은 시에서도 내면의 갈등과 자기 고민은 쉽사리 사라지지 않았고, 때로는 자탄自歎으로 이어졌다. 다음의 시를 보자.

작은 못에 찰랑찰랑 작은 물결 일렁이는 건	盆池灩灩起微波
어디선가 날아온 새끼제비 놈의 날개짓 때문	乳燕何來拂翅過
떨어지는 꽃잎 거둘 수 없음이 서글프니	惆悵落花收不得
짧은 인생살이에 흰머리만 늘어가는구나	人生終始鬢霜多[87]

한밤에도 서너 번 한숨 소리	中宵三四歎

87 李匡臣, 『先藁』 1책, 「又拈唐人韻」.

모든 일에 초심을 저버렸다네	萬事負心初
자신과 세상에 무용한 채로	獲落身兼世
검과 책 사이를 방황했네	彷徨劍與書
늙어버린 이 몸 형용하자니	形容吾老大
천지간에 쓸모없는 처지라	天地一空疎
그대들의 도움에 힘입어	欲賴相偲切
仁에 귀의하려 한다오	歸依在廣居[88]

내 삶은 공중에서 내려앉은 새 신세	吾生還似落虛禽
사방엔 주살과 그물이라 살아가기 힘드네	天地矰羅飮啄深
봉래 바다 세 번 말랐다고 들은 지 오래인데	蓬海久聞三淺水
먼 유람의 기대는 결국 넋두리가 되었네	遠遊終是不平音
인간 세상의 명리는 전부 쓸모없는 흙덩이요	人間名利渾如土
고요함 속에 흘러가는 세월은 황금의 값어치	靜裡光陰可抵金
말술 들이키며 그런대로 새해를 보내는데	斗酒歲時聊自適
마음껏 읊는 중에 슬픈 눈물은 또 무슨 마음인가	狂歌危涕更何心[89]

세 편의 시에서 모두 소외된 지식인이 자아실현의 욕구 좌절로 인해 현실 속에서 겪는 갈등과 울분과 비탄으로 가득한 내면을 엿볼 수 있다. 첫 번째 시의 기구와 승구는 자연스러운 일상의 모습이다. 그러나 이광신의 눈에는 일상적인 모습조차 예사로 보이지 않는다. 잔잔하던 물이 일렁이게 된 것은 새끼 제비의 날갯짓 때문이니, 물이 요동치지 않으려 해도 물의 의지와는 전혀 상관이 없다. 자신의 마음도 이와 마찬가지이다. 계절이 바뀌어 꽃잎이 떨어지는 것은 자연의 순리이지만, 그 모습이 안타까워 마음속에는 이미 서글픔이 일어난다. 그 순간 흘러

88 李匡贊, 『中翁遺稿』, 「次飛卿韻與洞中諸益」.

89 李匡臣, 『先藁』 1책, 「又」.

가는 세월 속에 흰머리만 늘어가는 자신의 모습을 발견하고는 서글픈 심정이 한탄으로 바뀐다.

두 번째 시는 절친했던 벗 비경飛卿 조진빈趙震彬의 시에 차운하여 한마을에 사는 벗들에게 쓴 시로, 자기 고민과 한탄을 더 직설적으로 표현하였다. 만사에 초심을 저버렸다는 말은 젊은 날 세상을 경륜하고 문장으로 이름을 드날리려 했던 자신의 포부와 이상을 잊었음을 의미한다. 한밤중에 서너 번씩 탄식하는 것도 그 때문이다. 함련과 경련은 지금까지의 삶에 대한 회고와 자기 성찰이다. 이광찬이 생각하기에 자신은 학문과 무예 어느 하나 이루지 못하고 세상에 도움이 되지 못한 채 늙어버린 몸뚱이만 남은 존재에 지나지 않았던 것이다.

세 번째 시는 "새해에 우리 동네에서 집을 번갈아 가면서 모임을 가졌는데, 음력 초사흘에 현부玄夫(조갑빈趙甲彬-필자주-)의 집에 모여 시를 읊다.[新歲吾里爲輪家會, 生明夜會玄夫家拈韻.]"라는 제목 아래 지어진 아홉 수 중에 다섯 번째 首이다. 제목에서 알 수 있듯 새해 초사흘에 조갑빈의 집에서 모여 지은 시이다. 조갑빈은 겸재謙齋 조태억趙泰億의 둘째 아들이자 비경 조진빈의 형으로, 이광찬과는 친형제처럼 가까웠다. 위의 시를 통해 조갑빈 역시 이광찬과 마찬가지로 서대문 인근에 거주했음을 알 수 있다.

시를 살펴보면 첫 구부터 자신의 처지와 삶에 대해 토로하였다. 위태로움으로 일관된 자신의 삶을 사방에서 주살과 그물이 노리고 있는 와중에 먹이를 찾아 땅에 내려앉은 새의 처지에 비유하였다. 이광신이 눈앞에 마주한 현실을 어떻게 인식하였는지 짐작할 수 있다. 오래전부터 먼 곳에 승경지勝景地가 있다는 소문을 들었지만 바람대로 유람을 떠나지도 못하고 넋두리만 하는 모습이 자신의 현재 모습이다. 그렇게 지내다 보니 세상의 명리는 흙덩이와 다름없음을 깨닫고 자신도 모르게 흘러버린 세월이 천금같이 느껴진다. 해가 바뀌어도 나이만 먹고 변화 없는 자신의 삶을 돌아보며 실컷 술을 마시고 가슴속의 울분을 마음껏 시로 읊어 보지만, 그 와중에 슬픔의 눈물을 줄줄 흘리는 자신을 발견하고는 무슨 마음에서 그런 것인지 반문한다. 한 구절 한 구절이 모두 현실에서 버림받고 소외된 슬픈 지식인의 자화상이다. 이 밖에도 「여철형이우회비경소념운각부與澈亨二友會飛卿所拈韻各賦」, 「제종급사철사형비경회오헌차향산운각부諸從及士澈士亨飛卿會梧軒次香山韻各賦」, 「사철가갱차전운士澈家更次前韻」, 「사형과공차사철전운士亨過共次士澈前韻」, 「원포정장성양중급사철형제과공부園逋亭將成襄仲及士澈兄弟過共賦」, 「추칠월기망사철유시잉연사형래등원정부용기운각부정비경秋七月旣望士澈有詩仍聯士亨來登園亭復用其韻各賦程飛卿」, 「여사철양중비경회원포념운與士澈襄仲飛卿會園逋拈韻」, 「사철유시최회차기운이보士澈有詩催會次其韻以報」, 「사철과원정념운士澈過園亭拈韻」 등의 작품에서 위에서 살펴본 시와 비슷한 심상을 엿볼 수 있다.[90]

이상에서 알 수 있듯 이광찬과 이광신의 시에는 현실 속의 명리와 속세의 시비를 초탈하여 동인들과 화훼를 감상하고 시주를 논하며 고상한 아취雅趣를 표현한 작품과 소외된 지식인이 자아실현의 욕구 좌절로 인해 현실 속에서 겪는 갈등과 울분과 비탄의 심사를 표출한 작품이 공존하는 양상을 보인다. 이들은 서천매화사를 결성하여 외면적으로는 이 시기에 결성된 다른 시사처럼 시주를 논하고 고상한 아취를 즐기는

90 열거한 작품에 등장하는 尹士澈, 尹士亨 형제는 趙甲彬, 趙震彬 만큼이나 이광찬, 이광신과 친한 사이였던 것으로 보아 이들과 비슷한 처지에 있던 少論인듯하다. 尹氏라는 점 이외에는 추정할 수 있는 단서가 부족하여 누구를 가리키는지 확정할 수 없다. 후일 乙亥獄事가 발생했을 때, 이광사가 羅州掛書事件의 주모자인 尹志의 아들 尹光哲과 편지를 받고 친했다는 이유로 연좌되는데, 이 사실로 미루어 士澈과 士亨은 윤지의 아들인 尹光哲, 尹希哲과 관련이 있는 인물로 추정된다.

것을 표방하였지만, 그 이면에 있는 본래 목적은 당시 정치권에서 소외된 집단끼리 모여 내면의 갈등과 현실에 대한 울분을 서로 토로하는 데 있었다. 이는 서천매화사에서 뿐 아니라, 서대문 팔광八匡과 비슷한 궁인의 처지에 있었던 소론과의 모임에서 창작되었던 작품에서도 동일하게 나타나는 경향이다.

당시 이들이 처했던 입장과 한시 창작의 배경을 고려할 때 작품에서 내면의 갈등과 비관적 색채가 두드러지는 현상은 어쩌면 당연한 결과이다. 이는 불합리한 현실과 불우한 인생에서 그 어떤 희망과 밝은 전망을 찾지 못한 소외된 지식인의 처절한 절규이자 외침이다. 이광찬과 이광신의 시가 동시대 다른 시사에서 창작된 작품이나 여타 작가의 작품과는 매우 다른 취향과 풍격을 지니게 된 근본적인 원인은 이러한 시대적 배경 및 시인 개인의 현실의식과 내면의 정회情懷를 적극적으로 시로 표출하려 했던 시 지향에서 찾을 수 있다. 아울러 이광찬과 이광신이 시에서 보여준 소외된 지식인의 현실인식과 일관된 정서는 단지 서천매화사와 일부의 시집단에 국한할 것이 아니라, 넓게는 강화학파江華學派에 속하는 소론, 더 넓게는 소론 전체와 남인을 포괄하여 당시 정치 현실에서 버림받거나 좌절을 겪었던 사대부들의 의식과 정서를 대변한다고 해도 지나치지 않다.

3. 사인士人의 삶과 일상의 정취

여기에서는 이광덕李匡德과 이광려李匡呂의 한시를 중심으로 살펴보기로 한다. 이광덕과 이광려는 오랜 세월 유배로 생을 마감했던 다른 팔광八匡에 비하면 비교적 평탄한 삶을 살았다. 이광덕은 영조英祖가

재위한 뒤로 탕평정국蕩平政局에 참여하면서 은거隱居와 출사出仕를 거듭하다가 결국 과천果川으로 낙향하여 벼슬길을 단념하고 사인士人의 삶을 자처하며 살았다. 이광려는 이진유李眞儒의 재종질再從姪이 되고 이광사에게 배웠지만, 을해옥사에 연루되지는 않았다. 진사시에 합격하고 대신大臣의 추천으로 선릉 참봉宣陵參奉과 명릉 참봉明陵參奉에 제수되었으나, 관직에 나아가지 않고 평생 내면의 수양과 학문에 힘썼다. 이광덕과 이광려가 남긴 한시는 각각 263제 400수,[91]와 152제 326수[92]로, 작품 역시 많은 편이 아니다.

그러나 이들의 한시漢詩는 당대와 후대의 문인들에 의해 높이 평가되었으며 많은 주목을 받았다. 이광덕의 한시는 이규상李奎象이 "문조文藻에 날카로운 맛이 있으며, 의치意致가 정묘精妙하므로 거의 한 시대의 으뜸이다."라고 하였으며,[93] 중국 사신으로 갔을 때 중국 문사들과 수창한 시가 『탐주집探珠集』이라는 시선집詩選集으로 간행되었다.[94] 이광려의 한시와 문장 역시 이학규李學逵, 이덕무李德懋를 비롯하여 『사고전서』의 총수관이었던 기윤紀昀 및 후대의 문인들에 의해 높이 평가되었다. 조선후기 후사가後四家 중 한 명으로 꼽히는 이덕무는 이광려의 시를 뽑아 『삼가시초三家詩抄』를 엮었다.[95] 그렇다면 이들의 시에

91 필사 미상인 규장각본 『冠陽集』을 저본으로 한 『한국문집총간』 209집에 실린 『冠陽集』을 기준으로 한 것이다.

92 1805년 목판으로 간행된 초간본인 규장각본 『李參奉集』을 저본으로 한 『한국문집총간』 237집에 실린 『李參奉集』을 기준으로 한 것이다.

93 李奎象, 『幷世才彦錄』. "作詩, 文藻矯峭, 意致精妙, 殆甲一世."

94 『探珠集』은 현재 전하지 않지만, 李建昌의 「冠陽公事畧」에서 『探珠集』 외에 다른 詩文 若干卷이 집안에 家藏되어 있다고 한 것으로 보아 적어도 李建昌 생전에는 『探珠集』이 존재했으며, 이건창은 직접 열람한듯하다.

95 『三家詩抄』는 이덕무가 영조대에 활동한 詩人 세 명의 시집을 뽑아 베낀 초본인데, 그 중 이광려의 시 44수가 권3에 「月巖詩」라는 제목 아래에 실려 있다. 이에 대해서

어떤 특징적인 면모가 있기에 당대에 국내에서뿐 아니라, 중국에서도 높이 평가받았던 것인가? 여기에서는 이광덕의 전원시와 이광려의 유람시 및 현실인식과 우환의식이 표출된 시를 대상으로 그에 대한 답을 찾아보려 한다.[96]

1) 전원田園의 일상과 자기 반조反照

다음은 이광덕이 1748년(영조24) 1월에 좌윤左尹에 제수되었을 때 올린 사직 상소의 후반부로, 처세處世에 대한 그의 소신과 노론老論·소론少論 간의 당쟁에서 물러나 전원의 은거를 선택했던 이유를 엿볼 수 있다. 이 상소를 올린 해에 이광덕은 결국 다시 벼슬길에 나가지 않았고, 그해에 세상을 떠났다.

> 오직 태평할 때에는 물러가서 염치를 닦고, 일이 있으면 나아가 있는 힘을 다 바치는 것이 국가에 만 분의 일이나마 보답하는 길이라고 생각하였으며, 先臣(李眞望-필자주-)이 일찍이 후손에게 모범을 보인 것도 이와 같습니다. 그래서 臣은 평소의 언어와 행동에 대해 수없이 '망령된 사람[妄人]', '괴이한 인물[怪物]'이라는 지목을 받았습니다만, 끝내 감히 후회하지 않았습니다. 스스로 田野에 숨어서 감히 영달을 추구하는 길로 나아가지 않았던 것은 진실로 국가에 보답하는 도리로 볼 때, 이렇게 처신한 뒤에야 세속적인 常情을 면할 수 있다고 여겼기 때문입니다.[97]

는 안대회, 앞의 논문, 2012 참조.

96 두 사람이 官人보다는 野人을 자처하며 士人으로서의 삶을 살았으며, 이광덕의 『冠陽集』과 이광려의 『李參奉集』에 실린 작품 중에 전원의 日常과 주변의 情景을 읊은 시들이 많은 비중을 차지하기 때문이다.

97 『朝鮮王朝實錄』, 영조 24년 1월 24일 기사. "惟有平居則退修廉恥, 有事則進捐肝腦, 可以少報萬一, 而抑先臣所嘗垂範於後昆者, 亦如此而已. 是以臣平生言語事爲, 雖萬被妄人怪物之目, 終不敢自悔, 而早自斂伏田廬, 不敢冒進榮塗者, 良以爲報國之道, 如

이 상소의 앞부분에서 이광덕은 자신의 집안이 조정에서 특별한 대우를 받았기 때문에 그에 보답하려면 공손하게 임금의 명령에 따르기만 하는 행동과 관료로서 간언諫言과 직무를 수행하면서 몸을 사리는 행위는 신하의 올바른 도리가 아니며, 태평성대에 영예로운 명성과 이로움을 위해 당쟁의 소용돌이 속에서 오리와 기러기처럼 오가는 행태도 올바른 신하의 도리가 아니라고 하였다. 그래서 자신은 위의 글에서 말한 것처럼 국가가 태평할 때는 관직에서 물러나고, 국가가 어려울 때는 나아가 힘을 다하는 것이 신하의 도리라고 생각하여 부친인 이진망李眞望의 처세를 모범으로 삼았으며,[98] 수도 없이 망인妄人과 괴물怪物이라는 비난을 받았지만, 자신의 정치적 소신을 지키며 전야田野에 은거하는 삶을 택했다고 하였다. 이 사실에서 이광덕의 생평生平이 관료官僚의 삶과 야인野人의 삶이 혼재되어 있기는 하지만, 조정에 나아갔을 때는 관료로서 투철한 사명의식을 지녔으며, 명예와 이익을 쫓아 정쟁政爭의 소용돌이에서 관료로 살기보다는 자기 소신에 의해 사인의 삶을 추구했음을 알 수 있다.

다음 조현명趙顯命(1690~1752)과의 일화는 이 당시 이광덕이 스스로 조정에서 물러나 전원에서 사인의 삶을 살며 얼마나 어려운 생활을 하였는지를 여실히 보여주는 글이다. 전원시기 이광덕의 실제 삶과 그의 시를 살피는 데도 유용하기에 구체적으로 살펴보기로 한다.

豊原君 趙相公 顯命이 관찰사로 부임할 때 石雲 李尙書(李眞望)가 마침

此然後可得免於世俗常情也."

98 李眞望은 영조가 연잉군이었던 시절에 師傅를 역임했던 까닭에 탕평정국에 참여하였다. 이광덕의 말처럼 이진망은 영조가 正卿에 除拜하였으나 한가로이 지내게 해 줄 것을 극력하게 청하여 한가하고 검소한 삶을 살았다. 이에 대해서는 『英祖實錄』 43권, 영조 13년 1월 8일 정유 2번째 기사, 지중추부사 이진망의 졸기 참조.

> 시골집에 있었다. 이른 아침 그곳을 지나다 들러서 행장의 술병을 꺼내어 對酌을 청하자 李公이 안주부터 찾았다. 풍원군이 그 연유를 묻자, 어제저녁에 밥을 짓지 못해 공복에 술을 마시기가 어렵다고 답하였다. 풍원군이 冠陽(李匡德)을 꾸짖으며 말하기를 "그대가 만약 구차함을 그냥 받아들였다면 어찌 노친께서 자주 굶주리기까지야 하겠는가? 자신의 명분과 검속만 귀히 여겨 부모 봉양을 돌아보지 않는 것은 결코 자식의 도리가 아니네."라고 하였다. 이에 동네의 富戶가 누구인지 물어보고는 네 사람을 불러와 각각 곡식 열 포대와 엽전 열 꾸러미를 빌려 아침저녁으로 공양하게 하였다. 또 양식을 꾸어주지 않은 부호들을 책망하자, 그들이 대답하기를 "그 댁의 분부가 없으셔서 소인들이 감히 먼저 내드리지 못했습니다."라고 하였다. 풍원군이 다시 말하기를 "저들의 말을 들어보니, 이는 더더욱 그대의 잘못이 아닌가?"하였다. 冠陽이 눈물을 흘리며 사죄했지만, 끝내 지조를 바꾸지는 않았다. 척박한 토지가 있었는데, 매일 어린 종으로 하여금 한 삼태기의 흙을 파서 부뚜막 아래에 깔고 밥을 지은 뒤에 다시 팠던 곳에 내다 깔도록 하였다. 점차 이처럼 하는 일이 늘 일상이 되어 다만 농사에 힘쓸 뿐이었다.[99]

조현명은 조경명趙景命의 아우로, 영조 즉위 후 탕평정국蕩平政局을 주도하였으며, 1728년(영조4)에 발발한 이인좌李麟佐의 난을 진압한 공로로 풍원군豐原君에 책봉되었다. 조경명이 이광덕의 장인丈人이므로 촌수로 보면 조현명은 이광덕의 처숙부가 되지만, 둘은 경오년(1690, 숙종16) 출생으로 동갑내기 친구이다. 조현명은 자신의 소신과 명분만을

99 洪志燮, 앞의 책. "豊原君趙相公顯命赴藩任時, 石雲李尙書方在鄕廬, 早朝歷訪, 出行中酒壺, 要與對酌. 李公先爲索肴, 豊原問其故, 答以'昨夕未炊, 空腹飮酒爲難.' 豊原責冠陽曰, '君若不避苟且, 則豈至老親之屢空乎? 自惜名檢, 不顧養親, 決非子道.' 仍問洞內富戶, 招來四人, 各貸十包租十緡錢, 俾爲朝夕之供, 又責富戶之不爲稱貸, 則對以'旣無本宅分付, 故小人不敢猥進.' 豊原又曰, '聞彼輩之言, 尤豈非君之咎乎?' 冠陽至垂淚謝之, 而終不改操. 有薄土, 每日使童奴掘來一簣土, 鋪竈下, 經炊後, 又出鋪掘處, 漸次如是, 日以爲常, 只爲力農而已."

중히 여겨 관로官路에 진출할 수 있는 여건이 되면서도 곤궁한 삶을 감내하며 부친 봉양마저도 제대로 하지 못하는 이광덕을 질책하였다. 이광덕의 부친 이진망은 영조英祖의 잠저潛邸시절 사부로서 임금의 예우를 받았고, 장인이었던 조경명도 조정에서 막강한 영향력이 있었으니, 이광덕은 마음만 먹으면 얼마든지 높은 관직에 올라 부와 권세를 쥘 수 있었다. 그러나 이광덕은 궁핍한 사인의 삶을 고집하고 끝까지 소신을 바꾸지 않았다.

이광덕은 외가外家와 처가妻家의 영향으로 조정에 진출했을 때는 영조의 탕평책을 지지하는 완소緩少의 입장을 취하였다. 그로 인해 준론峻論을 주장하는 당여들의 극심한 미움을 받았는데, 무신란戊申亂 이후로 지속적으로 노론에게 무함을 당했고, 대쪽 같고 말을 가려서 하지 못하는 성격 탓에 여러 차례 추고를 받고 파직을 당하기도 하였다. 극심한 당쟁과 정치적 부침에 회의를 느낀 이광덕은 벼슬길에 뜻을 접기로 마음먹고 1731년부터 4년간 고향 과천果川에 은거하는 동안 자조自照의 시간을 가지며 시작詩作에 몰두하였다. 이광덕의 생애를 놓고 볼 때, 과거 급제 이후로 30년의 세월 동안 관직에 나가 직무를 수행한 것은 10년에 지나지 않고,[100] 나머지 대부분의 세월은 과천의 고향 집에서 보냈다. 그가 남긴 시 중에는 관직 생활을 할 때에 지은 작품도 있지만, 『관양집冠陽集』에 실린 대부분의 시는 1731년부터 4년간의 은거시기와 1734년 이후 다시 과천으로 돌아와 은거할 때 창작한 것이다. 전원의 은거가 이광덕에게는 한시 창작의 중요한 배경적 요인이며, 전원 은거 시기에 창작한 작품에서 이광덕 한시의 특징적인 면모가 잘 드러난다. 다음의 시를 보자.

100 李是遠, 앞의 책, 앞의 글. "公釋褐三十年, 內外供職, 不過十年."

고요하고 깨끗한 곳에는 寂寞兼淸淨
거문고와 서책 술과 바둑이 琴書與酒棋
빽빽한 숲속에서 깊이 꿈꾸고 密林深護夢
가랑비 속에 느지막이 시를 쓰네 微雨晩歸詩
周公을 맞이하는 공간이며 元聖逢迎地
莊周가 나비로 변한 시간이지 莊周變化時
이 속에 오묘한 이치 있음을 此中有妙理
바쁜 자들은 알지 못하게 하라 勿令忙者知[101]

깨끗한 방에 꼿꼿이 앉아 있자니 室淨人危坐
정원 깊은 곳에서 새가 울어대네 園深鳥慢啼
봄의 소리는 오묘한 道에 참여하고 春聲參道妙
그윽한 꿈은 天倪를 깨트리네 玄夢破天倪
주렴에 드는 햇살에 거미줄 흔들리고 簷日蛛絲動
먼지 쌓인 책상엔 쥐 발자국 어지럽네 牀塵鼠迹迷
몇 개의 상자에 담긴 朱子의 글이 紫陽書數匣
참으로 그윽한 은거를 달래주네 眞不負幽棲[102]

두 편의 시는 전원 속의 한가한 일상과 그 속에서의 정취를 읊었다. 첫 번째 시의 수련과 함련은 거문고와 서책, 술과 바둑이 놓인 고요한 거처와 그 속에서 낮잠과 시를 짓는 일로 일상을 보내는 자신의 삶을 잘 묘사하였다. 경련은 「오수午睡」라는 제목과 걸맞게 꿈과 관련된 주공周公의 고사와 장자莊子의 호접몽胡蝶夢 고사를 원용하여 대구로 표현하였다. 두 번째 시의 수련과 함련도 고요한 방에서 가만히 앉아 들

101 李匡德, 『冠陽集』 권1, 「午睡」(『총간』 209, 340면). 번역은 강혜선, 『달빛 쏟아지는 남새밭에서』, 태학사, 2002를 참고하여 수정하였다. 아래의 작품 중 번역본에 실려 있는 경우도 동일하다.

102 李匡德, 『冠陽集』, 「閒居 4首」 其三(『총간』 209, 340면).

려오는 봄 새 울음소리에 귀를 기울이는 한가한 모습을 잘 묘사하였다. 경련은 햇살에 일렁이는 거미줄과 책상에 어지러이 널린 쥐 발자국을 세밀한 시선으로 포착하여 장면의 대비로 묘사한 점이 특징적이다. 위와 같은 이광덕의 시는 전원의 경물을 보고 자신의 내면에서 솟구치는 흥취나 격정을 쏟아내기보다는 일상에서 느끼는 그윽한 유흥幽興을 읊어 시에서도 담박하고 잔잔한 분위기를 형성하고 있다.

다음으로 살펴볼 작품은 이광덕이 전원생활을 하며 지인知人들에게 써준 희작성戱作性이 강한 단형短型의 증시贈詩로, 상대방에 대한 풍자諷刺와 이광덕의 번뜩이는 시상詩想을 엿볼 수 있다.

남쪽 산이든 북쪽 산이든 전혀 관여치 않으니	山北山南渾不管
어느 중이 떠돌이 신세를 襲丞에게 하소연하겠소	誰將浪跡訴襲丞
그대가 만일 산의 흥취를 본 적 있다면야	參軍若有看山興
말을 세는 일도 귀찮을 터인데 중을 셀 리가 있겠소	記馬猶煩況記僧[103]

구름은 바람을 타고 산을 벗어나기도 하고	雲爲隨風或出山
스님은 시 지어 달라고 자주 문 두드리지요	僧緣乞句遍敲關
나는 문을 나서지도 않고 시도 짓지 않으니	我不出門詩亦廢
구름보다 게으르고 스님보다 한가롭지요	較雲尤懶較僧閒[104]

첫 번째 시는 율봉찰방 이중현李仲玄이 중들을 추쇄推刷의 명을 내렸다는 소식을 듣고는 장난삼아 지어 보낸 시로, 이중현에게 중들이란 원래 이산 저산을 떠돌아다니는 부류들이라 찰방에게 하소연할 일은 없을 테니, 괜히 수고롭게 명부名簿를 만드는 데 힘쓰지 말고, 실컷 산

103 李匡德, 『冠陽集』 권1, 「聞栗峯驛丞李仲玄有刷僧之令, 戱寄(辛丑)」.
104 李匡德, 『冠陽集』 권1, 「贈白雲老禪」.

천 구경이나 즐기라는 내용이다. 농승聾丞은 귀머거리 찰방으로, 찰방인 이중현을 비유한 말이다. 한 선제漢宣帝 때에 황패黃霸가 영천 태수穎川太守로 있을 적에 장리長吏였던 허승許丞은 늙고 귀머거리였으므로, 독우督郵가 황패에게 말하여 그를 내쫓자고 하자 황패가 말하기를, "허승은 청렴한 관리인 데다 비록 늙었지만, 아직도 절하고 일어서고 보내고 맞는 일을 해낼 수 있으니, 약간 귀가 어두운 것쯤이야 무엇이 해로울 것 있겠는가."하고, 그를 내쫓지 못하게 했던 데서 온 말이다.

두 번째 시는 '백운白雲'이라는 노승에게 써준 시로, 노승의 법명法名인 '운雲'에 착안하여 자신과의 인연으로 시를 지어달라고 자주 찾아와 문을 두드리는 모습을 바람을 타고 산을 나오는 구름에 비유한 점이 참신하다. 이어 시를 써달라고 자주 산을 내려오는 노승과 달리 문밖을 나서지도 않고 시도 짓지 않는 자신의 처지가 구름보다는 게으르고 노승보다는 한가롭다고 하였다. 결구에서는 전원에서 한가한 일상을 즐기는 자신의 삶을 말한 듯하지만, 그 속에는 산사에서 수행에 힘쓰지 않고 자주 속세로 내려오는 노승에 대한 은근한 풍자가 담겨 있다. 7언 절구의 짧은 형식 속에 운雲, 교較, 승僧의 시어가 반복되고 있지만, 시상과 조어가 긴밀히 연결되어 전혀 어색함을 느낄 수 없다. 이광덕은 한시를 창작하면서 주로 7언 율시의 형식을 선호하는 경향이 있는데, 위의 시는 이광덕이 율시 못지않게 절구에도 특장이 있었음을 말해준다.

이광덕의 한시에서는 전원의 한가한 일상 이외에 조정에서 물러나 과천에 은거했던 자신에 대한 자조와 현실의 물정物情에 대한 소회를 읊은 시도 주목된다. 다음 시를 보자.

요순같은 임금에 신하는 관중 공명	堯舜其君管葛臣
그 시절 뜻과 기개 동류보다 월등했지	當時志氣亦超倫

헛되이 탕탕평평의 시대를 만나 　　虛逢蕩蕩平平世
홀로 기기괴괴한 사람 되어버렸지 　　獨作奇奇怪怪人
인삼 향기 속에 교활한 장사치 꾸짖고 　　蔘草香中嗔黠賈
柚花 아래에서 굶주린 백성 보고 울다가 　　柚花陰下泣飢民
돌아와서는 초가집 깨끗이 쓸고 누워 　　歸來淨掃茅齋臥
바둑 한판 두며 이 봄을 보내노라 　　一局殘棋又送春[105]

매서운 찬바람 백전건을 거꾸러뜨릴 제 　　峭寒衝倒白氈巾
홀로 사립문에 섰노라니 밝은 달이 휘영청 　　獨立柴門明月新
참으로 우습구나, 강가의 이 괴물 　　自笑江濱有怪物
감히 세상에 좋은 사람이 없다고 말하랴 　　敢云世上無好人
동문 밖 얼어 땅이 터져도 관계없으나 　　不嫌東門凍裂地
서풍이 불어 먼지에 더렵혀질까 염려되네 　　每恐西風吹汚塵
가장 한스럽기는 물정이 사리를 도통 몰라 　　最恨物情難會事
청계란 놈이 탐을 내어 한양 나루로 드는 일 　　清溪貪入漢陽津[106]

아침에 박수치며 하느님께 감사하며 　　朝來拍手謝天公
만곡의 시름을 한바탕 웃음으로 비우네 　　萬斛閒愁一笑空
死地에서 애써 살기를 바라면 응당 후회할 터 　　死苦蘄生應自悔
일마다 원하는 대로 된다면 궁할 리가 있으랴 　　事皆如願豈爲窮
매화 떨어진 뒤에 학이 오는 것이 한탄스럽고 　　鶴到可嘆梅落後
눈 속에서 나귀 잃은 것이 유독 안타까워라 　　驢亡偏惜雪來中
무슨 상관이랴, 유구한 이 東韓의 역사에서 　　何妨百代東韓史

105 李匡德, 『冠陽集』 권1, 「山居 11首」, 其四(『총간』 209, 349면). 말미에 "怪怪在政院日記"라는 註가 附記되어 있다. 이 시는 李奎象의 『并世才彦錄』에도 실려 있으며, 含聯은 洪志燮의 『臥雲翁聞見隨記』에 다음과 같이 언급되어 있다. "冠陽李參判公匡德, 以其才具文華, 尙守峻論之故, 見擯於蕩平之時, 不能免不平, 有詩曰, 生當蕩蕩平平世, 獨作奇奇怪怪人."

106 李匡德, 『冠陽集』 권2, 「自笑」(『총간』 209, 364면).

관악산의 이 늙은이를 기억해 주지 않은들 不記冠山有此翁[107]

첫 번째 시는 「산거山居」라는 제목 아래 지은 11首의 연작시 중 한 首이다. 시를 살펴보면 자신의 사환仕宦 진출부터 과천으로 은거하기까지의 과정과 과거에 대한 후회를 읊었다. 그 과정은 초기 사환기의 정황과 포부 → 중기 사환기의 시련 → 목민관牧民官으로의 활약 → 과천 은거로 요약된다.

수련은 처음 벼슬에 나아간 초년기에 뜻과 기개가 넘치던 시절을, 함련은 영조의 탕평책을 지지하는 완소의 입장에 섰다가 견해의 차이로 奇怪한 사람으로 지목된 중년기를 말하고 있다. 이광덕은 자신이 추구하는 탕평의 골자는 영조에 대한 무함을 분변하는 것으로, 무신란 이후로 함께 완소계열의 핵심 인물이었던 성빈聖賓 송인명宋寅明, 치회稚晦 조현명趙顯命과 의견 차이를 보인 것도 그 요점이 여기에 있고, 벼슬에서 물러나 조정에서 벼슬을 하지 않고자 한 것도 요점이 여기에 있다고 스스로 해명하였다.[108] 특히 내용상의 대구와 함께 '탕탕평평蕩蕩平平'과 '기기괴괴奇奇怪怪'로 음률 상의 대구를 맞춘 표현기법이 뛰어나다.

경련은 1727년 호남湖南 감진어사監賑御史로, 1734년 갑산 부사甲山府使로 나갔을 때 호남의 굶주린 백성들을 애달파하고, 강삼江蔘(함경북도 강계에서 나는 인삼)을 가지고 농간을 부리는 교활한 장사치들을 단속하던 목민관 시절의 일을 말하였다. 관료로서 투철한 사명의식과 목민관

107 李匡德, 『冠陽集』 권2, 「物情」(『총간』 209, 364면).

108 李匡德, 『冠陽集』 권14, 「寄季弟(匡文-필자주-)書」(『총간』 209, 488면). "蓋辨聖誣, 卽吾所蕩平骨子, 吾與賓(宋寅明-필자주-)晦(趙顯命-필자주-), 戊申以後意見差異大處在是, 而吾奉身決退, 不欲在朝者大處亦在於是."

으로서 백성들에 대한 연민이 느껴지는 구절이다. 미련은 관직에 뜻을 버리고 다시 고향에 돌아와 한가로이 그저 바둑이나 두며 봄날을 보내는 야인의 삶을 그리고 있다.

두 번째 시는 제목에서도 알 수 있듯 조정을 떠나 과천에서 은거하는 자신에 대한 자소自笑이다. 함련에서 말한 '강가의 이 괴물'은 바로 자신으로, 괴물怪物은 앞의 상소문에서 본 것처럼 조정에서 자신을 비방하던 인사들이 이광덕을 지칭하던 말이다. 경련은 다시는 조정으로 복귀하지 않겠다는 확고한 뜻으로, 동문 밖은 자신이 은거하는 과천을, 서풍의 먼지는 조정의 부름을 의미한다. 미련에서 자신은 조정에 나아갈 마음을 접었지만, 과천의 청계淸溪는 물정을 몰라 한강漢江으로 계속해서 흘러간다는 표현이 참신하다.

세 번째 시의 수련은 한바탕 웃음으로 물정物情에 초탈한 모습을 형용하였다. 함련은 세상살이는 자연의 순리를 따라야 하고, 세상일이 모두 자기 뜻대로 되지는 않는다는 깨달음을 말하였고, 이어 경련은 매화와 학, 눈 속의 나귀를 함께 가질 수 없음을 그 예로 들었다. 미련은 현실의 공명과 세상 물정에 초탈한 자신의 의지를 말하였다. 이광덕이 세상에 대한 미련을 떨쳐버리고 전원에 은거하며 한가한 일상을 즐기는 듯하지만, 위의 시는 그 속에서도 여전히 자기고민과 내적 갈등을 겪고 있음을 말해준다. 다음의 시에서도 이광덕의 이러한 처지를 읽을 수 있다. "나는 너희들과 은원을 다투지 않았는데, 무슨 일로 벌레처럼 다시 헐뜯으려 하느냐![我非與汝爭恩怨, 何事牀虫復欲訕.]"[109], "세상에 나가서는 몸과 이름 어긋났고, 선비 되어서는 도와 술수가 그릇되었네.[出世身名錯, 爲儒道術非.]"[110], "창가에는 나그네 잠들지 못하고, 달을 보고

109 李匡德, 『冠陽集』 권1, 「黃昏」(『총간』 209, 336면).

일어나 「양보음梁甫吟」 부르네.[窓間有客眠不得, 見月起唱梁甫吟.]"[111] 마지막 구절의 「양보음」은 촉한蜀漢의 제갈량諸葛亮이 유비劉備를 만나기 전 태산泰山 아래 양보산梁甫山에서 농사지을 때 불렀다는 노래로, 세상을 다스릴 만한 재주를 지니고 있음에도 이를 실현하지 못하는 것을 비통해하는 내용이다.

이광덕은 전원의 일상을 단편의 시가 아닌 연작시連作詩로 읊어 자신의 생활과 그때그때 느낀 소회를 시로 표현하기도 하였다. 다음의 시에서 이러한 양상을 볼 수 있다.

봄나물 집에 모두 파종하니	春菜家皆種
나는 더욱 묘처를 안다네	吾尤妙處知
시원한 가지는 술안주에 제격	茄凉宜酒佐
부드러운 아욱은 국거리에 안성맞춤	葵滑合羹資
장아찌 담아 귀한 손님 대접하고	塩漬羞尊客
울타리 쳐서 도둑질하는 아이 막네	籬圍禦盜兒
山谷의 詩論을 생각하다가	因思山谷論
다시 達夫의 詩를 읊조리네	更誦達夫詩

귀한 벗은 소식이 없고	貴友無投簡
스님도 문 두드리지 않으니	麤人不叩扉
깊은 사귐은 낚시꾼에게 주고	深交贈釣笠
헐값에 관복을 팔아버렸네	輕價鬻朝衣
우연히 형장의 죽음 면하고	偶免桁楊死
瘴氣 가득한 바다에서 돌아왔네	能從瘴癘歸
지금부터는 닭과 술 실컷 먹을 테니	從今鷄麴喫

110 李匡德, 『冠陽集』 권1, 「晨覺」(『총간』 209, 340면).

111 李匡德, 『冠陽集』 권1, 「月出(註 : 七古)」(『총간』 209, 344면).

화복의 이치란 정말로 미묘하네　　禍福理誠微

세상의 버림받고 문득 은거하니　　世棄還高蹈
벗들은 멀어져 절로 쓸쓸한 신세　　朋踈自索居
아! 녹봉에 집착하는 삶 혐오했으니　　嗟曾嫌蹴食
허공에다 끄적대는 일은 하지 않네　　咄不作空書
마구간의 준마는 鳳城에서 갈기 휘날렸고　　櫪駿鳳城鬣
소반의 진미는 蝟島의 물고기였지　　盤珍蝟島魚
뽕밭이 다시 바다가 되기도 하니　　桑田容復海
어찌 매달아 놓은 安車를 내리겠는가　　肯下已懸車

굽은 골목이라 駟馬 다니기 어렵고　　巷迂難枉駟
땅이 좁아 초가집 용납하기도 힘드네　　地窄劣容茅
돌 주워다 높은 섬돌 대신하고　　拾石排危砌
벼랑 깎아내어 작은 서재를 지었네　　斫崖揷小巢
나무엔 안개 서려 휘장 친듯하고　　樹烟垂帳箔
오동나무 빗소리는 악기 연주 소리인 듯　　桐雨韻絃匏
晦息이란 명칭도 분수에 넘치니　　晦息斯爲侈
이름에 걸맞게 교유도 끊으려네　　宜名請息交

이 병의 이름은 한가한 병　　是病名閒病
조용한 낮에도 평상에서 쉬네　　愔愔晝在牀
바둑이 제일 좋은 약이고　　棋惟上品藥
술이 名醫의 처방이라네　　酒是大醫生
땔감 떨어져도 종놈은 어찌나 게으른지　　薪絶奴何懶
뽕잎 떨어지자 부인은 혼자 바쁘네　　桑稀婦自忙
어찌 전혀 아랑곳 않는다 말하랴만　　云胡都不省
그래도 오십의 한창나이와 같다네　　自倚五旬强[112]

두 번째 시의 "우연히 형장의 죽음 면하고, 장기瘴氣 가득한 바다에서 돌아왔네.[偶免桁楊死, 能從瘴癘歸]."라는 내용으로 보아 이 시는 영조 신유년(1741, 영조17)에 아우인 지평持平 이광의李匡誼를 변호하는 상소를 올렸다가 연좌되어 해남海南으로 유배되었다가 풀려나 과천으로 돌아온 뒤에 지은 연작시이다. 전체적으로 전원에서의 한가한 일상을 읊었는데, 이전의 시에서 보이던 불평했던 심사와 자조보다는 완전한 은거로의 회귀回歸와 결코 관직에 나아가지 않겠다는 이광덕의 굳건한 의지를 볼 수 있다.

구체적으로 살펴보면 첫 번째 시는 농사꾼이 다 되어 때때로 송宋나라 황정견黃庭堅(산곡山谷)과 임포林逋(달부達夫)의 시로 여가를 보내는 자신을 삶을 그리고 있으며, 두 번째 시는 관직에 나가지 않겠다는 의지와 유배에서 돌아와 전원에서 자유로운 삶을 다시 얻은 감회를 읊었다. 세 번째 시는 관직에 나아갈 마음이 없음을 더욱 극명하게 드러내었다. 함련의 '허공에다 끄적대는 일'은 자기의 신세를 한탄한다는 뜻으로, 진晉나라 은호殷浩가 평민으로 전락한 뒤에 하루 종일 허공에다 '쯧쯧, 괴이한 일이로다[咄咄怪事]'라는 네 자를 쓴 데에서 유래하였다. 경련의 첫 구는 기미년(1739, 영조15)에 동지사冬至使 부사副使로 연경燕京에 다녀온 일을, 둘째 구는 임자년(1732, 영조8)에 호남湖南 감진어사監賑御史로 나갔던 일을 말하는 듯하다. 미련의 안거安車를 내리지 않겠다는 말은 관직에 나가지 않겠다는 의미로, 설광덕薛廣德이 한 원제漢元帝에게 하사받은 안거를 매달아 놓고 출사하지 않은 고사를 원용한 것이다. 네 번째 시는 과천 산골에 소박하게 지은 자신의 서재書齋의 풍경과 '회식晦息'이라는 서재의 이름에 걸맞게 외부와의 교유마저 끊겠다는

112 李匡德, 『冠陽集』 권2, 「端居」 5首(『총간』 209, 361면).

다짐이다. 다섯 번째 시는 술과 바둑으로 한가한 일상을 보내는 자신의 모습이다.

시의 소재로는 가지, 아욱, 닭고기와 같은 음식, 약물 등 일상의 언어들을 시어로 썼을 뿐 아니라, 구법 역시 쉽고 간결한 산문 투에 가깝다. 이러한 특징은 18세기 한시의 주요한 특징이기도 하다.[113] 이광덕의 전원시와 관련하여 또 주목할 점은 같은 위의 시처럼 같은 제목으로 연작시를 즐겨 창작했다는 점이다. 이러한 종류의 시로는 앞에서 살펴본 「산거山居」 11수와 「산거즉사山居卽事」 4수[114], 「전사잡영田舍雜咏」[115] 등이 있다.

이상에서는 이광덕의 전원시에 대해 고찰해 보았다. 이광덕 전원시의 형식상 특징은 고시와 절구보다는 주로 율시를, 율시 중에서도 특히 7언 율시가 두드러진다는 점이다. 이는 이광덕이 전원시에만 나타나는 특징이 아니라, 『관양집』에 실린 전체의 시를 놓고 보더라도 그대로 적용된다. 물론 7언 율시의 선호를 이광덕에게 국한 시킬 수만은 없지만, 이광덕이 한시 창작에 있어 형식적으로 완결성을 중시하는 7언 율시를 선호한 점은 바꿀 수 없는 사실이다. 앞서 유배지에 있는 아우 이광의에게 보낸 편지에서 작시의 모범으로 『향산집香山集』을 언급하며 "향산의 시는 생각을 빚어낸 것이 상세하고 절실하며, 글자를 배치하고 대우對偶를 맞추는 것이 모두 가장 정밀하여 갖추어져 있어 배울 만하다."라고 말한 내용에서도 이광덕이 한시 창작에서 글자를 배치하고 대우를 중시한 점을 알 수 있다. 결과적으로 보면 이광덕은 자신의 창작 경향과 가장 잘 부합하는 7언 율시를 적극적으로 창작에 활용한

113 강혜선, 앞의 논문, 2012, 149면.

114 李匡德, 『冠陽集』 권1, 「山居卽事」 4首(『총간』 209, 355면).

115 李匡德, 『冠陽集』 권2, 「田舍雜咏 甲辰」(『총간』 209, 368면).

셈이다. 또 이광덕은 스스로 관인官人보다는 사인士人의 삶을 선택하여 전원의 일상을 시로 읊었는데, 시 속에는 단순히 전원의 한가한 일상에서 느끼는 흥취와 감흥뿐 아니라, 자신에 대한 깊은 자조를 볼 수 있었다. 이는 은거하는 삶을 살면서도 당면한 현실 속에서 끊임없이 자기 정체성을 찾아가려 했던 그의 고민이 반영된 결과이다.

2) 산수 유람의 감흥과 경물景物 묘사

이광려李匡呂는 벼슬에 마음을 두지 않고 평생 학문에 종사하며 사인士人으로 살았다. 이덕무李德懋는 "진사 이광려의 시는 아름답고 무거우며 깊고 깨끗하여 온 나라에 이름났는데, 어떤 이는 그의 시詩가 당세 제일이라 한다."[116]라고 하였다. 그가 남긴 152제題 326수首의 시를 살펴보면 학문과 철리哲理에 대해 언급한 시보다는 생활 주변에서 일어나는 크고 작은 인사人事 및 일상생활과 유람을 통해 마주한 자연경물自然景物을 소재로 창작한 시들이 많다.[117] 이는 그가 자신의 학문 세계나 현실에 대한 인식을 시로 담아내기보다는 일상에서 느끼는 감정과 소회를 위주로 시를 창작했음을 말해주는 것이다. 이러한 작시 경향은 그가 산수 유람을 하면서 지은 시와 경물을 읊은 시에서 잘 드러난다. 먼저 북한산을 유람하고 지은 시를 보자.

새벽녘에 일어나 어디로 가나	晨興欲何去
지팡이에다 가벼운 차림새로	杖策復輕衣

116 李德懋, 『靑莊館全書』 권34, 「淸脾錄 三」(『총간』 258, 049면). "李進士匡呂, 字聖載, 詩雅重深潔, 名滿一國. 或云, 詩爲當世第一."

117 이광려 시의 내용상의 특징과 소재에 대해서는 김동하, 앞의 논문, 1995에서 자연을 소재로 한 시, 인사를 소재로 한 시, 사회를 소재로 한 시로 분류한 바 있다.

정토사에선 멀리 밭이 보이더니 淨土看田遠
산성에는 푸른 기운이 감도네 山城還翠微
봉우리 걸린 뭉게구름 흩어지고 嶺雲穿冉冉
모랫가엔 쨍쨍 햇살이 내리쬐네 沙日坐暉暉
냇가에서 마음대로 쉬다가 隨意川邊歇
산사에 들러 하룻밤을 묵노라 禪宮宿不歸[118]

북한산성 넘자 시야가 비로소 확 트이니 李公城外眼初寬
한가할 때 올라 객의 즐거움 실컷 맛보네 暇日登臨盡客歡
군량 창고 높아서 참새와 쥐 불러들이고 兵粟倉高來雀鼠
입직 승병 절 망가졌다고 양반네들 싫어하네 番僧寺弊厭衣冠
성난 폭포 아래 교각엔 계곡 바람 세차고 瀑喧橋閣溪風急
비에 젖은 사찰 뜰은 꽃과 나무마저 차구나 雨映禪增花木寒
이곳에서 기다리며 수석 실컷 구경하다가 正待此中窮水石
날이 개면 다시 민지암을 찾아가리라 天晴更去閔菴看[119]

위의 시는 북한산을 유람하고 지은 작품이다. 『이참봉집』에는 시를 창작한 시기가 표시되어 있지 않으나, 이광찬의 『중옹유고』에 제목은 다르지만 「보출정토, 전과탕춘대입북한, 신미수하步出淨土, 轉過蕩春臺入北漢, 辛未首夏」, 「입북한차두율운入北漢次杜律韻」, 「세검정洗劍亭」, 「백운동白雲洞」이라는 작품이 실려 있어 북한산 유람은 신미년(1751, 영조 27) 초여름에 이루어졌고, 이 유람에는 종형 이광찬이 동행했다는 사실을 알 수 있다.

첫 번째 시는 4월 9일에 걸어서 정토사淨土寺를 나와 발길을 돌려 탕춘대蕩春臺를 지나 북한산으로 들어가기까지의 과정과 산사에서 하

118 李匡呂, 『李參奉集』 권1, 「四月九日, 步出淨土, 轉過蕩春臺入北漢」(『총간』 237, 241면).
119 李匡呂, 『李參奉集』 권1, 「北漢」(『총간』 237, 242면).

룻밤을 묵을 때까지의 여정을 읊은 시이다. 이들은 서대문 정토사에서 하루를 묵고는 헤어지기가 아쉬웠는지 북한산 쪽으로 발걸음을 옮긴다. 정토사는 서대문구 백련산白蓮山에 있었던 사찰로, 현재의 사찰의 명칭은 정토사가 아니라 백련사白蓮寺로 바뀌었다. 이 정토사는 남인南人인 국포菊圃 강박姜樸, 신절재昚節齋 이인복李仁復, 청담淸潭 이중환李重煥, 모헌慕軒 강필신姜必愼을 주축으로 결성된 백련시사白蓮詩社의 배경이 되는 곳이다. 이광찬의 집은 서대문 초미우물 근처에, 이광려의 집은 종로구 평동 월암동月巖洞 부근에 있었기 때문에 이들의 집에서 가까운 정토사에서 모임을 가지고 하룻밤을 묵었던 것으로 보인다.

수련은 새벽녘 정토사에서 어디로 길을 잡을까 고민하는 모습을 그리고 있고, 함련은 정토사에서 바라본 전망과 북한산성으로 들어가 마주한 광경을, 경련은 '염염冉冉'과 '휘휘暉暉'의 시어를 사용하여 동적인 산세와 정적인 계곡 모랫가의 풍경을 세밀한 시선으로 담아내었다. 전체적으로 새벽부터 밤까지 유람의 여정을 시간의 흐름에 따라 시선의 이동과 경관의 변화를 자연스럽게 묘사하였다.

두 번째 시는 북한산성을 지나 더 깊숙한 곳으로 들어가 주변의 경관과 흥취를 읊은 시이다. 함련은 군량 창고가 높은 산에 위치하여 참새와 쥐가 모여드는 광경과 산성을 지키며 유람 온 양반들 때문에 절 분위기가 망가질까 눈살을 찌푸리는 승병僧兵의 모습을 포착하여 이를 대비적으로 묘사한 점이 인상적이다. 실제 북한산성은 중요한 도성 외곽의 군사 요충지로 곳곳에 군량 창고가 있었으며, 도총섭都摠攝이 머물던 북한산성의 대표적인 승영僧營인 중흥사重興寺를 중심으로 북한산 내 사찰에 소속된 승병들이 번을 서가며 산성의 수비를 담당하였는데, 이러한 모습을 고스란히 시에 담아내었다.

경련은 성난 폭포와 세찬 바람이 어우러진 교각과 비 내리는 스산한 사찰의 뜰에 핀 꽃과 나무를 대비적으로 묘사하여 일상적인 공간과는 사뭇 다른 산중山中과 산사山寺의 모습을 '급急'과 '한寒'이라는 시어로 공감각적으로 표현하였다. 미련은 비 내리는 산사에서 물이 불어나 장관을 이룬 계곡의 수석水石을 실컷 구경하고 날이 개면 민지암閔漬菴을 찾아가리라는 기대감을 드러내었다. 민지암은 북한산 내 사찰인 서암사西巖寺가 있던 곳이다. 이광려는 유람시에서 주로 절구를 선호하는 경향이 있는데, 북한산 유람에서는 동행한 이광찬과 함께 같은 제목으로 차운을 해야 하는 까닭에 의도적으로 오율과 칠율의 형식을 선택한 것으로 보인다. 다음은 비가 내린 뒤 탕춘대와 세검정 주위의 광경을 읊은 연작시이다. 시를 지은 배경을 상세히 제목에 기술하였기에 함께 제시한다.

비가 내린 뒤에 북한산 계곡에서 폭포를 보고 세검정 쪽으로 나가려는데, 계곡 위에 또 한 줄기의 가느다란 폭포가 눈에 띄었다. 그 위에 '看鼎寮'라고 편액을 달고 초가로 된 許氏의 정자가 있기에 시로 읊지 않을 수 없다.

바짝 말라버린 몇 리에 걸친 계곡물　　數里沿溪苦不深
흥취 일어 발걸음 했으니 날씨에 맡길밖에　　興來行跡任晴陰
산성에서 밤새도록 비바람이 몰아치기에　　山城一夜風和雨
누워서 탕춘대의 장쾌한 폭포 소리 상상하네　　臥想春臺長瀑音

탕춘대의 수석은 해마다 그대로이니　　春臺水石自年年
이제야 알았네, 溪山에 별천지 있는 줄　　始見溪山有別天
동쪽 물줄기 따라 아스라한 폭포에 이르니　　探到東源高瀑處
허씨의 정자 앞에는 산단화가 만발하였네　　山丹花發許亭前

허씨 집 아궁이에 불을 지핀 지 얼마인고	許家燒竈問何年
탕춘대 가까운 곳에 선경을 이루었구나	便卽春臺作洞天
물길 따라 나누어진 길로 가지 않고	不爲沿流分道去
무슨 인연으로 이 정자 앞에 이르게 되었나	何緣看到此亭前[120]

상세한 제목에서 시를 짓게 된 배경을 알 수 있다. 탕춘대와 세검정 주위는 북한산 계곡물이 모여 내려오는 길목으로, 소낙비가 올 때 콸콸 쏟아져 내리는 물 구경을 하기에 좋은 명소였다. 첫 번째 시는 말라 버린 북한산 계곡물에 대한 실망감과 밤사이 내린 비로 탕춘대의 시원한 폭포를 구경할 수 있으리라는 기대감을 동시에 표현하였다. 두 번째 시는 기대를 저버리지 않는 별천지 탕춘대의 수석과 물줄기 따라 이른 허씨許氏의 정자 앞에 만발한 산단화의 모습을 묘사하였다. 허씨가 누구인지는 알 수 없으나 다른 정자와 달리 초가로 된 정자가 특이하다. 세 번째 시는 탕춘대 앞에 선경을 이룬 간정요看鼎寮가 언제부터 있었는지에 대한 궁금함과 무슨 인연이 있기에 자신이 이러한 선경仙境에 이르게 되었는가에 대해 자문을 하며 마무리하였다.[121] 그때그때 눈에 들어오는 모습과 자신의 소회를 7언 절구의 형식으로 군더더기 없이 간결하게 묘사하였으며, 아울러 연작의 형식을 취하였으나 세 편의 시가 각각의 즉흥시卽興詩처럼 동떨어져 있다기보다는 하나의 제목 아래 시상의 흐름과 내용이 서로 긴밀하게 연결되어 있어 작가의 구성력이 돋보이는 작품이다. 다음은 한강 유역을 유람할 때 지은 시를 보자.

120 李匡呂, 『李參奉集』 권1, 「雨後自北漢沿溪看瀑, 將出洗劍亭, 見溪上又有一源高澗細瀑, 其上有許氏茅亭, 扁曰看鼎寮, 不可以無詠」(『총간』 237, 242면).

121 이 밖에도 『이참봉집』에 실린 「步至洗劍亭巖寺僧人致晚飯」, 「入北漢宿扶旺寺明日歸」 등의 작품을 볼 때 이광려가 북한산과 그 주변을 자주 유람했다는 사실을 알 수 있다.

숭어잡이 배 몇 달을 구했던가	幾月問鯔艇
오늘 새벽에야 세곡선 한 척을 빌렸다네	今晨借漕舟
결국엔 분분한 젓가락질에 사라지는 신세	紛紛終一筯
빽빽이 늘어놓은 놈이 천 마리도 넘는 듯	戢戢過千頭
자그마한 놈은 도망가도록 내버려두고	細小從逋越
뱃놀이하며 실컷 술잔을 들이켜보네	流連厭拍浮
느지막이 돌아와 정자 위에서 바라보니	晩來亭上望
풍경은 이제 막 가을빛으로 접어들었네	雲物已新秋[122]

소금 시장이 서는 西江을 두루 오르내리며	鹽市西江沿泝遍
날 저물어 고기잡이는 새벽부터 시작됐네	到昏漁打自天明
배 곁의 모래섬은 환해졌다가 다시 어두워지고	傍船沙嶼晴還黑
눈앞으로 스쳐 지나는 누대는 세워졌다 눕혀졌다	過眼樓臺縱復橫
다시 만난 좋은 유람은 7월 旣望이 아니지만	邂逅良遊非旣望
전해 내려오는 뛰어난 자취와 명성을 다투네	流傳勝蹟與爭聲
훗날 壬申年 칠월에 좋은 모임 열 때에는	他年七月壬申好
잠두봉의 옛 방식 따르지 않으리	不用蠶頭舊法程[123]

시 두 편의 계절적 배경은 가을이며, 한강漢江의 세심정洗心亭이라는 정자와 '서강西江'이라 일컫는 마포 일대를 배로 유람하고 읊은 작품이다. 세심정은 이광려의 시에 자주 등장하는데,[124] 한강 마포[三浦]에 있던 영조의 부마 금성위錦城尉 박명원朴明源(1725~1790)의 별장이었던 세심정을 가리키는 듯하다.[125] 첫 번째 시는 7월 5일에 세심정에서 배를

122 李匡呂, 『李參奉集』 권1, 「七月五日, 舟自洗心亭, 沿洄觀漁」(『총간』 237, 242면).

123 李匡呂, 『李參奉集』 권1, 「七月二十七日, 自洗心亭泛舟, 至蠶頭, 依翠軒靈通舊令各賦」(『총간』 237, 243면).

124 『李參奉集』에 실린 「洗心亭次損仲韻」, 「洗心亭逸兩鶴其一墜崖而死」 등의 작품이다.

125 朴明源은 燕巖 朴趾源의 三從兄으로, 『燕巖集』 「年譜」를 참조하면 박지원은 박명

타고 오르내리며 숭어잡이 구경을 하고 읊은 시이다. 수련에서 알 수 있듯이 이광려는 몇 달 전부터 가을철 숭어잡이 구경을 손꼽아 기다려 왔다. 숭어회가 가을이 제철이기도 하지만, 떼로 줄을 지어 다니는 숭어의 습성 때문에 좀처럼 보기 힘든 장관을 구경할 수 있기 때문이다. 함련은 횟감으로 상에 올라 쉴 틈 없는 유람객의 젓가락질에 금방 사라지는 숭어의 운명과 배 너머로 떼를 지어 유유히 헤엄치는 살아있는 숭어의 모습을 대비적으로 잘 묘사하였다. 경련은 배 위에서 만끽하는 주연의 즐거움을, 미련은 뱃놀이에서 돌아와 저물녘 정자에서 어느새 성큼 다가온 가을 정취에 대한 여운으로 마무리하였다.

두 번째 시는 7월 27일에 벗들과 세심정에서 배를 타고 잠두봉蠶頭峰에 이르러 읊은 시이다. 마포는 전국에서 세곡선稅穀船과 상선商船이 모여드는 곳이었으니, 수련에서 알 수 있듯 소금 시장 역시 이곳에서 열렸던 듯하다. 세심정에서 배를 타고 마포 주위를 오르내릴 적에 자주 눈에 들어오는 것은 새벽부터 해가 저물도록 멈출 줄 모르는 고기잡이 배의 조업 광경이다. 때가 때인 만큼 임술년(1502, 연산군8) 7월 기망旣望에 읍취헌挹翠軒 박은朴誾이 잠두봉으로 뱃놀이를 했던 옛일[126]이 생각

원을 따라 燕行을 다녀온 후 박명원의 소유인 마포[三浦]의 洗心亭에 머무르며, 李德懋, 朴齊家, 柳得恭 등과 교유하였다. 『연암집』 4권에 실려 있는 「江居慢吟」의 "우리 집 문밖은 바로 西湖 나루 근처, 쌀 사려 소금 사려 몇 곳의 배들이냐.[我家門外卽湖頭, 米鬨鹽喧幾處舟.]라는 구절을 보면 이 시가 마포의 세심정에 머물면서 지은 시임을 알 수 있다. 이후에 이광려는 박지원과 인연을 맺는다. 박지원은 1780년에 評洞에 있던 처남 李在誠의 집에 거처하였고, 이 무렵 평동 月巖부근에 살고 있었던 이광려와 교유한다. 박지원과 이광려의 만남에 대해서는 박희병, 『나의 아버지 박지원』, 돌베개, 1998, 55~56면 참조.

126 朴誾, 南袞, 李荇 등 3인이 1502년(연산군8) 봄과 가을에 開城의 天摩山과 서울의 蠶頭峰을 유람하며 지은 詩賦를 기록한 『天磨蠶頭錄』이 있다. 『천마잠두록』은 『天磨錄』과 『蠶頭前後錄』의 2권으로 구성되어 있는데, 『잠두전후록』은 1502년 7월 旣望과 10월 보름에 서울의 잠두봉 아래에서 蘇東坡의 적벽고사를 흠모하여 뱃놀이를

나 양화楊花 나루의 잠두봉으로 뱃길을 잡는다. 잠두봉으로 가는 길에 배 너머로 밝아졌다 어두워지는 주위의 모래섬과 누대가 시야에 들어온다. 경련은 비록 날짜는 다르지만, 자신의 유람을 임술년 7월 기망에 있었던 박은 일행의 유람에 견주었다. 미련에서 말한 훗날 임신년 7월의 좋은 모임은 1752년 7월 기망의 뱃놀이를 말한다. 『중옹유고』에 실린 이광찬의 시를 통해 이때에 이광려가 자신의 형인 이광윤李匡尹, 종형인 이광찬, 이진순李眞淳의 사위인 서무수徐懋修 등과 함께 한강에서 다시 뱃놀이를 했다는 사실을 알 수 있다.[127] 잠두봉의 옛 방식은 제목에서 말한 영통사靈通寺의 옛 방식으로 정해진 시각 안에 시를 짓지 못하면 벌주를 마시는 규칙을 말한다.[128]

두 편의 시는 각각 오율과 칠율의 형식으로 가을 무렵 한강 주변의 풍광을 담아내었으나 과장된 비유나 허상이 아니라, 자신의 눈에 비치는 모습을 있는 그대로 사실적이고 핍진하게 묘사하였다는 점이 특징적이다. 사군四郡 지역을 유람하러 가는 길에 배 위에서 지은 시에서도 이러한 특징이 보인다.

사군은 영춘永春(지금의 영동), 단양丹陽, 제천堤川, 청풍淸風을 말하는데, 이 지역은 경관이 수려하여 예전부터 사대부들이 자주 유람을 즐겼던 곳이다. 이광려는 신사년(1761, 영조37)에 서무수가 단양군수로 부임한 후로 두 차례에 걸쳐 사군을 유람하였다.[129] 첫 번째 유람은 신사년

하며 수창한 시를 모아놓은 것이다. 이에 대해서는 김은정, 「읍취헌 박은의 교류와 유람의 한시 천마잠두록」, 『한국한시작가연구』 4, 한국한시학회 1999 참조.

127 李匡贊, 『中翁遺稿』, 「七月旣望與聖任(李匡尹-필자주-)勗之(徐懋修-필자주-)輩泛舟洗心亭(壬申年)」.

128 靈通은 경기도 長湍의 五冠山에 있는 靈通寺를 가리킨다. 이 절의 西樓는 특히 경치가 빼어나 松都 제일로 꼽힌다. 朴誾의 『挹翠軒遺稿』 권1에 의하면 박은이 예전에 벗들과 영통사에서 정해진 시각 안에 시를 짓지 못하면 벌주를 마시는 규칙을 정해서 놀았던 적이 있으며, 「靈通寺記興」이란 제목의 오언고시가 전한다.

(1762, 영조38) 5월에 있었고, 두 번째 유람은 계미년(1763, 영조39) 4월에 있었다. 서무수와 왕래한 편지를 통해 두 번째 유람에는 妻男인 조영익趙榮翼(1729~?)과 족질 이성순李性淳이 함께 하였다는 사실을 알 수 있다. 조영익은 조경빈趙景彬의 아들로, 조경빈은 이광려의 장인이다. 이성순은 이광직李匡直의 아들로, 이광보李匡輔의 양자이다. 이성순도 서대문 월암月巖에 살았기에 이광려와 동행한 것으로 보인다. 다음의 시를 보자.

강줄기 따라 물길을 헤쳐가니	江行浦澂永
서풍에 부딪혀 물보라 일어나네	西風吹浪花
뒤따르는 배를 막 여울에 끌어올릴 때	後舟方曳灘
앞서가는 배의 돛은 백사장을 돌아가네	前帆如轉沙
두미포 끝자락 넘어서려니	斗尾浦欲盡
우천의 모래가 차츰 보이네	牛川稍出沙
저 멀리 눈에 또렷한 광경은	遠遠明人眼
영성강 가에 늘어선 민가들	靈城江上家
저 멀리 나옹화상의 탑	天遠懶翁塔
빙 두른 모래사장 그림 같구나	環洲如畫圖
평생 잊을 수 없는 것은	一生未可忘
신륵사 앞 호수의 경치라네	神勒寺前湖
돛을 걸어 곧바로 서풍을 타고	掛席西風正

129 심경호, 앞의 논문, 2011, 255~258면에서 문중본 『이참봉집』과 국사편찬위원회본 『이참봉집』을 바탕으로 이광려의 서찰을 系年化하였는데, 그 중 서무수와 왕래한 서찰에서 四郡지역을 여행했던 시기와 정황에 대한 정보를 알 수 있다.

아득한 강물을 가르며 지나가네　　江天破浪過
홍원창 아래 드넓은 곳　　興元倉下濶
섬강에서 또 파도가 세차지네　　蟾水也橫波[130]

위의 시는 한강에서 배를 타고 사군으로 가는 도중에 읊은 작품으로, 출발지에서부터 강원도 원주 홍원창興元倉까지의 여정과 풍경을 5언 절구의 형식을 취해 10首의 연작으로 읊었다. 첫 번째 시는 한강을 출발할 때의 광경을, 두 번째 시는 두미포斗尾浦와 영성강靈城江을, 세 번째 시는 여강驪江의 신륵사神勒寺를, 네 번째 시는 홍원창과 섬수蟾水의 경관을 담아내었다. 배를 타고 물길을 따라 이동하면서 그때그때 눈 앞에 펼쳐지는 광경을 장황하게 설명하기보다는 사실적이고 핍진한 묘사를 통해 한 컷 한 컷 장면으로 배치하여 현장감을 살리고 있다는 점이 가장 큰 특징이다. 또 5언 절구의 형식을 취하여 짧은 호흡으로 간결하고 압축적으로 정경을 묘사하고 있다는 점이 주목할 만하다.

아울러 시어의 측면에서 보면 여주驪州 지역 남한강을 뱃길로 지나면서 지역명과 강 이름 등 고유명사를 직접 시어로 활용한 점이 특이한데, 둘째 수의 두미포斗尾浦, 우천牛川, 영성靈城, 셋째 수의 나옹懶翁, 신륵사神勒寺, 넷째 수의 홍원창興元倉과 섬수蟾水에서 그러한 점을 볼 수 있다. 이 외에도 생략된 4수에서는 다시 영성靈城과 우천牛川을, 6수에서는 葛山을, 8수에서는 이호梨湖과 여강驪江를 시어로 사용하였다. 보통 시에서 고유명사를 직접적으로 노출하여 쓰는 경우는 드문데, 이광려는 지역을 나타내는 고유명사를 시어로 노출하여 각각의 시에서 묘사하는 지역의 정경과 조화를 이룸으로써 오히려 고풍스럽고 자연스러운 미감을 살렸다. 절구의 형식을 취하여 경물과 시상을 간결하고

130 李匡呂, 『李參奉集』 권1, 「江行(註 : 舟上四郡) 10首」(『총간』 237, 247면).

압축적으로 그려내는 이광려 한시의 특징은 산수의 정경을 묘사한 시 뿐만 아니라, 유람 도중에 마주한 누정樓亭을 읊은 시에서도 찾아볼 수 있다.

대동루와 마주 보고 서 있는 연광정	練光亭對大同樓
겹겹의 청산은 능라도와 어우러졌네	重疊靑山映綠洲
잠에서 깨자 주렴 사이로 아침 해 뜨고	睡起簾旌上初日
온 강은 배 오가는 소리로 삐걱삐걱	半江伊軋動行舟[131]

寒碧이라는 편액 淸閒한 경치와 걸맞으니	扁題寒碧稱淸閒
여강도 이곳의 풍광과는 견줄 수 없네	未許驪江比此間
응당 이름난 누각에는 아득한 풍광 더하니	應與名樓添遠色
금병산 하늘 너머로 다시 볼 만한 산이 없다네	錦屛天外更無山[132]

첫 번째 시는 평양 대동강의 연광정에서 지은 시이다. 『대동시선大東詩選』에는 제목이 「숙연광정宿練光亭」으로 되어있다. 연광정에서 느끼는 자신의 정감을 말하기보다는 연광정 주변의 경관을 간결하게 잘 그려내었다. 기구에서는 연광정의 위치를, 승구는 연광정에서 바라본 주변의 경관을, 전구와 결구는 아침 해가 떠오를 때 연광정의 풍경을 묘사하였다. 승구에서 말한 푸른 섬은 연광정에서 바라보이는 초록빛 능라도綾羅島를 말한다. 특히 고요함 속에서 아침 해가 떠오를 적에 노를 저어 강을 지나가는 배의 모습을 포착하여 정적이면서도 동적인 연광정 주변의 분위기를 잘 묘사한 전구와 결구가 인상적이다.

두 번째 시는 서무수가 단양군수로 있을 때, 사군 유람을 가는 도중

131 李匡呂, 『李參奉集』 권2, 「主人共宿練光亭晨起」(『총간』 237, 259면).
132 李匡呂, 『李參奉集』 권1, 「寒碧樓」(『총간』 237, 248면).

에 충청북도 제천堤川의 청풍淸風에 있는 한벽루寒碧樓에 올라 지은 시이다. 한벽寒碧이라는 편액에 착안하여 시상을 전개한 점이 특이하다. 기구와 승구에서는 한벽의 명칭과 주변의 청한淸閒한 경치가 이루는 조화를, 전구와 결구에서는 누각 건너편으로 보이는 빼어난 금병산錦屛山의 정경을 말하여 한벽루가 명루名樓임을 다시 부각시켰다. 신대우申大羽는 이광려의 시를 평하여 "시 역시 풍정風情이 깃들어 현담玄談의 풍기風氣가 가득하였는데, 비록 화려한 조탁彫琢에 힘을 기울이지 않았으나, 그 말이 모두 고상하고 미묘하여 티끌이 없어 화씨의 벽옥이 옥 덩이 상태로 있어도 광채를 토해내는 것과 같았다."[133]라고 하였는데, 이광려의 위와 같은 시에서 이런 분위기를 느낄 수 있다. 다음은 사군으로 가는 길에 임진왜란의 전적지인 탄금대彈琴臺에서 읊은 시를 보자.

金灘에서 達川으로 거슬러 오르자니	金灘泝達川
탄금대는 물굽이 도는 언덕 위에	琴臺水一曲
눈에 들어오는 것은 가로막힌 산하나	直視一斷山
우거진 봉우리엔 오솔길 꼬불꼬불	岑蔚中徑複
그 옛날 이곳에서 우리 군대 패하여	昔玆覆我衆
울부짖는 여울 아직도 모래를 치네	吼湍猶擊礫
判尹은 실로 북방의 장수	判尹實北將
그 위엄은 초목도 두려워하였지	威聲在草木
교활한 오랑캐 함부로 총검 휘둘렀으니	狡奴逞丸劍
背水陣은 부질없는 낡은 전술이었을 뿐	背漳[134]空踐跡

133 申大羽, 『宛丘遺集』 권3, 「李參奉文集序」(『총간』 251, 160면). "詩亦風情所寄, 泱乎有正始之音, 雖不事藻麗靡曼, 而其語皆高妙出塵, 璧隨和在璞, 吐彩流潤."

134 『李參奉集』에는 缺落되어 있으나, 李德懋의 『靑莊館全書』에 의거하여 보충하였다.

겹겹이 둘러싼 고개에서 한 번 거점을 잃자	重[135]嶺一失據
八道에서 적들이 마구 날뛰었네	八路眞縱敵
오랑캐 침입할 때 실로 국력 다 쏟았으니	寇來實傾國
軍士가 적은 데다 싸울 힘도 부족했었지	衆寡矧鬪力
목숨을 바치는 것은 우리의 본분이나	捨死乃吾分
王家에서는 패전에 상심하였네	王家恫敗績
황폐한 사당에서 순국한 넋 애도하고	荒祠悼國殤
높은 고개에서 푸른 물결을 굽어보네	層巓俯沈碧
彈琴臺의 물고기를 먹지 말지어다	琴臺莫食魚
굳센 넋이 뱃속에 들어있을 터이니	毅魂應在腹
達川의 물을 마시지 말지어다	達川莫飮水
전사의 유골이 쌓여있을 터이니	戰骨下撑積
행주산성과 한산도에서	幸州洎閒山
뒤이어 결국 적을 물리쳤지만	後來終摧廓
앞서 우리 公이 쓰러졌으니	先嘗蹶我公
지난 일로 거듭 가슴 아프네	撫事重惻惻[136]

위의 시는 이광려가 삼연三淵 김창흡金昌翕의 탄금대시彈琴臺詩[137]에 차운한 26구 130자 오언고시의 2수 중 첫 번째 시이다. 『이참봉집』에 실린 앞뒤 작품의 창작 시기를 볼 때, 이 시는 이광려가 사군 유람을 가는 길에 탄금대에서 지은 시이지만, 일상적인 유람의 감흥을 읊은

135 李德懋, 『靑莊館全書』 권51에는 車로 되어있다.

136 李匡呂, 『李參奉集』 권1, 「彈琴臺用三淵集韻」(『총간』 237, 248면). 이 작품은 정량완 · 심경호, 앞의 책, 1993, 138면에서 처음 번역되었고, 이용훈, 앞의 논문, 2013, 67~69면에서 '현실에 대한 냉철한 인식과 연민'이라는 주제 아래 인용되었다. 이 책에서는 이 작품이 詠史詩로서 지니는 특징을 살펴보고, 작품의 評과 관련된 逸話를 소개한다.

137 金昌翕, 『三淵集』 권4, 「彈琴臺悼國殤」.

시가 아니다. 임진왜란 때 벌어졌던 탄금대 전투를 담고 있어 내용으로 보자면 오히려 영사시詠史詩에 해당한다. 일반적으로 영사시는 역사적 사실을 시로 형상화하기 때문에 정감적인 측면이 약화될 수밖에 없는 한계를 지니고 있다.[138] 그러나 위의 시는 일반적 영사시와 달리 역사적 사실에 대한 작가의 포폄褒貶과 비통悲痛한 정서가 공존하고 있다. "교활한 오랑캐 함부로 총검 휘둘렀으니, 배수진背水陣은 부질없는 낡은 전술이었을 뿐.[狡奴逞丸劒, 背漳空踐跡.]"은 포폄에, "탄금대의 물고기를 먹지 말지어다, 굳센 넋이 뱃속에 들어있을 터이니[琴臺莫食魚, 毅魂應在腹.]"와 "달천達川의 물을 마시지 말지어다, 전사戰士의 유골遺骨이 쌓여있을 터이니.[達川莫飮水, 戰骨下撑積.]"는 작가의 정서를 표출한 부분에 해당한다. 전체적인 구성을 보면, 1구~4구는 탄금대 주위의 경관을, 5구~16구는 역사적 사실을, 17구~26구는 작자의 비통한 심정을 읊었다.

탄금대는 임진왜란 때 신립申砬(1546~1592)이 왜적들을 鳥嶺에서 막자는 부하들의 권유를 뿌리치고 배수진을 쳤다가 전군이 몰살당한 곳이다. 본문의 판윤判尹은 삼도 도순변사三道都巡邊使로 임명될 당시 한성 판윤漢城判尹이었던 신립을 말하고, 중령重嶺은 문경새재를 가리킨다. 이광려는 탄금대를 소재로 탄금대의 현재 모습에서 과거의 참담했던 과거의 역사적 사실을 회고하며, 그에 더하여 자신의 비통한 심정을 직접적으로 표출하였다. 이는 결국 정감적인 측면이 약화될 수 있는 한계점을 극복하고 긴밀한 구성이 돋보이는 수준 높은 영사시를 탄생시켰다. 이 시에 대하여 평을 했던 이봉환李鳳煥의 다음 일화를 보자.

138 김영숙, 「한국 한시의 특징과 전개; 詠史詩의 槪念과 작품의 實相」, 『東方漢文學』 37, 동방한문학회, 2008, 17면 참조.

> 獻納公 李重海는 字가 潤甫로, 선생과는 派가 다른 族弟이다. 집 문제로 문의할 일이 있어 李鳳煥의 집에 간 적이 있는데, 책상 위에 숙공(이광려)의 彈琴臺詩가 크게 적혀 있었다. 潤甫어른이 슬쩍 떠보며 "어째서 유독 이 시를 좋아합니까?"하고 묻자, 그가 대답하기를 "우리나라에는 이런 작품이 없네."라고 하였다. 또 "三淵의 元韻과 비교하면 어떻습니까?"하고 묻자, 대답하기를 "같은 수준에서 논할 수 없네."라고 하였다. 또 "어찌 세대 간 등급의 차이가 없겠습니까?"라고 하니, 봉환이 안색을 바루고 말하기를 "나는 李獻納을 문장에 능한 선비라 생각했건만, 어찌 소견이 이와 같단 말인가!"라고 하였다. 이어 자기 주먹을 세 번 포개고는 말하길 "등급이 거의 이와 같으니, 어찌 세대를 논하겠는가?"라고 하였다. 봉환은 근래 庶孼 가운데 巨擘인데, 그가 진심으로 탄복했음을 알 수 있다.[139]

이중해李重海(1717~1775)의 자는 윤보潤甫, 본관은 전주全州이며, 이현상李鉉相의 아들로, 이광려에게는 족질이 된다.[140] 이중해의 행적은 이충익李忠翊이 이심해李心海와 이중해 형제를 위하여 지은 소전小傳에 자세하다.[141] 또 이영익은 그의 형 연려실燃藜室 이긍익, 족형인 범옹凡翁 이천익李天翊과 함께 이중해를 위해 연구聯句로 제문祭文을 지어 바쳤다.[142] 이를 통해 이중해가 이광려 및 그의 족질들과 가까운 사이였음을 알 수 있다. 이봉환(1710~1770) 역시 본관이 전주全州이며, 자는 성장

139 洪志燮, 앞의 책. "李獻納公重海, 字潤甫, 爲先生異派族弟. 嘗因問舍往李鳳煥家, 特書叔公彈琴臺詩在案上, 潤甫丈試問: '何爲特好此詩也?' 答曰, '我東無此作.' 又問, '何如三淵元韻?' 答曰, '不可同日而語也.' 又言, '豈無世代之等級乎?' 鳳煥正色曰, '吾以謂李獻納能文之士, 所見何如是也!' 仍三累其拳曰, '等級幾如此, 何論世代乎?' 鳳煥自是近來其中巨擘, 而可見其誠心嘆服."

140 李匡呂, 『李參奉集』 권4에 「與族姪潤甫書」가 실려 있어 이광려와의 관계와 서로 간의 교유를 알 수 있다. 이 편지에서 이광려는 이중해가 『中庸』 공부를 마치고 『論語』를 공부한다고 하자 크게 격려하였다.

141 李忠翊, 『椒園遺藁』 2책, 「侍講院弼善李公司諫院獻納李公小傳」.

142 李令翊, 『信齋集』 1책, 「聯句祭獻納族兄」.

聖章, 호는 우념재雨念齋로, 18세기의 대표적인 서얼 시인이다. 이봉환은 김창흡의 탄금대시를 차운한 이광려의 「탄금대용삼연집운彈琴臺用三淵集韻」을 우리나라에는 없는 뛰어난 작품이라 평가하고, 탄금대시 원운原韻의 작자이자 이전 세대에 시명詩名으로 손꼽혔던 김창흡 조차도 이광려의 시와 같은 수준에서 논할 수 없다고 극찬하였다. 이는 홍지섭洪志燮이 끝 구절에 말한 것처럼 일반 시인이 아니라, 당대 서얼 시인 가운데 최고로 일컬어졌던 이봉환의 평이기에 더욱 의미가 있다.

다음은 이광려가 1767년(영조43)에 친형 이광윤李匡尹, 전택량田宅良(1705~1771)과 함께 妙香山을 유람하고 지은 시를 보자. 전택량은 이광려가 교유했던 인물 가운데 빼놓을 수 없는 인물이다. 전택량의 자는 규백揆伯, 호는 동뢰옹東瀨翁으로, 노론이 득세한 이후 이광려의 부친 이진수李眞洙가 선천宣川에서 유배 생활을 할 때 그 문하에서 글을 배웠던 인물이다. 전택량은 이광려보다 열다섯 살이 많았지만, 이진수의 사후에도 여러 차례 이들을 찾아줄 정도로 이광려·이광윤 형제와 가깝게 지낸 인물이다. 뿐만 아니라 전택량의 아우 및 친척들도 이광려 형제와 남다른 친교를 맺었다. 이광려는 전택량을 위해 「동뢰옹묘지명東瀨翁墓誌銘」[143], 「뇌옹사리찬瀨翁舍利贊」[144] 등의 글을 지었으며, 주고받은 詩도 20여 편이나 된다.[145]

묘향산의 빼어난 산빛 서쪽에 가득하니	香山秀色半西方
멀리서도 아득히 오묘한 향기 풍기는 듯	縹緲遙疑聞妙香
높고 울창한 천 겹 만 겹의 산봉우리	鬱鬱千峯復萬嶺

143 李匡呂, 『李參奉集』 권3.

144 李匡呂, 『李參奉集』 권4.

145 이광려는 李匡呂와 田宅良의 교유 및 詩作에 대해서는 정양완, 앞의 책, 1993, 93~116면 참조.

그 속에 內院을 품어 蓮房이 자리하네	中含內院作蓮房
동으로는 금강산 서로는 묘향산	東則金剛西妙香
사시사철 나그네 유람은 온통 절간 뿐	四時遊客半僧堂
장경각과 극락전의 중들에게 마음이 가니	經寮樂殿憐諸衲
西山祖師가 정진하던 옛 道場과 흡사한 듯	也似淸虛舊道場
肩輿로 잠깐 사이에 험한 고개 넘자	肩輿倏忽度危巓
때때로 넝쿨 사이로 폭포수가 보이네	時見懸蘿間瀑泉
참으로 부끄럽네, 이 몸 눈 호강시키려고	慙愧此身供目玩
두 중이 마주 들고 열 명의 중이 다시 끌어주니	兩僧舁更十僧牽[146]

묘향산 유람이 있기 한해 전 1766년에 전택량이 이광려와 형제를 만나러 왔는데, 그가 선천으로 돌아가면서 이광려 형제와 묘향산妙香山을 유람하기로 미리 약속을 하였다. 이때에 이광려는 전택량과의 이별을 아쉬워하며 자신의 마음을 다음의 서문과 함께 「증규백贈揆伯」이라는 시로 남겼다.

> 田翁이 내일 떠난다고 하며 "내년에 妙香山에서 만날 텐데 뭘"이라고 하였다. 아무리 내년에 묘향산으로 간다고 하더라도 결국엔 또 헤어져야 하니, 크게 마음에 담아두고 싶지 않다. 등불 아래에서 同字로 韻을 써서 다시 읊어 田翁에게 드린다. 속으로는 작별에 겁이 나니, 참으로 예전 마음 같지 않다.[147]

146 李匡呂, 『李參奉集』 권2, 「香山」(『총간』 237, 261면).

147 李匡呂, 『李參奉集』 권2, 「贈揆伯」(『총간』 237, 258면). "田翁明日將去, 說來歲妙香之會. 香山雖得去, 終亦一別, 不欲復多事也. 燈下用同字韻,更賦以奉翁. 情怯於離合, 良見衰懷. 不飮胡爲沈醉同, 燈前悄坐兩三翁, 香山莫說明年事, 尾井難分此夜中."

서문 아래에 쓰인 5언 절구의 짤막한 시에도 이별의 아쉬움이 스며있다. 이렇게 아쉬운 작별을 하고 일 년이 지난 뒤, 약속대로 이들은 묘향산을 유람하며 산사에서 이틀을 묵었다. 작품을 살펴보면, 첫 수는 멀리서 바라보이는 묘향산에 대한 기대감이다. 북쪽 지역의 절경이라 일컬어지는 묘향산 산색山色을 묘향妙香이란 이름으로 풀어내고, 눈에 들어오는 묘향산의 산사를 도솔천兜率天에 있다는 미륵보살의 정토淨土인 내원內院으로 표현한 것이 참신하다. 둘째 수는 자신들이 묵었던 산사의 모습에 대한 묘사이다. 나그네의 유람은 온통 명산에 있는 절간인데, 묘향산의 절간과 중에게는 유독 정이 간다. 이는 이 절간이 서산조사西山祖師가 머물던 옛 모습을 그대로 간직하고 있기 때문이다. 셋째 首는 묘향산의 경관과 자신을 견여肩輿에 태우고 높은 산을 오르는 중들에 대한 부끄럽고 미안한 마음을 표현하였다. 유람의 즐거움보다는 자기 한 몸의 눈 호강을 위해 고생하는 중들을 먼저 생각하는 그의 마음 씀씀이를 볼 수 있다. 이렇게 묘향산에서 이틀 밤을 묵고 산을 나서며 이광려는 그 아쉬움을 다음의 시로 남겼다.

절간에서 이틀 밤에 정이 많이 들어　　靈區信宿已多情
방방의 절간 중들 나와서 바라보네　　禪子房房來看行
산색은 오늘 새벽 따라 더 어두워 보이고　　山向今晨添送色
물소리는 어제 밤부터 그리도 구슬펐네　　水從前夜作離聲
이제 떠나면 다시 오기란 쉽지 않으리니　　欲辭未有重來日
잠시 들른 것도 응당 前生의 인연 때문이지　　蹔入應緣過去生
우거진 숲으로 흐르는 맑은 물 아쉬우니　　惆悵淸流帶茂木
더군다나 黃精 향기 가득한 그윽한 곳임에랴　　況聞幽處盡黃精[148]

148 李匡呂, 『李參奉集』 권2, 「出香山」(『총간』 237, 261면).

이틀 밤을 묵었던 묘향산 산사를 나서는 아쉬운 마음을 묘향산의 정경과 함께 잘 표현하였다. 수련은 절간을 나서는 상황에 대한 묘사이다. 직접적인 감정을 드러내는 어떤 시어를 사용하지 않고, 자신들이 떠날 적에 우두커니 서서 바라보는 중들의 모습을 통해 서로의 아쉬움과 그간의 정을 드러내었다. 함련은 경관에 대한 묘사이지만, 작자의 아쉬운 감정이 투영되어 절묘하게 대구를 이루었다. 산山과 수水, 향向과 종從, 금신今晨과 전야前夜, 첨添과 작作, 송색送色과 이성離聲이 바로 그것이다. 표현상으로는 산과 물이 주체이지만, 결과적으로는 산사를 나서는 자신의 마음이 아쉽기에 산색도 어두워 보이고, 물소리도 구슬프게 들린다. 경련 역시 산사에서의 이별을 불교에서 말하는 '윤회輪廻'와 '회자정리會者定離'에 포착하여 표현한 것이 참신하다. 미련은 맑은 물, 무성한 나무, 복용하면 장수를 누린다는 황정黃精 향기로 가득한 선경의 묘향산을 떠나야 하는 아쉬움과 여운을 표현하였다.

이상에서는 이광려의 유람시에 대해 살펴보았다. 이광려의 유람시에서 나타나는 형식적 특징은 율시보다는 절구를, 단형시보다는 연작시를 선호했다는 점을 들 수 있다. 절구의 선호는 장황하게 자신의 감정을 토로하기보다는 압축적이고 간결한 시상의 표현을 중시하는 그의 창작 경향에 기인한 것이고, 연작시의 선호는 한 편의 시에 경물을 모두 담아내기보다는 여러 편의 시를 지어 그때그때 눈에 들어오는 광경을 '즉경즉사卽景卽事'의 방식을 취해 연속적으로 표현하려는 그의 작시 관습에서 비롯된 것이다. 시상의 전개 방식의 특징으로는 시인의 주관적인 감정과 흥취를 바탕으로 과장과 꾸밈을 배제한 채 눈앞의 정경을 있는 그대로 담아내었다는 점을 들 수 있다. 또 시인이 정경을 직접 설명하기보다는 감정을 배제한 객관적 상황의 장면 제시로 대체하고 있다. 이는 시인의 흥취나 감정이 주조를 이루는 일반적인 유람시와 구별되는 이광려의 유람시에서 나타나는 특징적인 양상이다.

3) 현실인식과 우환의식의 표출

팔광八匡의 한시에서 공통적으로 엿볼 수 있는 특징은 현실인식과 우환의식이다. 앞에서 살펴보았듯 이들은 대대로 이어온 소론少論 명문가 출신으로, 학식과 재능을 겸비했음에도 불구하고 당대에 당화黨禍의 피해를 극심하게 입어 자신들의 뜻과 포부를 펼치지 못했다. 이들이 당면한 현실에서 맞닥뜨렸던 현실적 욕구의 좌절 그리고 좌절 속에서 느끼는 내면의 갈등, 우환의식은 어쩌면 당연한 결과였는지도 모른다. 그러나 이러한 울분과 좌절감에서 오는 우환의식은 작가에 따라 다른 양상으로 나타났다. 앞에서 살펴보았듯 20년이 넘는 세월을 변방에서 고독한 유배 생활로 버텨야 했던 이광사와 이광명은 자신의 울분과 고뇌에 집중하여 가족들과의 괴리에서 느끼는 개인적 우환을 시로 형상화하였고, 이광찬과 이광신은 현실에 대한 참여 욕구와 그에 대한 좌절에서 오는 낙척불우落拓不遇한 지식인의 고뇌와 갈등을 시로 형상화하였다.

이광덕과 이광려는 이들과 달리 현실인식과 우환의식이 개인의 범주에만 국한되지 않고, 고통 받는 백성에 대한 관심과 그들이 당면했던 현실문제에까지 확장된다. 이광려의 시에서는 백성들에 대한 연민 의식뿐 아니라, 그의 경세의식까지 엿볼 수 있다.[149] 이는 바로 의리와 경세를 모두 존중하는 강화학의 학문적 경향에서 비롯된 것이며,[150] 당시 현실을 냉철하게 직시하고 백성들을 연민하는 사대부의 소명의식에

149 이광려의 경세의식과 경세학에 대해서는 이현일, 앞의 논문, 2007, 107~120면 참조.
150 심경호, 「강화학의 허가비판론」, 『대동한문학』 14, 대동한문학회, 2001, 40면.

비롯된 것이다. 이들의 우환은 부조리한 현실에서 고통받던 백성들을 향해 있었으며, 이들에게 비판의 대상이 되었던 이들은 백성들의 삶에는 아랑곳하지 않고 붕당朋黨에만 집착한 조정의 관료들이었다. 이광려의 시에서는 궁핍한 백성들의 삶에 대한 연민과 그의 경세의식이 뚜렷하게 드러나고, 이광덕의 시에서는 부조리한 현실과 권력층에 대한 비판의식이 강하게 드러난다.

먼저 이광려의 시를 살펴보자. 다음의 시는 이광려가 수많은 노력과 실패 끝에 결국 고구마 종자를 얻고 나서 고구마 종자를 얻기 위해 갖은 고생을 마다 않은 제자 강계현姜啓賢에게 지어준 시이다.

만력 연간에 고구마가 閩 땅에 들어온 뒤	萬曆番茹始入閩
오늘날 중국에선 굶는 사람 거의 없네	如今天下少饑人
한 치 종자 구하러 천 리 길 남쪽 바다에 이른 사람	寸根千里窮南海
쉰 살 먹은 외톨이 강 영감 뿐	五十姜翁只一身[151]

기구와 승구에서는 고구마가 중국에 전래된 사실과 그 효용을 읊었고, 전구와 결구에서는 처자도 없는 외톨이 신세의 강계현이 아무런 조건 없이 고구마 종자를 얻기 위해 한여름에 멀리 동래東萊까지 다녀와 준 것에 대한 고마움을 표현하였다. 어떻게 보면 강계현에게 건네는 평범한 시에 지나지 않지만, 이 시가 지어지기까지 과정을 살펴보면 이광려의 경세의식과 그가 추구한 학문이 백성들의 일상생활과 얼마나 밀접한 관련이 있었는지를 알 수 있다. 고구마와 관련해 먼저 성해응成

151 李匡呂, 『李參奉集』 권2, 「贈姜生啓賢」(『총간』 237, 255면). 詩 아래에 서지수에게 고구마 종자 도입을 부탁했던 것이 실패한 일부터 姜啓賢을 동래로 보내어 고구마 종자를 얻기까지의 과정이 상세히 기술되어 있다. 번역은 오수경과 이현일의 논문을 참조 하였다.

海應(1760~1839)의 글을 보자.

> 英祖 癸未年(1763, 영조39)에 先君子께서 日本으로 사행을 갈 때 七灘 李匡呂가 편지로 甘藷(고구마)를 파종하는 법을 알아달라고 부탁하였다. 對馬島의 佐須浦에 이르러 비로소 얻으니, 바로 '孝子芋'라는 작물이었다. 옛날에 孝子가 심어서 부모를 봉양했기 때문에 이렇게 이름 붙여진 것이다. 대마도는 메마른 돌밭이라 곡식을 재배하기에 마땅하지 않아 벼랑에다 나무를 가로 대고 심어서 기근을 면했는데, 다른 섬에서는 파종조차 못했다. 使臣이 듣고서 그것을 구해 와서 東萊에다 심었는데, 점점 湖南의 고을에 퍼졌고, 제주도에서 더 잘 재배되었다고 한다.[152]

성해응이 말한 선군자先君子는 그의 부친인 성대중成大中(1732~1809)이다. 조선은 제11차 통신사通信使를 일본 강호막부江戶幕府에 보냈는데, 이를 흔히 계미사행癸未使行이라 한다. 이 사행에서 성대중은 서기書記로 정사正使 조엄趙曮(1719~1777)을 수행했다. 끝부분에서 말한 사신使臣은 바로 계미사행의 정사 조엄이다. 문헌에 전하는 기록에 의하면 조엄에 의해 대마도의 고구마 종자가 조선에 유입되었고, 조엄 역시 고구마 재배의 성공을 위해 많은 노력을 기울였다.[153] 그러나 여기에서 주목할 점은 성대중이 일본日本으로 떠날 때 고구마를 파종하는 법을 알아달라고 서신으로 부탁했던 이가 바로 이광려라는 사실이다. 성해응은 이러한 사실을 일본 사행에 다녀왔던 부친 성대중에게 직접

152 成海應, 『研經齋全集』 권4, 「藷說」(『총간』 273, 333면). "英廟癸未, 先君子入日本, 李七灘匡呂書托種藷法. 至對馬島佐須浦始得之, 卽所稱孝子芋也. 古有孝子種之養親故名. 馬島磽确不宜穀, 架木懸厓, 種以救饑, 他島不之種也. 使臣聞而購之, 種於東萊, 寖蔓緣於湖南州郡而濟州尤盛云."

153 趙曮의 고구마 전래에 대해서는 조엄, 『해행총재』 7집, 「해사일기」, 민족문화추진회, 1982; 오인택, 「조선후기의 고구마 전래와 정착 과정」, 『역사와 경계』 97, 부산경남사학회, 2015, 180~181면 참조.

들었을 것이며, 이와 관련한 기록이 성대중의 『일본록日本錄』에도 보인다.[154]

실제 이광려는 그 이전부터 고구마에 대해 많은 지식과 관심을 지니고 있었으며, 고구마 종자를 얻으려 백방으로 노력을 기울였다. 중국을 오가는 역관譯官에게 부탁을 해보았지만, 고구마에 대해 무지했던 역관들은 중국에서 빈손으로 돌아왔다. 계속 애를 태우던 이광려는 1762년에 그의 인척이자 호조 판서戶曹判書였던 서지수徐志修(1714~1768)가 연행사燕行使로 북경에 가게 되었다는 소식을 들었다. 그는 곧바로 서지수에 편지를 보내어 명明나라 서광계徐光啓(1562~1633)가 쓴 『농정전서農政全書』에서 읽었던 내용을 바탕으로 고구마가 얼마나 유용한 작물인지 피력하면서 '천하의 진귀한 보물[此天下之至貴也]'이라 일컬으며 이번 사행 길에 꼭 고구마 종자를 구해다 줄 것을 간절히 부탁하였다.[155] 부탁을 받은 서지수는 결국 고구마 종자를 얻는 데는 성공한다. 그러나 조선으로 가지고 오는 도중에 관리를 잘못하여 그만 종자가 죽고 만다. 이광려가 학수고대하던 고구마 종자의 도입이 또 실패로 끝나버리고 말았다. 그러나 이광려는 이에 실망하지 않고 고구마가 남쪽 지역의

154 성대중 역시 고구마에 관심이 있었으며, 그의 저서에서 "민가는 대개 4,000여 호쯤 되고 8鄕 24村이 있다. 오곡은 심지 않으며, 大浦와 芳浦사이에 혹 잡초를 불살라 밭을 일구고, 절벽에 나무를 가로질러 보리를 심기도 한다. 甘藷는 최근에 閩廣지방에서 들어왔는데, 돌밭에 심기 좋다. 그러므로 섬사람들이 이에 힘입어 먹고 살수가 있어서 일명 '孝子芋'라고도 한다."라고 하였다. 이에 대해서는 성대중 著, 홍학희 譯, 『부사산 비파호를 날듯이 건너』, 소명출판사, 2006, 151면 참조.

155 李匡呂, 『李參奉集』 권4, 「與徐判書一之書」. "此是徐文定公光啓所撰農家書, 而其中付籤處說甘藷者, 執事試覽之如何? ……(중략)…… 甘美如五穀, 而功用配之, 兼濟豐凶, 此天下之至貴也." 이광려의 甘藷 보급 노력에 대해서는 정양완·심경호, 앞의 책, 1993, 52~59면; 오수경, 「이광여의 실학사상과 현실주의 문학세계-소론계 문인 지식층의 학문성향의 단면-」, 『대동한문학』 5집, 대동한문학회, 1993, 132~136면; 이현일, 앞의 논문, 107~109면 참조.

산물인 점을 감안하여 그것이 일본에도 있을 것으로 생각하고, 마침 친구의 아들이 통신사의 수행원으로 일본으로 간다는 소식을 듣고 그에게 다시 고구마 종자를 구하여 오도록 부탁하였다. 성해응의 글에서 알 수 있듯 이광려가 고구마 파종법을 알아달라고 부탁했던 통신사의 수행원은 바로 조엄의 서기書記였던 성대중이었다.

이광려는 이번에도 고구마 종자를 얻지 못할까 불안해하며 혹시 그것이 동래에 있을지도 모른다는 생각에 제자 강계현을 동래로 보내어 종자를 직접 구해보도록 했다. 강계현은 그해 4월에 길을 떠나 동래에 도착하였을 때, 마침 조엄이 일본 대마도에서 구입한 고구마가 들어와 있었다. 그는 이광려와 친분이 있던 밀양 부사密陽府使 김인대金仁大의 도움을 받아 그중 하나를 구해 목궤에 담아 이광려의 집으로 가지고 갔으며, 이를 자신의 집 앞마당에 심었고 잎이 무성하게 자라나 수확에 성공했다.[156] 「증강생계현贈姜生啓賢」이라는 작품 뒤에는 이처럼 드러나지 않은 이광려와 주변 인물들의 끊임없는 노력이 있었다.

그 후 이광려는 친구인 강필리姜必履(1713~1767)가 동래부사로 부임했다는 소식을 듣고 감저甘藷의 효용에 대해 알려 주었으며, 처음에는 취종取種에 실패하였으나 강필리의 집에서 종자를 다시 구해와 취종에도 성공하고 증식에도 성공한다. 국가에서도 손을 놓고 있었던 고구마 종자의 도입을 조정의 관리도 아니요, 목민관도 아닌 재야의 선비 이광려가 개인적인 인맥과 지속적인 노력을 통해 눈에 보이는 성과로 일구어낸 것이다. 그렇다면 그토록 고구마 종자 도입에 집착했던 이광려의 의도와 그 목적은 어디에 있었던 것인가? 다음 서영보徐榮輔(1759~1816)가 지은 이광려의 만시에서 그 단서를 찾을 수 있다.

156 오수경, 앞의 논문, 135면 발췌 요약.

고구마는 밀이 꽉 찬 꽃 없는 열매로	番茹蠟實無花菓
神農이 온갖 독을 맛볼 때에도 빠뜨렸던 것	闕漏神農百毒辰
눈에 띄는 것마다 정녕 크든 작든 간에	觸目丁寧無小大
사람을 이롭게 하는 일 항상 마음에 두셨다오	利人恒是有心人[157]

서영보가 이광려의 죽음을 애도하기 위해 지은 만시 13수 중 일곱 번째 작품이다. 서영보가 보기에 이광려가 그토록 고구마에 관심을 지니고 종자 도입에 애를 쏟은 이유는 바로 그가 백성들을 이롭게 하는 일이라면 항상 마음에 두어 크고 작음을 가리지 않았기 때문이다. 사행길에서 돌아온 윤동승尹東昇(1718~1773)에게 써준 시에서도 이광려의 이러한 면모를 엿볼 수 있다.

모두 말하길 길 떠났던 사신단	共道朝正使
돌아올 때 가져온 물건 없다더니	東歸無一物
오히려 듣기론 수레에 실어온 기이한 나무	猶聞輂奇樹
성 서쪽에 사는 이 늙은이에게 줄 것이라고	城西與老拙
잎 무성한 나무도 먹을 열매 드문데	千葉鮮食實
꽃이 피지 않고도 열매를 맺는다니	無花還有果
옥 같은 열매 기다리지 않더라도	不待薦瓊顆
이 이름만으로도 좋고말고	直此名已可
내 밭에 드리워진 한자 남짓 묘목	尺樹宛吾圃
薊州의 언덕에서 옮겨다 심은 것	由來薊丘植
사천 리 머나먼 여정길을	夫役四千里
홀로 실려 왔으니 하사 비단보다 나은 처지	專車勝賜帛

157 徐榮輔, 『竹石館遺集』 1책, 「李參奉挽」(『총간』 269, 321면).

일은 철저히 해야 하니	作事要到底
한낱 묘목이라 하찮게 말하지 마오	莫謂一草木
이 마음을 높이 칠 수 있으니	是心處崇高
훗날 나라와 백성에게 은택이 되리	他年澤民國[158]

위의 시는 1772년(영조48)에 동지사행 부사冬至使行副使로 갔던 윤동승이 사행 길에서 돌아온 뒤에 써준 시로 제목 옆에 다음과 같은 주가 부기되어 있다. 유문孺文은 윤동승의 자이다.

> 孺文이 사행 길에서 돌아오면서 과연 無花果 나무를 가지고 왔는데, 薊州 장사치의 집에서 비단 두 필로 값을 치르고 얻었다고 하였다. 孺文이 편지를 보내 다시 시를 지어 달라고 하기에 시를 지어 보내려 하였으나, 孺文은 이미 이 세상 사람이 아니다.

위의 내용대로 이광려는 이 시를 짓기 전에 유문이 사행 길을 떠난다는 소식을 듣고 유문이 그다지 늙지도 않았으니, 사행길이 그에게 아주 호강스러운 일이라고 농으로 말했다가 그의 부탁을 받고 8수의 증시를 지어 주었다.[159] 그 중 7수는 여름에 무르익고 서리 내리면 단지에 담아 아이나 노인네나 즐기는 단맛이 일품인 무화과에 대해 읊었고,[160] 8수는 예전 『백사집白沙集』에서 보았던 벽돌 굽는 법을 보았던 일을 떠올리며, 크건 작건 백성들을 이로움을 위해 힘쓰는 것이 옛 현인의 마음이라고 유문을 면려하는 내용이다.[161] 시를 지어 유문이 사행 길을 다녀

158 李匡呂, 『李參奉集』 권2, 「復贈孺文 (註: "孺文使回, 果以無花歸, 言得之薊州商人家, 酬二匹絹, 孺文有書復索贈, 詩成欲寄, 而孺文已沒.")」(『총간』 237, 263면).

159 李匡呂, 『李參奉集』 권2, 「贈尹孺文赴燕」(『총간』 237, 262면). "尹孺文令公以副使西行, 余偶有戱語爲孺文未甚老年, 而西行甚華也. 要余因以韻之, 輒成八首奉贈."

160 李匡呂, 위의 글. "朱果爛中夏, 迎霜仍抱甌. 儘喫安老幼, 甘應棗楞優."

오는 길에 백성들을 위해 무화과無花果를 구해오라는 뜻을 전한 것이다. 유문은 이광려의 이런 뜻을 져버리지 않고 결국 무화과를 구해 와서 또 시를 지어달라고 부탁하였다. 그리하여 이광려는 4수의 절구를 지어 그에게 보내려 하였으나, 안타깝게도 그 사이에 유문은 세상을 떠나고 말아 이 시가 유문에게 주는 마지막 시가 되었다. 시의 내용을 보자.

첫 번째 시에서 말한 성 서쪽에 사는 이 늙은이는 당시 서대문 밖 평동平洞에 살던 자신을 가리킨다. 분명 사신단이 따로 가지고 온 물건이 없다고 들었는데, 유문이 자신에게 보낸 편지로 무화과를 구해 수레에 실어 왔음을 알고는 무화과를 건네받기 전 기대감을 표현하였다. 둘째 수에서는 무화과라는 명칭처럼 실제 꽃이 피지 않고도 열매를 맺는 신기한 특성에 대한 놀라움과 그 이름만으로도 좋은 나무임을 말하였다. 셋째 수에서는 자신의 밭에 심긴 무화과 묘목이 중국 계주薊州에서 조선까지 사천리가 넘는 길을 홀로 수레에 실려와 천자가 하사한 비단보다 나은 대우를 받았다고 농담 섞인 어조로 말하였다. 넷째 수에서는 자신의 생각을 분명히 드러내었다. 다른 사람들은 유문이 먼 사행길을 가서 하찮은 묘목 한 그루를 구해왔다고 대수롭지 않게 여길지 모르지만, 백성을 생각하는 마음으로 어렵게 무화과를 구해온 그의 소명의식으로 인해 훗날 백성과 나라가 그 은택을 입을 것이라 하며, 백성과 나라를 위하는 그 마음을 높이 추켜세웠다.

이광려의 백성에 대한 걱정과 연민은 목민관으로 나가는 벗들을 전송하는 다음의 시에서도 엿볼 수 있다.

161 李匡呂, 위의 글. "舊讀沙翁集, 丁寧於燒甎. 利人無細大, 用心看昔賢."

관리되어 임금의 특별한 은총에 보답하려면	若爲爲吏稱殊恩
백성들 농사철 돌봄이 바로 임금 사랑하는 길	但愛民時是愛君
굶주리고 누더기 걸친 백성들 모두 자식과 어미이니	菜色懸鶉皆子母
봄추위 남쪽 행차 모친의 수레 옆에 늘어서 있으리	春寒南路夾魚軒[162]

그대 남녘으로 가는데	之子告南行
五馬 어찌 그리 펄펄한가	五馬何翩翩
지방의 고달픈 백성 돌보려고	下邑牧疲人
당대의 현인 經筵에서 물러났네	經帷輟時賢
近臣은 녹봉만 바라는 관리와 달라	近臣異祿仕
어린 종들도 기쁜 낯으로 반기리	僮僕也歡顔
남녘 고을에서 생선국을 먹을 때에	南縣飯羹魚
가난했던 시절 생각에 눈물 흘리리	淚爲負米年
여전히 밥 지을 아낙이 없으니	尙無執爨婦
하루의 술자리도 어려울 테지	一日酬共艱
슬픈 이별에 시 지어 달라 하나	悵別索我贈
잘 가란 말 밖에 달리 할 말이 없구려	行矣無他言
오랫동안 따스한 보살핌 못 받았으니	字撫久失道
백성들 마음 실로 다급한 처지라오	民情實倒懸
모두들 湖南을 나쁘다고 말하며	盡道湖南惡
입이 닳도록 교활하고 완악함이 밉다 하니	極口憎狡頑
이 말이 너무 야박하지 않소	斯言無乃薄
어진 이는 응당 가엾게 여겨야지	仁者宜恤焉
본래 할아비 할미 마음이란	由來翁婆心
모자란 손주 놈이 더 가여운 법	兒孫癡更憐[163]

162 李匡呂, 『李參奉集』 권1, 「送徐伯五作宰宜寧」(『총간』 237, 246면).

163 李匡呂, 『李參奉集』 권2, 「送尹校理渭老出宰茂長」(『총간』 237, 267면).

첫 번째 시는 의령 현감宜寧縣監으로 나가는 서명서徐命瑞(1711~1795)를, 두 번째 시는 무장 현감茂長縣監으로 나가는 윤상동尹尙東을 전송하는 시이다. 외직으로 나가는 사람에게 주는 전송시에서는 이별의 안타까움이나 아쉬움을 읊는 것이 보통이다. 그러나 위의 두 시는 모두 고을 수령으로 나가는 이들에게 백성들을 자식처럼 돌보고 목민관으로서의 책무를 다하라는 당부의 말로 이루어져 있다. 첫 번째 시에서는 공역公役을 시키느라 백성들의 농사철을 빼앗지 말고, 부임 길에 수레 양옆으로 늘어서 있을 굶주리고 헐벗은 백성들을 부모와 자식처럼 돌보라고 구체적으로 말하였다. 두 번째 시 역시 부임지에 도착하여 예전 어려웠던 시절을 생각하여 오랫동안 보살핌을 받지 못해 목민관의 따스한 손길을 절실히 바라는 백성들을 할미 할아비가 모자란 손자 놈에게 마음 쓰듯이 돌보라고 당부한다. 또 세상에서 모두 호남湖南의 백성들이 교활하고 완악하다고 말들 하지만 너무 야박한 말에 불과하니, 신경 쓰지 말고 백성들을 가엾게 여기라고 하였다. 당시 재야의 선비이자 학자였던 이광려가 오히려 백성들의 삶에 직접적인 영향을 미쳤던 목민관의 의식을 일깨우고 그들이 맡은 바 책무를 다하도록 독려하고 있는 것이다. 이광려의 의식 속에 나라와 백성에 대한 걱정이 얼마나 깊이 자리하고 있었는가를 짐작할 수 있다.

이광려의 백성들에 대한 연민과 관심은 당시에 천대받던 계층이었던 기녀妓女를 시로 형상화하기에 이른다. 기녀는 당대 여성들 중에서도 천류賤流로 분류되어 가장 무시 받고 천대받던 계층이었다. 우리가 흔히 떠올리는 기생의 이미지는 상대 남성과의 애정과 욕망, 이와 관련된 유혹의 상징이나 저급한 창녀, 때로는 전문 예능인 등이다. 그리고 이러한 이미지들은 대부분 남성 작가들이 써놓은 단편적인 언급이나 기록에 의존하여 형성된 것이다.[164] 그러나 다음의 시에서 말하고 있는 장대지章臺枝는 이와는 다르다. 작품을 살펴보기 이전에 서문에 기록된 내용을 바탕으로, 장대지에 관한 정보와 이광려가 그녀의 일화에 대해 어떻게 알게 되었고 이를 왜 시로 남기게 되었는지에 대해 간략히 살펴 보고자 한다.

장대지는 이광려의 중표숙重表叔(외재당숙外再堂叔)이었던 고故 상서尙書 파평坡平 윤용尹容(1684~1746)의 첩으로, 신해년(1731)에 그가 성천부사成川府使로 재직할 때, 고을의 관비로 있다가 윤용의 눈에 띄었다. 윤용이 처음 보고 마음에 들어 시침을 들게 하였는데, 본인이 한 사람만 모시겠다는 맹세를 하였기에 한사코 불가하다고 고집하였다. 윤용이 그 말에 감동하여 장대지를 취하고 버리지 않기로 약속하였다. 그런데 얼마 후 윤용이 황해도 관찰사로 체직될 때 장대지를 데려가지 못했고, 또 다른 관직으로 체직되어 결국 데려가지 못했다. 윤용은 집안이 가난하고 성품이 용하여 장대지를 첩으로 들이지 못했고, 그렇게 6~7년이 흐르는 사이 장대지는 절개를 지키다 병이 들었다. 병이 들기 전에 언젠가 한 번은 서울에 와서 공을 뵙고 간 적이 있었는데, 윤용이 강화 유수江華留守가 되었을 때는 장대지가 이미 죽었다는 소식을 들었다. 이때 장대지의 나이는 스무 살 남짓이었다. 죽음에 가까웠을 때 그 어미에게 말하기를 "저를 관도官道 곁에 묻어 주세요. 혹시라도 우리 공께서 관직에 부임하시는 길에 지나실지도 모르니까요."라고 하였는데, 듣는 이들이 그 말을 슬프게 여겼다. 여기까지가 이광려가 들었던 장대지에 관한 이야기이다.

이광려는 자신의 친구 조윤명曹允明(1724~1765)이 윤용의 처조카가 되기 때문에 이 이야기에 대해 상세하게 들었다고 하였으며, 다음과

164 정우봉, 「18세기 함흥 기생 可憐의 문학적 형상화와 그 의미」, 『한문교육연구』 34, 한국한문교육학회, 2010, 354면.

같이 자신의 생각을 말한다. “상서尙書는 충실하고 어진 분이라 필시 남에게 믿음을 저버릴 분이 아님을 알고, 장대지 역시 공에게 감동하고 사랑을 알아 밤낮으로 그리워하여 이전의 언약을 기다렸으니, 죽음을 마음으로 기약하지는 않았을 것이다. 그리움은 깊고 병에 시달려 죽음이 바람 앞의 촛불 같이 갑자기 덮친 것이라 이는 자신의 뜻에서 비롯된 것이 아니니, 진실로 애달프다. 그러나 스스로 천류賤流 속에서 분발하여 목숨을 명공名公에게 맡기고 한결같이 지조를 지켰으니, 죽더라도 아무개의 사람이라 인식될 것이다. 이는 처음 맹세한 마음을 저버리지 않은 것이라 할 수 있으니, 또 무엇을 바라겠는가. 어떤 사람은 ‘장대지는 원망을 하였을 것이다.’라고 하는데, 장대지의 죽음은 정 때문이 아니라, 정절을 지키다 죽은 것일 뿐이다. 정에는 오히려 은원恩怨이 있지만 정절은 스스로가 지키는 것이니, 무슨 원망이 있겠는가. 그러므로 정절에는 반드시 정이 있지만, 정이 있다고 해서 반드시 다 정절을 지키는 것은 아니다. 이 일은 지금 사람들이 아는 이가 드물어 오랜 세월이 지나면 사라져 버릴까 걱정되어 시를 지어 기록하고, 또 그 원한을 풀어주려 한다.”[165]

165 李匡呂, 『李參奉集』 권2, 「章臺枝」(『총간』 237, 258면). “章臺枝者, 故坡平尙書之姬也. 歲辛亥尙書爲成川, 姬邑婢也, 時年十五六, 旅行諸妓中退然不見態色. 公偶見而悅焉, 引欲自侍固不可. 叩其故, 對曰, ‘妾父良人也, 父將死時, 以女爲賤流, 顧語母甚戚之, 妾用是痛心, 苟有所從, 誓畢身於一人耳.’ 公感其言, 卽許以不棄焉, 旣幸而益忠敬, 公心宜之. 居數月, 去成川爲海西觀察使, 與之約曰, ‘某時遣迎, 汝且待之.’ 姬敬諾, 旣而不果, 蓋之官不數月, 又遞去矣. 公居家貧, 又性拙, 不能輒置姬侍, 待更作向西一郡迎取, 屢不諧且六七年, 姬守益堅, 然已沈病矣. 其未病, 嘗一至京拜公而去, 及公留守江都, 聞其已死矣. 公大傷懊, 爲遣親信人持文往祭之, 姬死時年二十餘. 將死告母曰, ‘埋我官道側, 儻我公宦遊過之’, 聞者悲其言. 尙書余重表叔也, 知其冲實賢者, 必不棄信於人. 姬亦感公知愛, 日夜想望, 將有待於前約, 則非其心之期於死也. 情深病欲, 風燭奄及, 蓋有不自由焉, 信可傷也. 然能自拔於賤汙之中, 得托命名公, 始終明白, 死而見謂某氏之人, 斯可以不負初誓之心, 又何求乎? 或曰, ‘章臺怨乎!’ 章臺之死也非情也, 死於貞耳, 情猶有恩怨焉, 貞以自持而已, 何怨之有? 故曰, ‘貞必有情, 情未必皆貞.’ 亡

이 기록에서 알 수 있듯 이광려는 그의 중표숙이었던 윤용과 관련된 장대지의 일화를 자신의 벗이자 윤용의 처조카였던 조윤명에게 자세히 들었다. 이광려가 장대지에 일화에 주목하여 상세한 서문과 12편의 시를 남긴 것은 천류 속에서 분발하여 목숨을 명공에게 맡긴 그녀의 지조와 그 가치를 높이 샀기 때문이다. 이광려는 장대지의 죽음이 정 때문이 아니라 정절을 지키다 죽은 것이니, 윤용에 대한 원망이 없을 것이라 하였다. 그러나 장대지의 개인적인 한은 없을 수 없기에 이를 풀어주고 후대에 천류로 정절을 지키다 죽은 장대지 일을 알리기 위해 기록으로 남기는 자신의 의도를 명확히 밝혔다. 이광려가 장대지의 삶을 어떻게 인식했는지 분명히 알 수 있는 글이다. 그렇다면 이광려가 윤용을 위해 정절을 지키다 죽은 장대지의 삶을 어떻게 형상화하였는지 시를 통해 구체적으로 살펴보자.[166]

章臺 길가의 나무에	章臺路傍樹
이 삼월 봄바람 부니	東風二三月
이 몸 나뭇가지라 치면	妾身比一枝
한 분께만 바치오리다	只許一人折
다행히도 한 분께 바쳤으니	幸許一人折
평생의 연모 어찌 면하리오	詎免終身思

友曹幼安, 尙書夫人之姪也, 爲余言此事甚悉, 幼安能道其名, 未知何姓. 此事今人罕知者, 念其將久而湮沒, 爲作詩識之, 且以紓其怨恨云." 번역은 정양완, 앞의 책, 1993, 140~147면을 참조하였다. 章臺枝에 관한 이야기는 成海應『研經齋全集』, 外集, 권55, 識小類, 「詩話」에도 실려 있다.

166 「章臺枝」 12首의 전체 내용에 대해서는 이용훈, 앞의 논문, 40~47면에서 상세히 분석하였으므로, 여기에서는 구성상의 특징과 詩想의 전개 방식을 중심으로 논하기로 한다.

평생의 연모 무엇이냐 하면	終身思謂何
이 마음을 님께서 알아주시는 것	寸心君見知
임종 때 남긴 아비의 유언	父有臨終言
딸에게는 평생의 신념 되어	女有終身地
장대지는 士人의 딸로	章臺士人子
윤 부사의 사람으로 죽었네	死爲尹府使
良家에는 부부가 있지만	良家有夫婦
賤家에는 부부도 없지요	賤家無夫婦
賤家에도 몸은 있으니	賤家亦有身
죽어서야 그 지조 알지요	滅身方見守
제가 무정하다 말하지 말고	不道妾無情
그리움에 죽었다 말하지 마셔요	莫作相思死
그리움 때문에 죽었다 말한다면	道妾相思死
저 沸江에다 맹세하고 말고요	有如沸江水
밤낮으로 흐르는 저 沸江	沸江流日夜
열두 봉우리의 저 巫峯	巫峯十二鬟
만고에 길이길이 남을 것이니	萬古留不滅
낭자이름 이 산과 영원하리라	娘名與此山[167]

위에서 인용한 시는 전반부의 1수, 2수, 6수와 후반부의 10수, 11수, 12수이다. 전체 내용의 이해를 위해 각 수의 내용을 간략히 정리하면 다음과 같다.

167 李匡呂, 앞의 글.

1首 : 한 지아비에게 마음을 바치겠다는 장대지의 다짐
2首 : 윤용을 위해서 바친 자신의 일편단심과 평생의 연모
3首 : 자신의 기박한 운명과 일편단심을 알아주었으면 하는 바람
4首 : 윤용으로 인해 병이 들었지만 일편단심을 바꾸지 않겠다는 의지
5首 : 자신의 기박한 운명과 아비의 유언遺言에 대한 상기想起
6首 : 아비의 유언을 신념으로 삼아 수절하여 온전히 윤용의 여인으로 죽은 장대지에 대한 이광려의 평
7首 : 죽어서 천상에 있는 자신과 자신의 죽음을 알 리 없는 윤용
8首 : 여자로 태어나 온갖 고생을 하였지만 윤용을 위해 수절한 자신
9首 : 윤용을 위해 수절한 자신과 양가의 처자로 태어나지 못한 恨
10首 : 부부도 인정 못 받는 천가賤家에서 죽음으로 정절을 지킨 자신
11首 : 결코 개인적인 정情과 그리움 때문에 죽은 것이 아님에 대한 맹세
12首 : 장대지의 이름이 성천成川의 비강沸江과 무봉巫峯과 함께 영원하리라는 이광려의 송축頌祝

작품을 보면 1수~5수는 장대지가 윤용에게 자신의 마음과 처지를 말하는 방식으로 되어 있으며, 6수는 삽입구로 사인의 딸로 태어나 수절하여 윤 부사의 사람으로 온전히 죽은 장대지에 대한 이광려의 평이다. 마찬가지로 7수~11수는 장대지가 윤용에게 자신의 마음과 처지를 말하는 방식으로 되어있으며, 12수는 삽입구로, 장대지의 명성이 성천成川의 비강沸江과 무봉巫峯과 함께 영원하리라는 이광려의 송축頌祝이다. 무봉은 평안도 성천에 있는 흘골산紇骨山으로, 성천의 서북쪽에 있는데, 열두 개의 봉우리가 옹기종기 모여 있는 모습이 중국의 무산십이봉巫山十二峯과 똑같아 붙여진 이름이며, 그 아래로 흐르는 강이

비류강沸流江이다.

구성방식으로 보자면 장대지를 첩妾으로, 윤용을 군君으로 표현하여 죽을 때까지 수절한 자신의 처지와 심정을 독백獨白으로 이어가고 있다. 5언 단형의 짧은 호흡으로 12편을 구성하였지만, 장대지를 화자로 내세워 독백의 방식으로 시상의 전개가 긴밀하게 연결되며, 6수와 12수에는 작자의 평과 송축이 담긴 삽입구를 넣어 단조로울 수 있는 구성에 변화를 주었다.

이 시에서 주목할 만한 점은 장대지의 입장에서 그녀의 본의와 굳건한 맹세를 절실하게 표출하면서 그 어떤 원망이나 회한의 감정을 드러내지 않은 점이다. 또 마지막 구에서 성천의 상징이라 할 수 있는 무봉巫峯과 비강沸江이라는 자연물을 매개로 하여 후대에 영원히 전해질 장대지의 명성에 한층 더 무게감을 더하였다. 이러한 표현 방식의 특징은 이광려가 사군 지역을 유람하다 충청도 단양에 이르러 퇴계退溪를 따라 죽으며 강선대降仙臺에서 묻어달라고 했던 기생 두향杜香의 묘소 앞에서 지은 시 중에 "두향의 이름이 사라질 때면, 강선대 바윗돌도 사라지리라.[杜香名盡時, 仙臺石應落.]"168라고 한 데에서도 보인다. 장대지를 위해 지은 시와 관련하여 서피西陂 유희柳僖(1773~1837)의 『문견수록聞見隨錄』에는 다음과 같은 시화詩話가 실려 있다.

> 成川의 기생 章臺枝는 성천 고을 士人의 자식이다. ……(중략)…… 月巖 李匡呂가 장대지를 위해 12수의 絶句를 지어 그 지조를 세상에 널리 알렸는데, 다음과 같다.

良家에는 부부가 있지만 良家有夫婦

168 李匡呂, 『李參奉集』 권1, 「江行書事, 次唐人絶句韻」(『총간』 237, 249면).

賤家에는 부부도 없지요 賤家無夫婦
賤家에도 몸은 있으니 賤家亦有身
죽어서야 그 지조 알지요 滅身方見守

이는 장대지가 윤용에 대한 그리움 때문에 죽은 것이 아님을 분명히 밝힌 것이므로, "그리움 때문에 죽었다 말한다면, 저 沸江에다 맹세하고말고요."라고 하였다. 東澗 尹衡喆이 和韻한 시는 다음과 같다.

여러 여인네들에게 말하노니 爲言諸女伴
귀한 사람의 아내 되지 마오 莫作貴人婦
귀한 사람의 아내 되기 어려우니 貴人婦難爲
외로운 등불에 독수공방해야 한다오 孤燈影獨守

그 뜻에 한탄과 분노가 담겨 있으니, 전혀 月巖의 시만 못하다.[169]

유희는 이광려의 재전再傳 제자弟子로, 『주영편晝永編』의 저자인 현동玄同 정동유鄭東愈(1744~1808)의 제자이다. 이 시화에 등장하는 동간東澗 윤형철尹衡喆은 유희가 과거 공부를 배웠던 스승인데, 윤형철은 전주 이씨全州李氏와 통혼通婚하여 이광려, 이광사 등과 교유하였다.[170] 이 글을 통해 이광려의 장대지시章臺枝詩에 윤형철이 화운시를 지었다는 사실을 알 수 있고, 유희는 여인의 원망과 분노가 그대로 드러난 윤형철의 시가 이광려의 원작에 미치지 못한다고 평하였음을 알 수 있다.

169 柳僖, 『文通』, 「聞見隨錄」(장서각본). "成川妓章臺枝本府士人子也. ……(중략)…… 李月巖匡呂爲之十二絶句以廣其意, 有曰, '良家有夫婦, 賤家無夫婦. 賤家亦有身, 滅身方見守', 蓋明其不以想思死也. 故曰, '道妾相思死, 有如沸江水.' 尹東澗衡喆和之曰, '爲言諸女伴, 莫作貴人婦. 貴人婦難爲, 孤燈影獨守.' 其意怨憤, 大不如月巖矣."

170 尹衡喆과 유희의 집안에 관해서는 김근태, 「西陂 柳僖의 생애와 學詩 門路」, 『온지논총』 14, 온지학회, 2006 참조.

다음으로는 이광덕의 시를 보자. 이광려의 시에서는 어떻게 하면 백성들을 이롭게 할까하는 경세의식과 그들의 고통스러운 삶을 안타깝게 여기는 연민 의식을 볼 수 있었다. 이광덕의 시에서도 역시 애민의식과 연민 의식이 드러나는 작품이 있으며, 이와 달리 백성들의 삶에는 아랑곳하지 않고 붕당만 일삼는 조정의 관료들에 대한 냉철한 비판의식을 엿볼 수 있는 작품도 공존한다. 이는 이광덕이 사인의 삶을 선택했지만, 그 이전에 조정에 출사하여 붕당의 폐해를 신물 나게 경험하였고, 전라감사全羅監事와 갑산 부사甲山府使로 나갔을 때 현실에서 고통받는 민생의 현실을 여실히 엿보았으며, 전원생활을 하면서도 관료로서 투철한 사명의식이 여전히 남아있었기 때문이라 생각된다. 작품을 통해 구체적으로 살펴보자.

차가운 바람과 물이 서로 일렁이니	風水寒相湧
물가의 구름은 저물도록 맑아지지 않네	洲雲晩不淸
조창에는 수많은 배 모여들고	漕倉千船聚
섬마을 집에는 조각 연기 피어오르네	島戶片烟生
麥雨는 때맞추어 보리 익힐 줄 알고	雨麥知中熟
봄꽃은 절로 태평스럽게 피었건만	春花自太平
굶주린 백성들은 길가에 가로누워	飢氓橫道臥
시름에 가득한 얼굴로 동성 쪽을 묻네	愁絶問東城[171]

가벼운 모래가 흰 돌을 감싸고	輕沙圍白石
성긴 숲이 초가집에 어른거리네	踈木隱茅堂
나란히 얇은 서리가 끼는가 싶더니	併入微霜氣

171 李匡德, 『冠陽集』 권1, 「鶴湖謾咏」(『총간』 209, 356면). "嶺東의 流民이 대부분 기내로 들어갔다[註 : 嶺東流民, 多入圻內者]"는 原註가 달려 있다.

막 조각달이 솟아 비치네　初生片月光
道는 막히고 붕당의 의론만 무성한데　道窮朋議盛
문은 닫히고 벼꽃은 시들었네　門閉稻花荒
벼슬에 나가고 물러남 모두 계획이 없는데　進退俱無計
서글퍼라, 밤은 정녕 길기도 하구나　哀歌夜正長[172]

두 편의 시는 현실의 폐단 속에서 고통받는 백성들의 처지와 당시의 사회상을 적나라하게 읊은 것은 아니지만, 일상의 소재와 배경으로 시를 창작하면서도 굶주림에 신음하며 고통받는 백성들의 모습을 잊지 않았고, 민정民政에는 관심 없이 붕당만 일삼는 조정 관리들의 행태를 담아내었다. 다음의 시에서는 부조리한 현실 세태를 좀 더 적나라하게 폭로하고 붕당만 일삼는 조정의 관료들을 풍자하였으며, 고통받는 백성들에 대한 연민을 읽을 수 있다.

분분한 인간 만사 모두 놀라울 뿐이니　萬事紛紛盡可驚
동으로 흐르는 물을 누가 다시 서로 돌리려 하나　東流誰使復西傾
요임금 시절엔 七政이 어그러짐 없었는데　堯天七政應無缺
한나라 시대엔 三光이 혹 밝지 못하였네　漢代三光或不明
이름난 무리들이야 제 편 심으려 애를 쓰고　名輩也難忘樹黨
풍년에도 굶주린 백성들은 자신을 원망하네　豊年尙自怨飢氓
산골짜기에 물러난 선비 너희와 무슨 상관이랴만　窮山退士何關汝
한밤중에 별을 보며 남몰래 눈물 줄줄 흘리네　中夜瞻星暗涕橫[173]

저 하늘이 비를 내리심 어찌 정이 없으랴　皇天降雨豈無情
본디 만물을 고루 적셔 번영토록 함이지　本欲均沾萬物榮

172 李匡德, 『冠陽集』 권1, 「月夜, 步溪上過西鄰(註 : 時大饑)」(『총간』 209, 344면).
173 李匡德, 『冠陽集』 권1, 「山居 十一首」, 其十(『총간』 209, 349면).

그 누가 개구리 떼로 하여금 득의양양하여	誰使群蛙偏得意
셀 수 없이 떼 지어 시끄럽게 울도록 하였나	百千成黨一時鳴

여기서 울고 저기서 울고 제멋대로 잘난 척해도	鳴去鳴來忘自雄
온몸은 본래부터 진흙탕 속에 빠진 신세	全身元已落泥中
진 나라 황제 수고롭게 분별할 필요 없으니	晉皇不必勞分別
모조리 다 私이니 公을 따질 것이 있나	大抵皆私豈有公[174]

첫 번째 시의 수련은 순리를 거슬러 동쪽으로 흐르는 물길을 서쪽으로 돌리려 하는 부조리한 현실 세태를, 함련은 지금의 현실을 태평성대의 요堯임금 시절이 아니라 쇠퇴했던 한漢나라에 비유하였다. 경련은 민생은 아랑곳하지 않고 조정에 제 편 심기에만 여념 없는 관료들과 풍년에도 끼니를 걱정하며 자신을 원망하는 백성들을 모습을 대비적으로 묘사하였다. 미련은 자신이 비록 지금은 산골짜기로 물러나 있는 일개 선비에 지나지 않아 관계가 없지만, 한때나마 조정에 몸을 담았던 처지이기에 관료로서 일부의 책임의식과 백성에 대한 연민이 드러나 있다.

두 번째 시와 세 번째 시는 당쟁만 일삼는 조정의 관료들을 개구리에 비유하여 풍자한 시이다. 두 번째 시에서 하늘이 비를 내리는 것은 만물을 고루 적셔주기 위한 것인데, 자신들이 울기 때문에 비가 내린 것이라 생각하여 득의양양하게 울어대는 개구리의 모습은 조정에서 백성을 위해 아무 하는 일 없이 제 편을 심기에만 목소리를 높이는 조정 관료들의 행태에 대한 비유이다. 세 번째 시에서도 애초부터 명분에 입각해 공과 사를 따지지 않고 자신이 몸담을 당여黨與를 정하여 그

174 李匡德,『冠陽集』권1,「蛙」二首(『총간』209, 359면).

이익에만 몰두하는 조정 관료들의 모습을 형용하였다. 진晉나라 황제는 진 혜제晉惠帝를 가리킨다. 사리에 어두운 혜제惠帝가 개구리가 우는 소리를 듣고 "저것은 관官을 위해 우는가? 사私를 위해 우는가?"하고 물었는데, 어떤 자가 "관官에 있는 것은 관官을 위해 울고, 사私에 있는 사私를 위해 웁니다."라고 한 고사를 인용하였다. 이광덕이 보기에 조정의 관료들은 모두 사리私利만을 생각하니, 공리公利를 물을 것이 없다는 뜻이다. 둘째 수와 셋째 수에서 7언 절구의 짧은 형식을 취하여 개구리를 소재로 당쟁만 일삼는 조정 관료들을 풍자한 것이 예리하고도 참신하다. 이규상이 이광덕의 시를 두고 문조文藻에 날카로운 맛이 있으며, 의치意致가 정묘精妙하므로 거의 한 시대의 으뜸이었다고 한 평은 앞에서 살펴본 「자소自笑」, 「물정物情」과 같은 시와 위의 개구리 시가 그 예에 해당한다.

이광덕의 연민의식과 애민의식은 한시뿐 아니라, 다음의 산문에서도 엿볼 수 있다.

> 아, 사방의 산에 쌓인 시신들이여! 어디 고을 출신이며, 누구의 자손인가? 부모와 처자는 있는가? 서로 손잡고 함께 죽었는가? 어찌하여 고향 집과 가족의 즐거움을 버리고 교외의 황무지에 뼈를 묻어 잡초와 누런 흙이 되었는가? 어찌 즐겨서 한 일이겠는가? 어쩔 수 없이 몰려나와 이곳에 이른 것인가? 질병에 걸렸던가? 불행하게 도적을 만났던가? 죄를 지어 형벌을 받던 중 원통한 일을 당하여 화를 입은 것인가? ……(중략)…… 그렇지만 나는 성상의 명을 받들어 호남 오십 고을을 맡았으니, 오십 고을의 사람들이 모두 나의 백성이고, 오십 고을의 귀신들 또한 나의 백성이다. 나의 백성이긴 마찬가지이니, 내 어찌 사람을 중히 여기면서 귀신을 소홀히 대할 수 있겠는가? 사람들에게도 그 은혜를 널리 베풀지 못하면서 귀신들로 하여금 모두 있어야 할 곳을 얻게 하려 하니, 나는 '널리 베푼다'는

말에 매우 부끄럽도다.[175]

위의 글은 1728년(영조 4) 조정의 명을 받고 호남 감진어사監賑御史로 나갔다가 이인좌의 난이 발발해 전라 감사가 된 이광덕이 굶주린 시신들이 널려 있는 참담한 광경을 보고 가만히 있을 수 없어 휘하의 군관軍官을 제수를 갖추고 그 혼령魂靈을 위로하기 위해 지어올린 제문祭文이다. 타향의 산골짜기에 주검으로 버려진 시신에게 출신지와 가족을 묻고, 죽음의 연유에 대해서 묻고 있는 전반부에서는 시신을 대하는 안타까운 그의 심정과 애정 어린 시선이 느껴진다. 현재 굶주리고 있는 백성뿐 아니라, 죽은 시신들까지 자신이 돌봐주어야 할 백성으로 인식하고 있는 후반부에서는 감진어사의 소명의식과 책임감을 엿볼 수 있다. 또 살아있는 백성들을 다 구제하지도 못하면서 귀신까지 구제하려는 자신의 행동이 '널리 베푼다[博施]'는 말에 비추어보면 부끄럽다고 한 고백에서 목민관으로서의 양심이 엿보인다.

이광덕의 애민愛民과 현실의 폐단에 대한 비판은 자신의 의식 속에만 머물지 않았고, 상소上疏를 통해 직접적으로 표출하였다. 탁상공론에만 머물지 않고 행동하는 관료로서의 모습을 다음의 상소에서 볼 수 있다.

乾止山은 옛부터 慶基殿의 主脈이라고 일컬어 왔는데, 땅이 비옥한 탓에 이를 차지하려는 사람들이 분분했었습니다. 勳臣 柳順汀과 臨海君房,

175 李匡德, 『冠陽集』 권3, 「祭四山積骸文」(『총간』 209, 480면). "嗚呼! 咨爾四山積骸, 何方之人, 誰氏之子? 有父母妻子存乎? 抑相挈而駢死乎? 胡棄爾之鄉廬與室家之安樂, 委胔骨於郊墟, 化荒草與黃土? 豈其樂而爲之也? 抑不得已毆而就此乎? 疾病之不淑歟? 盜賊之不幸歟? 桁楊刀鑊之下, 寃屈而受禍者歟? ……(중략)…… 雖然, 吾奉聖上之命, 收湖南五十州, 五十州之人, 固吾民也. 五十州之鬼, 亦吾民也. 均吾民也, 吾何爲重人而輕鬼乎? 人猶不能普施厥惠, 而鬼又欲使之成得其所, 吾甚慙於博施之譏."

> 淑安公主房, 새로 태어난 翁主房, 淑媛房, 賑恤廳, 忠勳府, 宗簿寺에서 전후로 떼어 받으려 하였으나 모두 뜻을 이루지 못했습니다. ……(중략)…… 국가에서 유용하게 쓸 토지는 國用에 보태게 하거나 아니면 백성들을 위하는데 보태게 하는 것이 국가의 정당한 도리인데, 지금 國用에 보태지도 않고 또 백성을 이롭게 하는 데 쓰지도 않은 채 부질없이 귀엽게 여기는 私房으로 귀속시켰으니, 사방에서 이런 풍요로운 토지를 얻는 것이 국가와 백성에게 무슨 이득이 있습니까?[176]

위의 글은 1729년(영조5)에 이광덕이 전라감사로 재직할 때, 내수사內需司의 관원이 전주부全州府 건지산乾止山의 토지를 새로 태어난 옹주방翁主房에 떼어주라는 공문公文을 들고 와서 토지를 측량하겠다고 하자, 이를 거부하며 올린 상소이다. 요약하자면 전주부 건지산의 토지가 비옥한 탓에 예전부터 훈신勳臣이나 왕자가王子家나 옹주가翁主家에서 눈독을 들였지만, 태조太祖의 영정을 봉안한 경기전慶基殿의 주맥主脈이었기에 선대에서도 지금까지 한 번도 떼어주거나 경작을 허락한 적이 없으니, 전례를 따르더라도 지금 새로 태어난 옹주방에 떼어주는 것은 불가하다는 내용이다. 이어서 이광덕은 국용國用에 보태거나 백성들을 이롭게 하는 데 쓰지 않고, 부질없이 임금이 귀엽게 여기는 옹주방에 귀속시키는 것은 더더욱 잘못된 일이라 직간直諫한다. 당시 흉년凶年에다 이인좌의 난까지 일어나 말로 다할 수 없이 피폐해진 민생을 목도한 이광덕은 전라감사로 가만히 있을 수 없어 도저히 납득할 수 없는 정책에 직언直言을 올린 것이다. 이 상소 역시 이광덕의 애민의

176 『英祖實錄』 22권, 英祖 5년 4월 2일. "乾止山, 自古謂之慶基殿主脈, 而土沃之故, 侵占紛紜. 勳臣柳順汀及臨海君房, 淑安公主房, 新生翁主房, 淑媛房, 賑恤廳, 忠勳府, 宗簿寺, 後先折受, 一皆見塞. 國家有用之土, 補之於國, 或補之於民, 乃是國家正當道理, 今無補於國, 不利於民, 而徒歸於貴介私房, 私房得此富厚, 於國於民, 有何所益?"

식과 관료로서의 소명의식에서 비롯된 것이다. 이광덕은 이 일로 번신藩臣의 예가 없다는 엄한 하교下敎와 함께 추고推考를 받았지만, 영조英祖는 결국 명을 내려 토지의 절반을 전주부에 소속시키고, 나머지 반만 옹주방翁主房에 소속시키라고 하였다.

이광려가 당대의 기녀인 장대지를 시에 담아낸 것처럼 이광덕 역시 갑산 부사甲山府史로 외직에 보임되었을 때, 함흥咸興의 기생 가련可憐을 자신의 시에 담았다. 가련 역시 권흠權歆의 총애를 받아 그를 위해 종신토록 수절하여 명성이 있었던 기생이었다. 그러나 이광려처럼 가련의 수절을 시로 형상화한 것이 아니라, 「출사표」를 잘 불렀던 가련의 모습을 묘사하고, 늙어 퇴기退妓가 되어버린 가련의 모습을 농이 섞인 어조로 표현하였다. 이는 가련의 시축詩軸에다 써준 시였기에 이러한 경향을 배제할 수 없었을 것으로 보인다. 이광덕과 관련해서는 널리 알려진 시이므로, 시화에 나오는 내용도 함께 살피기로 한다.

머리 희끗희끗한 함흥의 女俠	咸關女俠鬢如絲
취한 뒤에 出師表 목놓아 부르네	醉後高歌兩出師
歌唱이 삼고초려 대목에 이르자	唱到草廬三顧語
쫓겨난 신하는 만 갈래로 눈물 주르르	逐臣淸淚萬行垂

代北은 미인의 고장이요	代北佳人出
燕南은 준마의 산지라네	燕南駿馬多
천리마는 뼈도 값이 있지만	馬當有骨買
늙어버린 이 기생 어찌 할까나	人今老奈何[177]

첫 번째 시의 기구와 승구에서는 술에 취한 뒤 「출사표出師表」를 곧

177 李匡德, 『冠陽集』 권1, 「題贈咸興老妓詩軸 2首」(『총간』 209, 347면).

잘 부르는 함흥의 여협女俠인 가련 모습을, 전구와 결구에서는 「출사표」의 여삼고어廬三顧語의 대목에 이르러 가련의 절창絶唱으로 인해 눈물을 흘리는 자신의 모습을 읊었다. 두 번째 시는 대북代北과 연남燕南, 미인美人과 준마駿馬, 마馬와 인人, 골骨과 노老가 절묘하게 대對를 이루고 있으며, 곽외郭隗의 천리마千里馬의 고사를 원용하여 가련처럼 늙은 기생은 아무 쓸데가 없다고 한데에서 이광덕의 참신한 발상을 볼 수 있다. 기구의 대북代北은 중국의 산서山西지역으로, 중국의 미인인 왕소군王昭君과 초선貂蟬이 이곳 출신이고, 승구의 연남燕南은 하북河北지역의 범칭泛稱으로, 명마名馬가 많이 나던 곳이다.

가련은 당시에 유명했던 함흥의 기생으로, 특히 소론 측 인사들과 교유를 맺었으며, 이광덕 이외에도 이현조李玄祚, 조현명趙顯命, 이종성李宗城, 이복원李福源, 서영보徐榮輔 등의 인물들이 가련과 관련한 한시를 남겼다. 이광덕이 가련이 부르는 「출사표」를 듣고 눈물을 흘리는 장면은 시화 및 야담野談에도 자주 등장한다. 가련과 이광덕의 만남을 보여주는 이 일화는 허구적 서사가 확대되어 당시 사람들에게 구전되었으며, 이후 『청구야담青邱野談』, 『동야휘집東野彙集』 등의 야담으로 정착되기도 하였다.[178] 위의 시를 더욱 자세히 이해하기 위해서는 다음의 시화의 기록을 참고할 필요가 있다.

> 가련은 함흥의 이름난 기생이다. 일찍이 감사 權歆의 총애를 받아 그를 위해 종신토록 수절을 하였다. 노래를 잘 했으며, 「출사표」 외우기를 좋아하였다. 참판 이광덕이 外職에 보임되어 甲山府使로 나가 함흥에 이르렀는데, 가련에게 다음과 같은 시를 써주었다.[179]

178 정우봉, 앞의 논문, 356~361면 발췌 요약.

179 李克誠, 앞의 책. "可憐者, 咸興名妓也. 嘗爲監司權公歆所丐, 爲之守節而終身. 善歌

> 영조 임금이 왕자였을 때 判書公 李眞望이 師傅였기에 여러 번 그의 집에 행차하여 冠陽을 보고자 한 것이 두세 번이었다. 그런데 공은 外臣이 사사로이 宗親을 알현하는 것은 의리상 감히 할 수 없는 것이라고 여겨 사양하였다. 英祖가 등극한 뒤 激怒하면 종종 李匡德이 나를 만나려고 하지 않았다는 말을 했기 때문에 '唱到三顧語'라는 구절을 쓴 것이다. 이러한 사실과 本旨가 있은 연후에 詩의 뜻이 절실하여 의미가 살게 된다.[180]

첫 번째 인용문에서는 가련이 권흠의 총애를 받아 평생 수절한 기생이라는 점, 「출사표」를 잘 불렀다는 점, 그리고 이광덕이 가련에게 시를 써 준 시기가 갑산 부사로 보임되었을 때라는 사실을 알 수 있다. 이광덕이 갑산 부사로 보임된 시기는 계축년(1733, 영조9)이었다.[181] 두 번째 인용문은 이광덕이 왜 「출사표」의 '삼고초려' 대목에서 눈물을 흘렸는가에 대한 이유를 알려준다. 그 이유는 다름 아니라, 이진망李眞望이 영조의 잠저 시절에 사부로 있었기에 영조가 자주 찾아와 이광덕을 만나고자 했으나 그가 의리상 옳지 않은 일이라 여겨 영조를 만나주지 않았기 때문이라 하였다. 결과적으로 자기와 영조 사이에 있었던 일이 「출사표」의 '삼고초려'와 연관되기 때문에 시에서 이를 언급하였고, 그로 인해 옛 생각에 눈물을 주르르 흘렸던 것이다. 홍지섭의 말처럼 영조와 이광덕 사이에 있었던 일화를 알고 나서야 시의 본뜻을 온전히

而喜誦出師表. 李參判匡德補外爲甲山府使, 行到咸興, 賦而詩贈曰, 咸關女俠鬢如絲, 醉後高歌兩出師. 唱到草廬三顧語, 逐臣清淚萬行垂."

180 洪志燮, 앞의 책. "蓋英廟王子時, 李判書公眞望爲師傅, 故屢爲枉見於其家, 而要見冠陽者再三. 公以外臣私謁近宗, 義所不敢, 辭之. 英廟登極後, 因激怒, 時有李匡德不欲見予之嚴教, 故所以有唱到三顧語之句也. 有此事實本旨, 然後詩意方切實有味矣."

181 『冠陽集』에 실린 詩의 순서로 볼 때에 「甲山雜咏」이라는 작품 아래에 실려 있고, 이광덕의 年譜와도 일치하는 점을 감안하면, 이 시는 이광덕이 甲山府使로 나갔을 때 써 준 작품으로 추정된다.

이해할 수 있다.

이상에서는 이광덕과 이광려의 현실인식과 우환의식과 관련된 시들을 살펴보았는데, 이광려의 시에서는 궁핍한 백성들의 삶에 대한 연민과 경세의식이 뚜렷하였고, 이광덕의 시에서는 부조리한 현실과 권력층에 대한 비판의식이 강하게 드러났다. 이는 이광덕과 이광려가 불우한 사인士人의 삶을 살았지만, 그들의 의식세계와 한시 창작이 개인의 범주에만 국한되지 않고, 고통받는 백성에 대한 관심과 당면한 현실의 문제에까지 확장되었음을 말해주는 방증이다. 결국 이광덕과 이광려의 한시에서 느낄 수 있는 이러한 측면은 당시 현실을 냉철하게 직시하고 백성들을 연민하는 사대부로서의 확고한 소명의식과 지식인의 양심에서 비롯된 것이다.

제4부

정리를 대신하여

팔광八匡은 당맥黨脈으로는 소론少論, 학맥學脈으로는 강화학江華學, 가계家系로는 전주 이씨全州李氏 덕천군파德泉君派라는 공통적인 배경을 지니고 있다. 이들은 동시대 다른 문인들에 비해 당맥을 비롯해 학문적·문학적으로 서로 간에 공감대가 많았으며, 육진六眞·팔광八匡이라 일컬어지는 당대의 학문·문학·예술분야의 대표적인 인물들이 한 집안에서 배출되었다. 그러나 노론·소론 간 당쟁으로 인한 당화黨禍로 가문이 거의 몰락하는 지경에 이르면서 이광려를 제외한 다른 인물들의 유집遺集은 제대로 정리되지 못하였고, 그 후손들에 의해 정리되었다. 정리된 자료들이라 해도 가장본家藏本의 필사 자료가 많아 접근성에 어려움이 있었다. 그 결과 이광명李匡明의 『증참의공적소시가贈參議公謫所詩歌』와 이광찬李匡贊의 『중옹유고中翁遺稿』처럼 거의 알려지지 않은 자료도 있다.

이 책에서는 지금까지 팔광八匡에 대한 연구가 주로 강화학의 사상적 측면에서 이루어졌지 문학적 측면에서는 그다지 많은 연구가 진행되지 않은 점에 착안하여 팔광八匡 중 문집이 남아 있는 이광명, 이광사李匡師, 이광신李匡臣, 이광찬, 이광덕李匡德, 이광려李匡呂의 한시漢詩를 연구하였다. 그것은 팔광八匡이 전문시인으로 자처하지 않았고, 전하는 작품 역시 많은 편이 아니지만, 다른 시인들과 구별되는 뚜렷한 창작의식과 시 지향詩指向을 지니고 있었고, 당대와 후대의 많은 문인文人들이 팔광八匡의 시를 높게 평가하고 주목하였기 때문이다. 그들의 행적과 한시를 고찰하면서 새롭게 발견한 사실은, 을해옥사乙亥獄事 이전까지 한시 창작漢詩創作과 직접적으로 관련된 교유를 보면 서대문 인근에 거주하던 팔광八匡 종항 간從行間에 있었던 시회詩會와 혼맥婚脈과 정맥政脈으로 연결된 여타 소론과의 모임에서 활발한 한시 창작이 이루어졌다는 점이다.

이에 주목하여 제 1부 팔광八匡의 구성과 교유에서는 당대의 소론少論 중에 팔광八匡의 문집에서 공통적으로 등장하는 인물을 중심으로 집안 사이의 혼맥과 팔광八匡과의 구체적인 관계를 고찰하였다. 이는 팔광八匡 가계家系 내의 교류를 밝히는 일뿐만이 아니라, 이 시기 소론少論間의 교유를 밝히는 데도 중요한 과정이기 때문이다. 그 결과 팔광八匡은 조하망曺夏望의 창녕 조씨昌寧曺氏 집안, 조태억趙泰億의 양주 조씨楊州趙氏 집안과 가장 긴밀한 관계에 있었다. 풍산 홍씨豊山洪氏 홍중성洪重聖 역시 팔광八匡의 교유에서 주목할 만한 인물이었다. 팔광八匡은 이광덕을 제외한 팔광八匡의 거주지가 모두 서대문 인근에 있었기에 이광신의 원포정園逋亭을 거점으로 종항 간에 활발히 교유하며 한시를 창작하였으며, 강박姜樸과 강필경姜必慶 등 남인南人이 함께 참여했던 서천매화사西泉梅花社를 결성하여 시회詩會를 가졌음을 알 수 있었다. 또 지금까지 잘 알려지지 않았던 광자匡字 항렬 문인과 관련한 정보 역시 팔광八匡의 교유 속에서 드러났다.

제 2부 강화학江華學의 문학적 수용과 창작에서는 팔광八匡이 정제두鄭齊斗에게 받아들여 학문의 바탕으로 삼고 가학家學으로까지 전승했던 강화학이 이들의 문학文學에는 어떤 양상으로 변용變容되었으며, 실

제 시문 창작에는 어떤 양상으로 드러나는지 살펴보았다. 팔광八匡은 동시대 다른 작가들과 달리 동일한 학맥學脈의 기반 위에서 학문적, 혈연적 유대를 지속해 나갔기에 이들의 창작의식과 시세계에는 일정 부분 공통적인 면이 발견되었다. 그 공통점은 심사深思와 조의造意의 추구, 일상적인 소재와 진솔한 표현, 고시古詩의 변주變奏와 실험적 시도, 역사의 재인식과 사실史實의 시화詩化이다.

제 3부 시세계詩世界의 양상과 특징에서는 팔광八匡을 개별 작가가 아닌 시 집단詩集團의 차원에서 접근하여 이 시기 팔광八匡의 삶의 궤적과 그들의 한시가 당시 정치권에서 소외된 사대부계층의 삶과 의식을 여실히 보여준다는 점에 주목하여 그들의 행적과 창작 배경을 고독한 유배객의 삶, 소외된 지식인의 삶, 불우한 사인士人의 삶이라는 세 범주로 나누어 살펴보았다. 먼저 이광사와 이광명의 시에서는 유배객의 처지에서 한 인간이 겪는 좌절과 고독, 한恨, 울분, 그리움의 정서情緖를 직설적으로 표현한 서정시와 북관北關의 낯선 풍토와 지역민을 포착한 풍토기風土記의 성격을 지니는 시를 대상으로 동일한 시기의 유배시와의 차이점을 살폈다. 이광사 이광명과 함께 유배를 당했던 이광찬과 이광현 등은 유배 이후 의도적으로 한시를 창작하지 않았지만, 이광사와 이광명의 한시를 통해 이 시기에 당쟁黨爭의 화禍를 가장 혹독하게 체험한 당사자들이 시경詩境으로 드러낸 비애의식悲哀意識을 엿볼 수 있었다. 이는 이광사와 이광명의 한시에서 드러나는 특징일 뿐 아니라, 을해옥사 이후 유배형에 처해 졌던 팔광八匡의 의식과 심경心境을 대변한다고 해도 과언이 아니다.

이광찬과 이광신의 시에서는 서천매화사 및 종형제 간의 시회에서 창작된 작품을 중심으로 분석하였다. 이들의 시에는 속세의 명리名利와 시비是非를 초탈하여 동인同人들과 화훼를 감상하고 시주詩酒를 논하며 고상한 아취를 표출한 시와 함께 낙척불우落拓不遇한 궁인窮人의 처지를 개탄하는 울읍鬱悒한 심사心思를 표출한 시가 공존하는 양상을 보이지만, 한시 창작의 본질적인 목적은 후자後者에 있었다. 여기에서 동시대 다른 시사詩社에서 창작된 작품이나 여타 작가의 작품과는 매우 다른 취향과 풍격을 발견할 수 있었는데, 이는 당시 정치 상황과 불우한 인생에서 그 어떤 희망과 전망도 찾지 못한 소외된 지성인의 자기 고민과 내면 갈등의 표출에서 기인한 결과이다.

이광덕과 이광려의 시에서는 두 사람이 불우한 사인의 삶을 살았고, 실제 이들의 시에서 전원의 일상日常과 주변의 정경情景을 읊은 작품이 많다는 사실에 주목하여 이광덕의 전원시와 이광려의 유람시를 중심으로 그 특징을 살폈으며, 두 인물에게서 보이는 현실비판과 백성에 대한 연민의식이 표출된 시를 중심으로 분석하였다. 이광덕의 전원시에는 한가한 일상에서 느끼는 단편적인 홍취와 감흥뿐 아니라, 자신에 대한 깊은 自照를 볼 수 있었다. 이는 은거하는 삶을 살면서도 당면한 현실 속에서 나라에 대한 걱정과 끊임없이 자기 정체성을 찾아가려 했던 그의 고민이 반영된 결과이다.

이광려는 이광덕과 달리 자기고민보다는 일상의 정경과 눈앞에 마주한 산수 경물을 적극적으로 담아낸 시들이 많았는데, 이러한 특징은 그의 유람시에 가장 잘 드러났다. 이광려는 시체詩體의 활용에 있어 율시律詩보다는 절구絶句를, 단형시短型詩보다는 연작시連作詩를 선호하였는데, 이는 압축적이고 간결한 시상詩想의 표현을 중시하는 그의 창작 경향과 여러 편의 단형시를 지어 그때그때 눈에 들어오는 경물을 즉경즉사卽景卽事의 방식을 취해 연속적으로 표현하려는 작시作詩관습에서 비롯된 것이다. 현실비판과 백성에 대한 연민을 드러낸 시에서 보이는 형식적 특징은 전원시 및 유람시와 크게 다르지 않았지만, 당대의 현실과 사회상에 대해 자신의 생각을 분명히 드러내고 이를 구체적으로 형상화한 데서 그들의 현실인식을 엿볼 수 있었다.

작가들마다 한시 창작의 배경적 요인과 실제 창작에서 추구하는 지향점이 다르기 때문에 다양한 개성을 지닌 작가들을 하나의 시인 집단으로 묶어 논하기가 어려운 것은 사실이다. 18세기에는 이전 시대보다 각자의 개성을 추구하는 작가들이 많이 등장했기 때문에 더욱 그러하다. 그럼에도 불구하고 이 책에서는 팔광八匡이 당맥, 학맥, 가문의 공통점으로 말미암아 개별 작가가 아닌 시 집단으로 논할 수 있다는 단서에 주목하여 지금까지 활발하게 연구되지 않았던 그들의 시문학에 대한 고찰을 시도하였다. 그리고 팔광八匡 중에 당시 치열했던 노론·소론 간 당쟁 속에서 비슷한 삶의 궤적을 이어갔던 인물을 묶어 그들이 한시로 표출하고자 했던 시정詩情과 시경詩境을 중점적으로 규명하였다.

가문이 당화黨禍를 입어 유집遺集이 제대로 정리되지 못하였고 남긴 한시가 많지 않아 지금까지 팔광八匡의 한시에 대한 평가가 제대로 이루어지지 못했지만, 그들의 시에는 18세기 문인들에게서 공통적으로 발견되는 독창적인 시 의식과 창작 경향이 존재하며, 시인으로서의 개성적인 면모 역시 적지 않았다. 또 팔광八匡은 철저히 학맥, 혼맥, 정맥으로 결속되어 있어 개별 작가의 차원을 넘어 시 집단의 측면에서 연구할 수 있는 특수성이 존재했다. 이러한 집단적 문학 성향과 전통은 이들 당대에서 끝나는 것이 아니라, 그 맥이 집안 후손들에게 이어져 조선후기 한시사漢詩史에도 하나의 큰 줄기를 형성한다는데 그 가치와 의의가 있다.

이 책에서는 현재 문집이 남아있는 팔광八匡의 시문학詩文學 모두를 대상으로 하였기에 각 인물들의 한시에서 드러나는 특징의 정치한 부분까지 규명하지는 못하였지만, 지금까지 주목받지 못했던 조선후기 소론少論에서 결코 비중이 적지 않은 팔광八匡의 시문학을 일괄적으로 고찰하고, 시문 창작과 관련된 그들의 실제 교유를 규명한 점에서는 의미가 있다고 생각한다. 또 이 책에서 규명한 팔광八匡의 교유 및 여타 소론과의 교유 양상은 앞으로 조선후기 소론의 실제 교유 양상을 밝히는 데에도 도움이 될 수 있을 것이다. 또 팔광八匡의 학문과 문학이 영재寧齋 이건창李建昌을 비롯한 그 후손에까지 가학으로 면면히 계승되는 점을 생각하면, 시문학에서 이들의 영향 관계를 고찰하여 조선후기 가문문학家門文學으로서의 특징적인 면모를 밝히는 연구로의 확장도 의미가 있으리라 본다.

참고문헌

1. 資料

姜樸,『菊圃集』,『韓國文集叢刊續集』70, 한국고전번역원

姜必愼,『慕軒集』,『韓國文集叢刊續集』68, 한국고전번역원

金鑢,『藫庭遺藁』,『韓國文集叢刊』289, 한국고전번역원

金昌翕,『三淵集』,『韓國文集叢刊』165~167, 한국고전번역원

李匡德,『冠陽集』,『韓國文集叢刊』209, 한국고전번역원

朴世采,『南溪集』,『韓國文集叢刊』138~142, 한국고전번역원

朴誾,『挹翠軒遺稿』,『韓國文集叢刊』21, 한국고전번역원

朴齊家,『貞蕤閣集』,『韓國文集叢刊』261, 한국고전번역원

朴趾源,『燕巖集』,『韓國文集叢刊』252, 한국고전번역원

徐榮輔,『竹石館遺集』,『韓國文集叢刊』269, 한국고전번역원

申大羽,『宛丘遺集』,『韓國文集叢刊』251, 한국고전번역원

申綽,『石泉遺稿』,『韓國文集叢刊』279, 한국고전번역원

李建昌,『明美堂集』,『韓國文集叢刊』349, 한국고전번역원

李匡呂,『李參奉集』,『韓國文集叢刊』237, 한국고전번역원

李匡師,『圓嶠集選』,『韓國文集叢刊』221, 한국고전번역원

李德懋,『靑莊館全書』,『韓國文集叢刊』, 259, 한국고전번역원

李令翊,『信齋集』,『韓國文集叢刊』252, 한국고전번역원

李晩秀,『屐園遺稿』,『韓國文集叢刊』268, 한국고전번역원

李勉伯,『岱淵遺稿』,『韓國文集叢刊』290, 한국고전번역원

李是遠,『沙磯集』,『韓國文集叢刊』302, 한국고전번역원

李用休,『㬅𢿘集』,『韓國文集叢刊』223, 한국고전번역원

李眞望,『陶雲遺集』,『韓國文集叢刊』186, 한국고전번역원

李忠翊,『椒園遺藁』,『韓國文集叢刊』255, 한국고전번역원

尹光紹, 『素谷遺稿』, 『韓國文集叢刊』 223, 한국고전번역원
尹淳, 『白下集』, 『韓國文集叢刊』 192, 한국고전번역원
鄭齊斗, 『霞谷集』, 『韓國文集叢刊』 160, 한국고전번역원
曺夏望, 『西州集』, 『韓國文集叢刊續集』 64, 한국고전번역원
趙泰億, 『謙齋集』, 『韓國文集叢刊』 189~190, 한국고전번역원
崔奎瑞, 『艮齋集』, 『韓國文集叢刊』 161, 한국고전번역원
崔錫鼎, 『明谷集』, 『韓國文集叢刊』 153~154, 한국고전번역원
洪良浩, 『耳溪集』, 『韓國文集叢刊』 241~242, 한국고전번역원
洪重聖, 『芸窩集』, 『韓國文集叢刊續集』 57, 한국고전번역원

柳僖, 『文通』, 문중기탁본, 한국학중앙연구원, 장서각 소장
沈魯崇, 『南遷日錄』, 국사편찬위원회, 한국사료총서 제55집
李匡師, 『斗南集』, 규장각본
李匡臣, 『先藁』, 문중본
李匡贊, 『中翁遺稿』, 문중본
李匡贊, 『評斗南』, 문중본
李德懋編, 『三家詩鈔』, 홍대용 후손가 소장 사본
李淞, 『老樵集』, 국립중앙도서관 소장
李良翊, 『中翁實蹟』, 문중본
李良翊, 『先府君言行遺事』, 문중본
李良翊, 『先府君孝友遺事』, 문중본
李象先, 『篋中集』, 문중본
趙震彬, 『安齋集』, 장서각 소장
필사자 미상, 『掇英』, 규장각 소장
洪志燮, 『臥雲翁聞見隨記』, 국립중앙도서관 소장

『古文書集成』 53, 鎭安 程川 全州 李氏 西谷 李正英後孫家篇(I), 한국학중앙연구원, 2002
『古文書集成』 54, 鎭安 程川 全州 李氏 西谷 李正英後孫家篇(II), 한국학중앙연구원, 2002
국학진흥연구사업추진위원회, 『진주유씨 서파유희전서 I』, 한국학중앙연구원, 2007

국학진흥연구사업추진위원회, 『진주유씨 서파유희전서Ⅱ』, 한국학중앙연구원, 2008
全州李氏德泉君派宗會, 『全州李氏德泉君派譜』, 1983.

李匡師, 『員嶠集』(미국버클리 동아시아 도서관(아사미문고) 소장본 고려대학교 민족문화연구원 해외한국학자료센터 이미지제공)
李匡師, 『圓嶠集選』, (일본 동양문고 소장본 고려대학교 민족문화연구원 해외한국학자료센터 이미지제공)
鄭東愈, 『玄同室遺稿』(미국버클리 동아시아 도서관(아사미문고) 소장본 고려대학교 민족문화연구원 해외한국학자료센터 이미지제공)
鄭東愈, 『晝永編』(연세대학교 중앙도서관본 청구기호:8118 정동유 주-가-1~2)
洪奭周, 『鶴岡散筆』(미국버클리 동아시아 도서관(아사미문고) 소장본 고려대학교 민족문화연구원 해외한국학자료센터 이미지제공)
필사본, 『羅麗七律』(미국버클리 동아시아 도서관 아사미문고 소장본 고려대학교 민족문화연구원 해외한국학자료센터 이미지제공)

『국역승정원일기』, 『고전번역총서』, 한국고전번역원
『신증동국여지승람』, 『고전번역총서』, 한국고전번역원
『조선왕조실록』, 『고전번역총서』, 한국고전번역원
박지원, 『열하일기』, 『고전번역총서』, 한국고전번역원
서거정, 『동문선』, 『고전번역총서』, 한국고전번역원
성대중, 『청성잡기』, 『고전번역총서』, 한국고전번역원
이긍익, 『연려실기술』, 『고전번역총서』, 한국고전번역원
이덕무, 『청장관전서』, 『고전번역총서』, 한국고전번역원
이유원, 『임하필기』, 『고전번역총서』, 한국고전번역원
이익, 『성호사설』, 『고전번역총서』, 한국고전번역원
조엄, 『해행총재』, 『고전번역총서』, 한국고전번역원

강화양명학 연구팀, 『강화 양명학 연구사』, 한국학술정보, 2008
강화양명학 연구팀, 『강화 학파의 양명학』, 한국학술정보, 2008
김수중 외, 『강화학파 연구문헌해제』, 인천학연구원, 2007
정양완 · 심경호, 『江華學派의 文學과 思想 1』, 정신문화연구원, 1993

정양완, 『江華學派의 文學과 思想 2』, 정신문화연구원, 1995
심경호, 『江華學派의 文學과 思想 3』, 정신문화연구원, 1995
정양완·심경호, 『江華學派의 文學과 思想 4』, 정신문화연구원, 1999
정양완, 『江華學派의 文學과 思想 5』, 월인, 2012.
심경호, 『신편 원교 이광사문집』, 시간의 물레, 2005
장필기 외, 「명미당 이건창家 자료 해제집」, 국사편찬위원회, 2009

김려 지음, 강혜선 옮김, 『유배객 세상을 알다』, 태학사, 2007
김려 지음, 박혜숙 옮김, 『사유악부 선집-부령을 그리며』, 돌베개, 1996
심노숭, 김영진 옮김, 『눈물이란 무엇인가』, 태학사, 2001
이진망, 이광덕, 강혜선 옮김, 『달빛 쏟아지는 남새밭에서』, 태학사, 2002

전자판 『文淵閣四庫全書』
고려대학교 민족문화연구원 해외한국학자료센터 http://kostmakoreaackr/
국사편찬위원회 http://wwwhistorygokr/
서울대학규장각한국학연구원 http://kyujanggaksnuackr
왕실도서관 장서각 디지털 아카이브 http://yoksaaksackr/
한국국립중앙도서관 http://wwwnlgokr/
한국 고문서 자료관 http://archive.kostma.net/
한국 고전적 종합목록시스템 https://www.nl.go.kr/korcis/
『朝鮮王朝實錄』, 한국고전번역원 제공, http://db.itkc.or.kr/index.jsp?bizName
『承政院日記』, 국사편찬위원회 제공, http://sjw.history.go.kr/main.do
한국고전종합DB http://db.itkc.or.kr

2. 單行本

강명관, 『공안파와 조선후기 한문학』, 소명출판사, 2007
강신엽, 『朝鮮後期 少論 研究』, 鳳鳴, 2001
강준흠, 민족문화연구소 한문분과 옮김, 『三溟詩話』, 소명출판사, 2006
김영주, 『조선후기 문학론 연구』, 이회문화사, 2009
김용태, 『19세기 조선 한시사의 탐색-옥수 조면호의 시세계』, 돌베개, 2008

김준연, 『당대 칠언율시 연구』, 역락, 2004
단국대 소장 연민문고 동장귀중본 해제사업단, 『단국대 소장 연민문고 동장귀중본 해제집』, 문예원, 2012
민병수, 『한국 한시사』, 태학사, 1996
민영규, 『江華學 최후의 광경』, 又半, 1994
박희병, 『나의 아버지 박지원』, 돌베개, 1998
성대중 著, 홍학희 譯, 『부사산 비파호를 날 듯이 건너』, 소명출판사, 2006
유명종, 『韓國의 陽明學』, 동화출판공사, 1983
_____, 『성리학과 양명학』, 연세대학교 출판부, 1994
안대회, 『18세기 한국한시사 연구』, 소명출판사, 1999
_____, 『한국 漢詩의 分析과 視覺』, 연세대학교 출판부, 2000
_____, 『조선후기 시화사』, 소명출판사, 2000
_____, 『궁극의 시학』, 문학동네, 2013
_____, 『담바고 문화사』, 문학동네, 2015
안대회 외 공역, 『주영편』, 휴머니스트, 2016
윤재환, 『조선후기 근기 남인 시맥의 형성과 전개』, 문예원, 2012
이건창, 송희준 옮김, 『조선의 마지막 문장』, 글항아리, 2008
이건창, 이근호 옮김, 『당의통략』, 지식을 만드는 지식, 2015
이규상 지음, 민족문화연구소 한문분과 옮김, 『18세기 조선 인물지-幷世才彦錄』, 창작과 비평사, 1997
이병혁, 『한국 한문학의 탐구』, 국학자료원, 2003
이성무, 『朝鮮後期 黨爭의 綜合的 檢討』, 한국정신문화연구원, 1992
이용규, 『江華學派 學人들의 발자취』, 修書院, 2007
이종묵, 『한국한시의 전통과 문예미』, 태학사, 2002
_____, 『조선의 문화공간』 4, 휴머니스트, 2006
_____, 『사의당지 우리 집을 말한다』, 휴머니스트, 2009
이혜순, 『전통과 수용: 한국 고전문학과 해외교류』, 돌베개, 2010
이희목, 『이건창 문학연구』, 성균관대학교출판부, 2005
임형택, 『이조시대 서사시』 (상), 창비신서 107, 창작과 비평사, 2002
_____, 『이조시대 서사시』 (하), 창비신서 108, 창작과 비평사, 2002
정요일, 『한문학비평론』, 집문당, 1990

정인보, 『陽明學演論』, 三省文化文庫 11, 1972
조종업, 『한국시화연구』, 태학사, 1991
진재교, 『이계 홍량호 문학 연구』, 성균관대학교출판부, 1999
______, 『이조후기 한시의 사회사』, 소명출판사, 2001
홍만종 지음, 안대회 옮김, 『소화시평: 조선이 사랑한 시 이야기』, 성균관대학교 출판부, 2016.
金台俊 著, 金性彦 校註, 『(校註)朝鮮漢文學史』, 태학사, 1994
郭紹虞 著, 『中國文學批評史』, 上海古籍出版社, 1992
나카 스미오 지음, 이영호 외 공역, 『조선의 양명학』, 성균관대학교 출판부, 2016
벤저민 엘먼 著, 양휘웅 譯, 『성리학에서 고증학으로』, 예문서원, 2004

3. 論文

1) 學位論文

강석중, 「이광사의 문론 연구」, 서울대학교 석사학위논문, 1991
강신엽, 「朝鮮後期 小論의 政治思想」, 동국대학교 박사학위논문, 1996
김보성, 「李圭景의 『詩家點燈』 研究」, 성균관대학교 박사학위논문, 2016
김영주, 「조선후기 소론계 문인의 문학론 연구」, 경북대학교 박사학위논문, 2005
김영진, 「朝鮮後期의 明淸小品 수용과 小品文의 전개 양상」, 고려대학교 박사학위논문, 2008
류수연, 「김려의 『사유악부』연구」, 세종대학교 석사학위논문, 2004
맹영일, 「18세기 전반 백련시단의 형성과 시세계」, 고려대학교 박사학위논문, 2015
박철승, 「이광사의 「동국악부」연구」, 배재대학교 석사학위논문, 1996
배병주, 「원교 이광사 시문학 연구」, 단국대학교 석사학위논문, 1998
부유섭, 「17-18세기 중반 근기남인 문단 연구」, 한국학중앙연구원 박사학위논문, 2009
서경숙, 「初期 江華學派의 陽明學에 關한 研究」, 성균관대학교 박사학위논문, 2001
안대회, 「白塔詩派의 研究 : 李德懋, 柳得恭, 朴齊家를 중심으로」, 연세대학교 석사학위논문, 1987
안대회, 「朝鮮後期 詩話의 史的 研究」, 연세대학교 박사학위논문, 1994
유정열, 「李匡贊의 批評 研究」, 서울대학교 석사학위논문, 2011
윤재환, 「梅山 李夏鎭 時文學 研究 : 星湖 家學의 成立과 關聯하여」, 성균관대학교

박사학위논문, 2004
윤호진, 「抒情 漢詩의 意味 表出 樣相에 관한 硏究」, 성균관대학교 박사학위논문, 1992
이상호, 「鄭齊斗 陽明學의 陽明右派的 特徵」, 계명대학교 박사학위논문, 2004
이승용, 「李匡師 流配期 漢詩의 抒情性 硏究」, 성균관대학교 석사학위논문, 2010
이용훈, 「月巖 李匡呂 漢詩 硏究」, 한국학중앙연구원 석사학위논문, 2013
이종묵, 「海東江西詩派 硏究」, 서울대학교 박사학위논문, 1994
이희목, 「寧齋 李建昌 散文 硏究 : 人物記事를 中心으로」, 성균관대학교 박사학위논문, 1992
장유승, 「17세기 古詩 硏究」, 한국학중앙연구원 석사학위논문, 2002

2) 一般論文

강혜선, 「冠陽 李匡德의 생애와 한시세계」, 『한국한시작가연구』 16, 한국한시학회, 2012
김근태, 「西陂 柳僖의 생애와 學詩 門路」, 『온지논총』 14, 온지학회, 2006
김동준, 「부령 유배기 이광사 한시의 내면과 진정의 지평」, 『한국한시연구』 13, 한국한시학회, 2005
______, 「李匡師의 문학과 陽明學의 흔적들」, 『한국양명학회 학술대회 논문집』, 한국양명학회, 2005
______, 「18세기 한국한시의 실험적 성격에 대한 연구」, 『민족문학사연구』 27, 민족문학사학회, 2005
______, 「李匡師 문학의 사상적 배경과 陽明學의 흔적」, 『한국인물사연구』 10, 한국인물사 연구소, 2008
김동하, 「이광려의 시문학 세계」, 『論文集』 14, 서강정보대학, 1995
김영숙, 「한국 한시의 특징과 전개; 詠史詩의 槪念과 작품의 實相」, 『東方漢文學』 37, 동방한문학회, 2008
김영진, 「유배인 심노숭의 孤獨과 文筆로써의 消愁 유배일기 『南遷日錄』을 중심으로」, 『한문학논집』 37, 근역한문학회, 2013
김은정, 「읍취헌 박은의 교류와 유람의 한시「천마잠두록」」, 『한국한시작가연구』 4, 한국한시학회, 1999
김홍백, 「李匡師의 아내 哀悼文에 나타난 形式美와 그 의미」, 『규장각』 35, 서울대학교 규장각 한국학연구원, 2009

곽충구, 「李匡明의 〈이쥬픙쇽통〉과 18세기 함남 甲山의 언어 문화」 『방언학』 12, 한국방언학회, 2010
문정자, 「圓嶠 李匡師의 詩文學 世界」, 『한문학논집』 16, 근역한문학회, 1998
맹영일, 「菊圃 姜樸과 白蓮詩社의 한시 연구」, 『동아시아고대학』 32, 동아시아고대학회, 2013
민영규, 「위당 정인보 선생의 행장에 나타난 몇 가지 문제-實學原始」, 『동방학지』 13, 연세대학교 국학연구원, 1972
박동욱, 「연객 허필의 예술 활동과 일상성의 시학」, 『韓國漢文學研究』 46, 한국한문학회, 2010
박무영, 「이광사 제망실문의 연구」, 『국어국문학』 138, 국어국문학회, 2004
______, 「유배지에서 온 편지: 이광사의 '편지시'」, 『시안』 제9권 제4호, 통권34호, 詩眼社, 2006
박연수, 「강화 하곡학파의 實心實學」, 『陽明學』 16, 한국양명학회, 2006
박용만, 「江華學派의 聯句詩에 관한 고찰」, 『한국한시연구』 12, 한국한시학회, 2004
______, 「이광찬의 시문비평에 대한 고찰-『評斗南』을 중심으로-」, 『고전문학연구』 28, 한국고전문학회, 2005
박은순, 「謙齋 鄭敾과 少論系 문인들의 후원과 교류(1)」, 『온지논총』 29, 온지학회, 2011
박종훈, 「楚亭 朴齊家의 『竟信堂夾袋』小考」, 『한국한문학연구』 40, 한국한문학회, 2007
박준호, 「강화학파의 문학세계에 대한 일고찰」, 『대동한문학』 14, 대동한문학회, 2001
______, 「강화학파 시세계의 한 국면」, 『한문학보』 9, 우리한문학회, 2003
서경숙, 「강화학파의 학맥에 관한 소고」, 『한중철학』 57, 한중철학회, 2001
______, 「恒齋 李匡臣의 理氣論 : 理氣本自混合無間(一體)說」, 『양명학』 6, 한국양명학회, 2001
______, 「초기 강화학파 항재 이광신의 심성론」, 『한국철학논집』 13, 한국철학사연구회, 2003
신장섭, 「동국악부를 통한 員嶠와 信齋의 역사 인식 고찰」, 『우리문학연구』 22, 우리문학회, 2007
심경호, 「恒齋 李匡臣論」, 『진단학보』 84, 진단학회, 1997
______, 「조선후기 시사와 동호인 집단의 문학 활동」, 『민족문화연구』 31, 고려대학교 민족문화연구소, 1998

______, 「강화학의 허가비판론」, 『대동한문학』 14, 대동한문학회, 2001.
______, 「강화학파의 假學批判」, 『양명학』 13, 한국양명학회, 2005
______, 「위당 정인보와 강화학파」, 『열상고전연구』 27, 열상고전연구회, 2008
______, 「강화학파 관련 새 자료의 발굴과 강화학파 연구의 과제: 이광려의 간찰 자료를 중심으로」, 『인천학연구』 13, 인천대학교 인천학연구원, 2010
______, 「이광려의 서찰에 관한 일고찰」, 『어문논집』 63, 민족어문학회, 2011
안대회, 「朴齊家의 『竟信堂夾袋』와 北關風情」, 『한국한시연구』 12, 한국한시학회, 2004
______, 「洪大容 후손가 소장 李德懋 筆寫本 3종 연구」, 『고전문학연구』 42, 한국고전문학회, 2012
______, 「18세기 詩社의 현황과 전개양상」, 『고전문학연구』 44, 한국고전문학회, 2013
유준기, 「江華學派의 學脈과 思想史的 展開」, 『국사관논총』, 국사편찬위원회, 1989
윤병석, 「이광명의 생애와 '이쥬풍속통'에 대하여」, 『어문연구』 5, 한국어문교육연구회, 1977
윤재환, 「椒園 李忠翊의 文學論과 形象化」, 『양명학』 17, 한국양명학회, 2006
______, 「소론계 시문학 경향의 계승과 변모-椒園 李忠翊家의 시세계를 중심으로」, 『민족문학사연구』 35, 민족문학사학회, 2007
______, 「朝鮮後期 流配 經驗의 詩的 形象化-梅山 李夏鎭의 「雲陽錄」을 中心으로」, 『한문학보』 19, 우리한문학회, 2008
이상호, 「정제두 철학의 양명우파적 특징」, 『양명학』 13, 한국양명학회, 2005
______, 「정인보 實心論의 양명좌파적 특징」, 『양명학』 15, 한국양명학회, 2005
______, 「강화학파의 實心論」, 『철학』 69, 한국철학회, 2001
이승용, 「中翁 李匡贊의 生涯와 詩世界에 관한 일고찰」, 『한국한시연구』 23, 한국한시학회, 2015
______, 「『증참의공적소시가(贈參議公謫所詩歌)』를 통해 본 이광명(李匡明) 한시(漢詩)의 일고찰」, 『漢文學論集』 50, 근역한문학회, 2018.
이종묵, 「16-17세기 漢詩史 연구: 詩風의 변화 양상을 중심으로」, 『정신문화연구』 23, 한국학중앙연구원, 2000
______, 「버클리 대학 소장 원교집에 대하여」, 『문헌과 해석』 38, 문헌과 해석사, 2007
______, 「鄭東愈와 그 一門의 저술」, 『진단학보』 110, 진단학회, 2010
이현일, 「李匡呂의 實心實學과 經世學」, 『민족문학사연구』 35, 민족문학사학회, 2007
이희목, 「영재 이건창의 양명학과 문학」, 『대동한문학』 14, 대동한문학회, 2001

원창애, 「조선 왕실 종친가문에서 사대부가로의 변모－덕천군파 이유간 가계를 중심으로－」, 『남명학연구』 48, 경상대학교 남명학연구소, 2015

정기호, 「이광명의 적소시가에 대하여」, 『인문과학연구논문집』 3, 인하대 인문과학연구소, 1977

정명세, 「李匡明의 流配時調考」, 『어문학』 47, 한국어문학회, 1986

정우봉, 「18세기 함흥 기생 可憐의 문학적 형상화와 그 의미」, 『한문교육연구』 34, 한국한문교육학회, 2010

정은진, 「18세기 소론계 인물 善息齋 鄭持淳 硏究(1)」, 『한문학보』 18, 우리한문학회, 2008

______, 「18세기 소론계 인물 善息齋 鄭持淳 연구(2)－"吾心" 思想을 중심으로」, 『한문학보』 19, 우리한문학회, 2008

정인재, 「恒齋 李匡臣의 心學 : 양명과 주자 종합론」, 『서강인문논총』 23, 서강대학교 인문과학연구소, 2008

천병돈, 「하곡학 연구 현황 분석」, 『양명학』 19, 한국양명학회, 2007

______, 「李匡臣은 朱王 절충론자인가－「빙탄록」을 중심으로」, 『동아시아문화연구』 44, 한양대학교 한국학연구소, 2008

______, 「항재 이광신의 『先藁』 연구」, 『양명학』 22, 한국양명학회, 2009

______, 「恒齋 이광신의 心卽理와 心與理－「與襄仲辯難朱王理氣說」을 중심으로」, 『철학연구』 110, 대한철학회, 2009

최재목, 「江華 양명학파 연구의 방향과 과제」, 『유학연구』 12, 충남대학교 유학연구소, 2005

최홍원, 「공간을 중심으로 한 〈북찬가(北竄歌)〉의 새로운 이해와 접근」, 『국어국문학』 167, 국어국문학회, 2014

부록1

李匡贊의 『中翁遺稿』 소재 漢詩 目錄(147題 181首)

	제목	창작시기	관련인물 및 장소
1	暮春興, 恒齋從兄將遊道峰途中, 呼遊字各賦	辛酉年(1741)	恒齋(李匡臣)
2	入洞	辛酉年(1741)	
3	謁靜菴先生書院	辛酉年(1741)	
4	院前泉石爲山水所汰殊改前觀, 歎而賦之	辛酉年(1741)	
5	將登萬丈峰路險力盡徑還有作	辛酉年(1741)	
6	西溪	辛酉年(1741)	
7	溪上水閣(註: 淸風亭) 2首	辛酉年(1741)	
8	宿石林寺	辛酉年(1741)	
9	拜東峯祠	辛酉年(1741)	
10	寺額是定齋筆	辛酉年(1741)	
11	山上有梅月舊基絶險未尋	辛酉年(1741)	梅月堂 金時習
12	過嘯皐徐相別業	辛酉年(1741)	嘯皐 徐命均
13	所過村里桃李皆盛開	辛酉年(1741)	
14	曹溪	辛酉年(1741)	
15	溪有樓臺而麟坪大君所作云	辛酉年(1741)	
16	歸路得巖字各賦(註: 以上皆辛酉)	辛酉年(1741)	
17	立春人日夜, 於園逋亭爲辛盤會拈韻 3首		園逋亭 (李匡臣의 亭子)
18	園逋賞花拈韻各賦	庚申年(1740)	
19	敬次曾王考送泛翁北幕詩韻, 奉贈洪評事重一		洪評事(洪重一)
20	家大人與西州菊圃僉正趙丈及參判族兄亦來拈韻敬次	己未年(1739)	西州(曺夏望), 菊圃(姜樸), 僉正趙丈(趙泰耉), 參判族兄(李匡世)

21	陪家大人與菊圃諸公賞花于園逋, 呼韻敬次		菊圃(姜樸), 園逋亭
22	中秋約與隣友翫月于園逋亭, 是夕各指被而來, 主人出郊庄未返, 然看竹何須問也, 但願雲歸空俟月不出未免敗意, 遂邀數三隣朋篝燈小話. 吾仍留宿, 夜分雲氣淨盡, 月華如晝, 攬衣推戶, 相顧叫奇, 各以數律術其事		
23	夜與士膺賞梧柳軒閤梅		士膺(洪重模), 梧柳軒(李匡臣의 집)
24	壬戌秋七月旣望, 恒齋有悼飛卿之作, 走次其韻	壬戌年(1742) 安齋(趙震彬)의 沒年에 의거.	恒齋(李匡臣), 飛卿(趙震彬)
25	翠軒夜會, 呼韻各賦		翠軒
26	偶集梧軒, 次香山韻各賦		梧柳軒(李匡臣의 집)
27	園逋亭方成, 呼韻各賦		園逋亭
28	次園逋亭韻		園逋亭
29	遊楊花渡蠶豆次邑翠軒韻		
30	又代家大人作 (註: 可刪)		
31	挽李弘模 3首(註: 代家大人作)		李弘模
32	挽掌令李宇夏 7首(註: 代家大人作)		李宇夏
33	挽吳敎官遂元 6首		吳遂元
34	挽密昌君(註: 代朞允濟作)	丁卯年(1747)	密昌君
35	挽正言李會元 2首(註: 代朞甲彬作)		李會元
36	挽朴南原弼重(註: 代家大人作)		朴弼重
37	送金成仲作宰禮安		金成仲(金光遂)
38	義郎宗人挽(註: 代家大人作)		義郎宗人
39	將與安邊族兄尋楓嶽, 會梧柳軒拈韻各賦	庚申年(1740)	安邊族兄(李匡輔), 梧柳軒
40	洪上舍偶至信筆各題	己未年(1739)	洪上舍
41	詠閤梅 2首	壬子年(1732)	
42	次季弟韻	乙卯年(1735)	季弟(李匡敏)
43	新春與洞中諸益夜會尾泉各賦	辛酉年(1741)	尾泉
44	陪家大人與碧亭丈拈西坡集韻		碧亭丈, 吳道一, 『西坡集』
45	梅社會, 李侍郎淑謙偶到, 拈韻各賦		李淑謙

46	次一碧亭韻(註 : 代家大人作)		一碧亭
47	挽芸窩 4首(註 : 代家大人作)	丙辰年(1736)	芸窩(洪重聖)
48	挽李僉知(註 : 代家大人作)		李僉知
49	挽姜衛將(註 : 代參奉兄主作)	庚午年(1750)	姜衛將, 參奉兄主(李匡泰)
50	挽金判書始炐(註 : 代曺允濟作)	庚午年(1750)	金始炐
51	挽朴承旨弼載(註 : 代伯兄作)	庚午年(1750)	朴弼載, 伯兄(李匡彦)
52	有友來訪夏日, 與恒齋呼韻各賦	辛酉年(1741)	恒齋(李匡臣)
53	更佳亭避暑會, 拈白集韻		更佳亭
54	閑居述志與季弟同賦五言古體		季弟(李匡敏)
55	六月六日聞初蟬, 與季弟同賦		
56	與諸從將向小昧谷納涼, 敗興而歸, 改往家後小澗, 設飯美, 各賦五言古體 1首		諸從(팔광八匡 從兄弟)
57	秋夜與季弟拈韻同賦		季弟(李匡敏)
58	家大人與趙淮陽李掌令兩丈賞菊, 呼韻謹賦		趙淮陽(趙泰耈), 李掌令(李宇夏)
59	梅社探韻		
60	家大人與松石宋公遊廣津, 歸後示詩軸, 敬次呈松石		松石 宋公(宋成明)
61	梅下拈雪汀集韻謹賦		
62	除夕拈耐齋集韻	丙辰年(1736)	
63	梅下拈韻謹賦, 石雲族父鍮洞李尙書曺西州會		石雲族父(李眞望), 李尙書(李廷濟), 曺西州(曺夏望)
64	元夜家大人與畿伯族叔李度支台丈會橋上呼韻	丙辰年(1736)	畿伯族叔(李眞淳), 李度支台丈(李廷濟)
65	梅上拈韻		
66	畿營上元會各賦	丙辰年(1736)	
67	梅社呼韻		
68	燕超亭呼韻謹賦	乙卯年(1735)	燕超亭(曺夏望의 亭子)
69	燕超亭夜會		
70	西州尋梅待芸窩不至, 拈韻謹賦(註 : 曺南郭君實適至故首句云云)		西州(曺夏望), 芸窩(洪重聖), 曺南郭君實(曺潤德)
71	疊前韻		

72	甲寅除夕呼韻謹賦	甲寅年(1734)	
73	新年梅會與西州菊圃拈韻各賦		西州(曺夏望), 菊圃(姜樸)
74	疊前韻		
75	與季行同賦		季行(李匡敏)
76	與季行聯句		季行(李匡敏)
77	陪家大人與芸窩會傳燈寺	乙卯年(1735)	家大人(李眞伋), 芸窩(洪重聖)
78	朴子願次送廣陵韻又疊各寄		朴子願
79	碧亭醉席次聯句韻 (註: 代家大人作)		碧亭
80	又碧亭醉席韻 (註: 代家大人作)		碧亭
81	西園夜集曺兄成甫之任淸風	庚午年(1750)	西園, 曺成甫(曺允濟)
82	畿營族叔餞密陽兄席上次尹太史韻	丙辰年(1736)	畿營族叔(李眞淳), 尹太史(尹淳), 密陽兄(李匡輔)
83	沁留樂專公與從事芸窩公登南城相和各賦, 芸窩示其韻次呈兩丈	乙卯年(1735) 江華留守 金東弼, 江華經歷 洪重聖의 官歷에 의거	沁(江華), 樂專公(金東弼 -尙古堂 金光遂의 父-), 芸窩(洪重聖)
84	新春雪中與諸兄弟或騎或步, 訪三休病兄, 馬上聯句	辛未年(1751)	三休兄(李匡泰)
85	會中又各次聯句韻	辛未年(1751)	
86	又次聖任韻	辛未年(1751)	聖任(李匡尹)
87	次聖載五言古體	辛未年(1751)	聖載(李匡呂)
88	元宵與諸兄弟少年暫向石橋, 因雪敗興同來翼之家, 金一之適與琴師同至, 夜深雪猶不止, 四望浩然相與拓窓叫奇呼韻各賦, 因思三休之會錄呈求和	辛未年(1751)	石橋, 翼之, 金一之
89	三松拜大兄臨別拈杜韻	辛未年(1751)	三松(경기도 고양), 大兄(李匡泰)
90	薇村會崔聖濟兄弟得秋子	壬申年(1752)	薇村, 崔守仁(聖濟) 崔守溫(聖良)
91	敬次伯兄韻	辛酉年(1741)	伯兄
92	次家兄元朝韻	壬申年(1752)	家兄(李匡彦)
93	園逋落成日呼韻各賦		園逋亭

94	七月旣望與聖任勗之輩泛舟洗心亭	壬申年(1752)	聖任(李匡尹), 勖之(徐懋修), 洗心亭
95	次舍兄韻贈尙州趙叔	辛未年(1751)	趙叔
96	步出淨土轉過蕩春臺入北漢	辛未年(1751)	
97	入北漢次杜律韻	辛未年(1751)	
98	洗劍亭	辛未年(1751)	
99	白雲洞	辛未年(1751)	
100	又賦東字	辛未年(1751)	
101	苦熱聯句	壬子年(1732)	
102	梅社呼韻		
103	次李尙書廷濟西州酬唱韻		李尙書(李廷濟), 西州(曺夏望)
104	立春梅社會簡寄西州(註: 代家大人作)	丁巳年(1737)	西州(曺夏望), 家大人(李眞伋)
105	次李掌令宇夏韻		李宇夏
106	荷西宗會呼韻敬次		荷西(李眞淳)
107	梅社敬次		
108	老人會煮花聯句	丙寅年(1746)	老人會
109	上元梅下聯句	己未年(1739)	
110	將遊海嶽有魔沮之甚, 無聊登西園, 聯句以慰悁鬱	庚申年(1740)	西園
111	次恒兄韻		恒兄(李匡臣)
112	次洞友士澈韻		尹士澈
113	燈夕		
114	敬姪十七捷合製, 除夕志喜小會	丙辰年(1736)	敬姪(李敬翊-李匡臣의 子)
115	次飛卿韻與洞中諸益		飛卿(趙震彬)
116	梧柳軒夏日偶吟		梧柳軒
117	園逋同菊圃賦		園逋亭, 菊圃(姜樸)
118	甲子首夏與道甫而述將向淸平雪嶽, 道甫而述先往龍津, 余翌日往會十九向嘉平道中呼韻, 得頭字各賦, 五言古體	甲子年(1744)	道甫(李匡師), 而述(李承孝)
119	次道甫韻		道甫(李匡師)

120	灊谷祠		灊谷祠
121	宿嘉平		嘉平
122	超然臺遷		超然臺
123	石坡嶺		石坡嶺
124	發春州		春州
125	春州紫芝		春州
126	麟蹄道中		麟蹄
127	詠閤梅	壬子年(1732)	
128	送兒遊七寶山	癸未年(1763)	
129	送族兄之任醴泉 2首	戊申年(1728)	族兄 醴泉郡守(李匡輔)
130	季母花甲與諸從會沁中呼韻同賦	辛酉年(1741)	
131	家大人與損翁唱酬敬次其韻		損翁
132	家大人携損翁登八角高頂賞花柳, 歷入更佳園逋二亭, 拈韻賦詩敬次		損翁, 更佳亭, 園逋亭
133	西州宅		西州(曺夏望)
134	上元詩		
135	挽曺判決事夏奇 10首		曺夏奇
136	挽朴承旨弼載作(註 : 代參奉兄作)		朴弼載
137	鵝谷李相國賜几杖詩(註 : 代荷西作)	乙卯年(1735)	鵝谷 李相國
138	挽吳丈觀(註 : 代荷西作)		吳觀
139	孝章世子挽辭 4首(註 : 代荷西作)	己酉年(1729)	孝章世子
140	七月悼亡感懷	己卯年(1759)	
141	七月二十六日又寄		
142	二月初九卽前年葬我亡室之日, 不能預知其日, 至今有餘痛焉, 又奉是日以七律遠寄	庚辰年(1760)	
143	望祭亡室文	庚辰年(1760)	
144	平安兵使曺允成挽(註 : 代家庭作)	乙丑年(1745)	曺允成
145	又(註 : 代參奉從兄作)	乙丑年(1745)	
146	李判書森挽(註 : 代荷西作)	乙卯年(1735)	李森
147	無題(此時未詳誰人挽 似是判書金演挽)		

부록2

李匡臣의 『先藁』 소재 漢詩 目錄(162題 231首)*

	제목	창작시기	관련인물 및 장소
1	佳亭賞春敬次家叔父作		更佳亭, 家叔父(李眞伋)
2	奉和家叔父梅閣韻		家叔父(李眞伋)
3	尾泉詠梅		尾泉
4	除夕左兄宅拈韻 2首		左兄(李匡輔)
5	家叔父邀曺西州姜菊圃於梅下爲詩會, 是日兩詞伯傾蓋初也, 自此遂結梅社 2首		尾泉, 家叔父(李眞伋), 西州(曺夏望), 菊圃(姜樸)
6	泉社拈韻(註: 是日洪芸窩與西州約會泉社, 而竟不至, 曺南郭君實適至故頜聯云云)		西州(曺夏望), 芸窩(洪重聖), 曺南郭君實(曺潤德)
7	元宵得橋字各賦		
8	又賦橋字 3首		
9	超亭之會有故未赴, 用其韻以屬西州菊圃兩詞伯. (註: 超亭卽西州曺公燕超亭也) 2首		菊圃(姜樸), 西州(曺夏望), 燕超亭(曺夏望의 亭子)
10	次超亭韻 2首		燕超亭
11	泉社以自愛寒梅好行尋一逕斜分韻得尋字 2首		
12	菊圃家小會 2首		菊圃(姜樸)
13	猷窩第小集		猷窩(姜必慶)
14	梅下聯句		叔父(李眞伋), 菊圃(姜樸), 雅仲(曺夏望), 曺命采(曺夏望의 조카), 李匡彦, 李匡顯, 李匡敏
15	泉社聯句仍各步韻		家叔父(李眞伋)

* 시의 제목 중 '又'로 표시된 작품은 별도로 기재하지 않고, 前詩의 詩題에 포함하여 표시하였다.

16	奉和家叔父示梅社三君子韻		
17	會菊圃家各賦 6首		菊圃(姜樸)
18	理山倅林丈任行索詩聊走一絶		理山府使 林光弼
19	梧柳軒小集拈韻 3首		梧柳軒(李匡臣의 집)
20	會更佳亭		更佳亭
21	飛卿來有吟逐其韻酬之		飛卿(趙震彬)
22	與群從將遊沁洲阻風滯麻布	乙卯年(1735) 추정	群從(팔광八匡 從兄弟), 沁洲(江華)
23	杏洲	乙卯年(1735)	
24	又得收字	乙卯年(1735)	
25	捨舟登鎭海樓	乙卯年(1735)	江華 鎭海樓
26	陪洪使君遊傳燈寺	乙卯年(1735) 江華經歷 洪重聖의 官歷에 의거.	洪使君(洪重聖) 제목만 기록됨
27	次板上牧老韻	乙卯年(1735)	牧老(牧隱 李穡) 제목만 기록됨
28	拈板上韻	乙卯年(1735)	제목만 기록됨
29	又賦	乙卯年(1735)	제목만 기록됨
30	砂谷拈韻各賦	乙卯年(1735)	江華 砂谷(沙谷), 良弟(良輔 李匡明)
31	次壁上韻	乙卯年(1735)	良弟(良輔 李匡明) 이광명의 超避書室로 추정
32	翠軒遇士相飛卿與主兄凝甫共登佳亭各賦得柏字		士相(閔鈺), 飛卿(趙震彬), 凝甫(李匡鼎), 更佳亭
33	石雲族父臨尾泉, 仍成小會拈韻各賦		石雲族父(李眞望), 尾泉
34	荷西宗會		荷西(李眞淳)
35	諸少年會飛卿病所有詩, 次其韻程飛卿兼示玄夫		飛卿(趙震彬), 玄夫(趙甲彬)
36	寄飛卿兼示玄夫		飛卿(趙震彬), 玄夫(趙甲彬)
37	累日不見飛卿爲寄盆菊數朶, 倘見花如見我否		飛卿(趙震彬)
38	石雲族父鑰谷李尙書曺西州會尾泉拈韻各賦		石雲族父(李眞望), 李尙書(李廷濟), 西州(曺夏望), 尾泉
39	新婦房春帖 3首		
40	梧柳軒春帖 2首		梧柳軒

41	泉社拈韻		
42	上元 2首		
43	飛卿過話次論詩道, 仍拈韻共賦		飛卿(趙震彬)
44	前詩未盡矣玆復改呈, 是亦欲工之意耶		
45	偶吟程諸從氏		諸從氏 (팔광八匡 從兄弟)
46	觀燈登高		
47	玩華大師遊京師, 閱林學士老村集有贈師韻, 余次其韻以贈之		玩華大師, 林象德, 『老村集』
48	寒泉小會		
49	和襄仲季行述志作		襄仲(李匡贊), 季行(李匡敏)
50	季行病中有詩, 次其韻以解其意		季行(李匡敏)
51	沁行時屬季行賦菊, 及歸詩在壁上矣, 遂步其韻		沁行(江華), 季行(李匡敏)
52	偶閱三淵集有漫詠絶句 21首, 仍步其韻, 爲早春漫詠		金昌翕, 『三淵集』
53	一之過共次唐人韻 戊午年	戊午年(1738)	金一之
54	飛卿向示山水吟, 而病懶未知可謂有牙, 而無期, 今日將與諸從遊少妹洞, 聊始和呈, 仍以邀之		飛卿(趙震彬), 少妹洞, 諸從(팔광八匡 從兄弟)
55	泉社會拈韻共賦(註: 時西州出宰茂朱, 故落句云爾)	戊午年(1738) 추정. 茂朱府使 曺夏望의 赴任에 의거.	
56	偶閱戾太子事有作		
57	漫吟		
58	海棠		
59	漫吟		
60	和安齋		安齋(趙震彬)
61	上元夜泉社聯句各步韻		
62	飛卿知我者, 昔伯牙鼓瑟意在山峨水洋, 而鍾子期知之, 今我之書, 自不知, 其有意乎, 楊柳春風, 而飛卿乃能道, 不意之意, 是子期之所未可契, 而飛卿能焉, 眞知音也, 知我者夫, 聊復步其韻 2首		飛卿(趙震彬)
63	送柳童子之寧越		

64	飛卿來訪共賦		飛卿(趙震彬)
65	三月晦得惜春吟呈飛卿		飛卿(趙震彬)
66	遊清潭		清潭
67	呈飛卿		飛卿(趙震彬)
68	飛卿求盆梅余贈之, 飛卿喜甚志, 以詩示之, 余遂和焉 3首		飛卿(趙震彬)
69	呈飛卿		飛卿(趙震彬)
70	同襄仲尋梅飛卿家, 仍邀玄夫道甫拈韻走草 2首		襄仲(李匡贊), 飛卿(趙震彬), 玄夫(趙甲彬), 道甫(李匡師)
71	答飛卿		飛卿(趙震彬)
72	泉社拈韻		
73	尹友士澈過拈山谷韻共賦		尹士澈, 山谷(黃庭堅)
74	又拈唐人韻		
75	又拈唐人韻		
76	士澈賦前韻要和和之 3首		尹士澈
77	又和前韻		
78	飛卿過共次蘇州韻		飛卿(趙震彬)
79	觀燈後澈友兄弟有聯句示之次其韻		尹士澈, 尹士亨
80	澈友兄弟敬次前韻要和和焉 3首		尹士澈, 尹士亨
81	諸從及士澈士亨飛卿會梧軒, 次香山韻各賦		諸從(팔광八匡 從兄弟) 尹士澈, 尹士亨, 飛卿(趙震彬), 梧柳軒
82	賦前韻示士澈		尹士澈
83	與澈亨二友會飛卿所, 拈韻各賦		尹士澈, 尹士亨, 飛卿(趙震彬)
84	又拈韻		
85	賦得前韻寄飛卿 5首		飛卿(趙震彬)
86	集梧柳軒 2首		梧柳軒
87	士澈家更次前韻		尹士澈
88	士澈將移寓水橋有詩次其韻		尹士澈, 水橋
89	士亨過共次士澈前韻		尹士亨
90	士準過又次前韻		士準
91	次士澈寄來韻 4首		尹士澈
92	園亭將成襄仲及士澈兄弟過共賦		園逋亭, 襄仲(李匡贊), 尹士澈, 尹士亨
93	園亭成志以詩		園逋亭

94	園亭落成日聯句, 又賦短律		園逋亭
95	雨後與里中登八角觀張		八角亭
96	逋亭對士澈次拙齋集韻		園逋亭, 尹士澈,『拙齋集』
97	更佳亭避暑會次白集韻		更佳亭,『李太白集』
98	又會佳亭拈老杜韻 2首		更佳亭, 老杜(杜甫)
99	園逋雨中對士澈		園逋亭, 尹士澈
100	菊圃獻窩過園亭家叔父亦臨, 次拙修齋韻各賦		家叔父(李眞伋), 菊圃(姜樸), 獻窩(應必慶),『拙修齋集』
101	士亨云有蘆子杯詩以索之		尹士亨
102	敬和家叔父所次詩意		家叔父(李眞伋)
103	梅社杖屨齊臨園亭, 以壁上前韻各賦		園逋亭, 梅社杖屨(西泉梅花社의 원로들)
104	士澈至		尹士澈
105	七月旣望士澈有詩, 仍聯士亨來登園亭, 復用其韻, 各賦呈飛卿.		園逋亭, 尹士澈, 尹士亨, 飛卿(趙震彬)
106	時夜飛卿以病未到, 書來滿紙, 恨歎不已, 仍賦前韻呈飛卿		飛卿(趙震彬)
107	中秋日自高楸轉往交庄未還, 其夕諸從及澈友昆季來會, 澈襄仍留宿有詩, 旣望之夕交駃稅, 澈與諸從復來和澈襄, 又與之聯枕得一絶		尹士澈, 尹士亨, 襄仲(李匡贊), 諸從(팔광八匡 從兄弟)
108	次飛卿韻		飛卿(趙震彬)
109	呈飛卿		飛卿(趙震彬)
110	送人赴燕 代人		
111	守歲		
112	次前韻 8首		
113	立春日夜與諸從及仲寶玄夫豹如爲辛盤會於逋亭, 萬始亦不期而至 3首		諸從(팔광八匡從兄弟), 仲寶(李廷鎭), 玄夫(趙甲彬), 豹如(趙炳彬), 萬始
114	萬始連示四疊遂和以屬焉		萬始
115	翠軒夜會呼韻各賦		翠軒
116	尾泉夜會拈井字各賦		
117	贈族兄安邊倅	庚申年(1740) 安邊郡守 李匡輔 赴任에 의거.	安邊郡守 李匡輔

118	將遊海嶽有魔沮之矣, 深無聊, 登西園聯句以寫悁鬱	庚申年(1740) 추정.	
119	東遊未作, 聊走草無韻詩以遣懷 3首	庚申年(1740) 추정.	
120	西崦瞰火邂逅菊圃獻窩仍共下更佳亭, 又移園逋家叔父亦臨, 諸從諸少年咸集, 沈子固不期而至		西崦, 菊圃(姜樸), 獻窩(應必慶), 更佳亭, 園逋亭, 家叔父(李眞伋), 諸從諸少年(팔광八匡 從兄弟와 子姪), 沈子
121	與士澈襄仲飛卿會逋亭拈韻		襄仲(李匡贊), 尹士澈, 飛卿(趙震彬), 園逋亭
122	士澈至仍携往翠軒, 共主兄及襄仲良甫話		尹士澈, 翠軒
123	中秋夜與士澈宿園逋, 共次前年韻		尹士澈, 園逋亭
124	飛卿昨過園亭題詩蕉葉, 玆和其意以呈, 雖皆前人之芻狗, 而警省之意無異乎前人爾		飛卿(趙震彬), 園逋亭
125	士澈過園亭拈韻		尹士澈, 園逋亭
126	士澈過留宿梧軒夜坐, 共次老杜韻		尹士澈, 梧柳軒, 老杜(杜甫)
127	飛卿示燈月四言詩, 卽與林何仲唱和者, 乃次其韻以報		飛卿(趙震彬)
128	左兄與士膺乘月訪梅		左兄(李匡輔), 士膺(洪重模)
129	夜會分韻賦閣中梅梔		
130	君美於園亭詩有宿債, 今適過此, 督令卽席償還, 余亦共賦		君美(李箕彦), 園逋亭
131	寄士澈		尹士澈
132	士澈有詩催會次其韻以報		尹士澈
133	重三日士澈又寄詩遂次其韻速之		尹士澈
134	逋亭煮花拈韻各賦		園逋亭
135	陪家叔父携損翁登八角賞花		家叔父(李眞伋), 損翁, 八角亭
136	佳亭作		更佳亭
137	園逋作		園逋亭
138	士膺過拈韻共賦		士膺(洪重模)
139	日昨飛卿過此相對說士相, 今日悄坐有懷而作寄飛卿		飛卿(趙震彬), 士相(閔鈺)
140	暮春偕襄仲將遊道峰, 途中呼遊字各賦	辛酉年(1741) (『中翁遺稿』	襄仲(李匡贊), 道峰山

		道峰山 遊覽詩에 의거)	
141	入洞	辛酉年(1741)	
142	謁靜菴先生書院	辛酉年(1741)	
143	賦桃花 2首	辛酉年(1741)	
144	將登萬丈峰路險力盡經還有作, 次襄仲韻	辛酉年(1741)	
145	道峰四章	辛酉年(1741)	
146	西溪 2首	辛酉年(1741)	
147	溪上水閣(註 : 淸風亭)	辛酉年(1741)	
148	拜東峯祠	辛酉年(1741)	
149	宿石林寺	辛酉年(1741)	水落山 石林寺
150	山上有梅月舊基險絶未尋	辛酉年(1741)	梅月堂(金時習)
151	過嘯皐徐相(註 : 時徐相退居別業)	辛酉年(1741)	嘯皐 徐命均
152	所過村里桃李皆盛開	辛酉年(1741)	
153	曹溪	辛酉年(1741)	
154	步虛閣	辛酉年(1741)	曹溪洞 步虛閣
155	溪有樓臺舊址而麟坪大君所作云	辛酉年(1741)	麟坪大君
156	歸路得巖字各賦七律	辛酉年(1741)	
157	昨年九月十八與澈友會宿梧柳, 共次杜律藍水玉山韻以賦, 其翌日十九卽古人所稱後重陽也, 遂相與嗟賞留話矣, 今年二十九日, 澈亦適來宿于此, 余曰是亦後重陽也, 仍復共次前韻以識之		尹士澈, 梧柳軒
158	燈夕士澈宿園逋翌日		尹士澈, 園逋亭
159	聖兄日與商量花之早晩, 以爲西園一會計矣, 花始盛, 而聖兄忽有病, 病中一絶以示, 次和以呈		聖兄, 西園
160	往年己未七月旣望, 余與士澈士亨與安齋往復酬唱以成良辰美事, 今世今日安齋遽已亡矣, 俯仰感念涙不自禁, 今世今日是壬戌七月旣望 卽蘇仙舊遊之日, 而吾生難再之辰, 不可以孤負, 而今安齋之喪在殯矣, 閉門孤臥輾轉以達朝矣, 朝者士澈有感懷作以示, 誠一般懷也 卽次其韻以和焉	壬戌年(1742) 安齋(趙震彬) 沒年에 의거.	尹士澈, 尹士亨, 安齋(趙震彬)
161	梅花經冬不發, 春後方開, 士澈適到共賦一絶		尹士澈
162	與澈襄話園逋, 次山谷韻走草		尹士澈, 襄仲(李匡贊), 園逋亭

저자 소개 **이승용**

한국고전문학텍스트연구소 상임연구원으로 단국대학교 동양학연구원 연구교수이다. 성균관대학교에서 「조선후기 江華學派 漢詩 硏究 : 全州李氏 德泉君派 八匡을 중심으로」로 박사학위를 취득했으며, 논문으로 「〈贈參議公謫所詩歌〉를 통해 본 李匡明 漢詩의 일고찰」, 「조선후기 別業과 문학 창작의 공간에 대하여 - 北漢山 淸潭을 중심으로 -」, 「謙齋 趙泰億의 「前感君恩」과 「後感君恩」에 관한 일고찰」 등이 있다. 번역서로 『낙전당집(공역)』, 『도암집(공역)』, 『정관정요집론(공역)』, 『완구유집(단독)』 등이 있다.

학술연구총서 4

조선후기 강화학파 팔광의 삶과 시세계

2021년 12월 30일 초판 1쇄 발행
2022년 10월 10일 초판 2쇄 발행

지은이 : 이승용
발행인 : 김병환
발행처 : 학자원
주소 : 서울 강동구 천호대로 1121
전화 : 02 6403-1000
팩스 : 02 6338-1001
E-mail : hakjaone@daum.net
등　록 : 2011년 3월 24일 제2011-14호

ISBN 979-11-6247-259-0 94810
979-11-6247-176-0 (세트)

값 23,000원